"十三五"普通高等院校应用型规划教材

应用国际金融

（第2版）

主编　何伟

中国财经出版传媒集团
中国财政经济出版社

图书在版编目（CIP）数据

应用国际金融 / 何伟主编． ——2版． ——北京：中国财政经济出版社，2021.3（2023.7重印）
"十三五"普通高等院校应用型规划教材
ISBN 978-7-5223-0375-8

Ⅰ．①应… Ⅱ．①何… Ⅲ．①国际金融学－高等学校－教材 Ⅳ．①F831

中国版本图书馆CIP数据核字（2021）第024547号

责任编辑：王　芳　　　　　责任校对：徐艳丽
封面设计：孙俪铭　　　　　责任印制：党　辉

中国财政经济出版社 出版

URL：http：//www.cfeph.cn
E-mail：cfeph@cfeph.cn

（版权所有　翻印必究）

社址：北京市海淀区阜成路甲28号　邮政编码：100142
营销中心电话：010-88191522
天猫网店：中国财政经济出版社旗舰店
网址：https://zgczjjcbs.tmall.com
北京密兴印刷有限公司印刷　各地新华书店经销
成品尺寸：185mm×260mm　16开　14.5印张　347 000字
2021年5月第2版　2023年7月北京第2次印刷
定价：45.00元
ISBN 978-7-5223-0375-8
（图书出现印装问题，本社负责调换，电话：010-88190548）
本社质量投诉电话：010-88190744
打击盗版举报热线：010-88191661　QQ：2242791300

前　言

从 2018 年《应用国际金融（第 1 版）》出版到现在，转眼过去了 3 年，期间得到了不少兄弟院校同行的肯定。与此同时，一方面，国际经济和金融环境发生了诸多变化，为国际金融教学与研究提供了更多的素材；另一方面，随着近年来"新文科"建设的不断推进，对我国应用型人才培养提出了更高的要求，如何以中国特色社会主义进入新时代为背景，突破传统思维模式，在知识、能力和素质培养等方面促进应用型人才培养的提质增效，是广大高等教育者必须承担的历史使命。

正是基于上述考虑，结合最新的教改研究成果，吸纳国内广大师生们的反馈建议，我们进行了本教材修订。

一方面，在继承原有的编写思路和编写风格基础上，突出教学的价值引领这一重大功能。为此，在每一章学习目标下，不仅设计有知识目标和能力（技能）目标，同时增加"价值引领目标"，体现教材具有的思政教育元素和承载的思政教育功能，实现对学生价值塑造、知识传授和能力培养的有机统一，提升教材建设在提高人才培养质量、促进专业教改中的基础性作用。

另一方面，作为一本应用型本科教材，本书目标首先定位于国际金融领域基本知识、基本理论和基本分析方法（工具）的学习，而更深一层的目标则是培养学生在上述"三基"基础上对国际金融领域问题的独立思考能力。为此，在教材内容上适度扩充了广度和深度，并有机地融入了一些近年来国际金融领域的新发展问题以及我国国际金融理论研究的创新成果和创新实务。

本教材第 2 版的修订由何伟教授担任主编，王宇鹏、单冰、张阳担任副主编。具体分工如下：何伟负责总纂和定稿工作，编写第一、三章，王宇鹏编写第二、四、五章；单冰编写第六、七章；张阳编写第八、九章。

在本书修订过程中，教材编写团队参考了大量文献资料，由于篇幅所限，不能一一列举，在此对作者一并表示感谢！

本教材既适用于应用型普通高校国际金融课程的教学，也适用于对国际金融有兴趣的读者自学，以及党政干部培训使用。

最后需要说明的是，本教材是我们响应教育部"新文科"应用型人才培养新要求的一种尝试性成果，许多问题还有待于在实践发展中加以解决，在此衷心希望广大同行和读者提出宝贵意见。

何　伟

2021 年 3 月 9 日

目 录

第一章　外汇与汇率 ……………………………………………………………（ 1 ）

　　第一节　外汇概述 ………………………………………………………（ 2 ）
　　第二节　外汇汇率 ………………………………………………………（ 6 ）
　　第三节　人民币国际化 …………………………………………………（15）

第二章　汇率的决定与变动 ……………………………………………………（20）

　　第一节　汇率的决定 ……………………………………………………（21）
　　第二节　汇率变动的影响因素 …………………………………………（27）
　　第三节　汇率变动的经济影响 …………………………………………（31）
　　第四节　汇率制度及其选择 ……………………………………………（35）
　　第五节　人民币汇率制度 ………………………………………………（41）

第三章　国际收支 ………………………………………………………………（47）

　　第一节　国际收支与国际收支平衡表 …………………………………（48）
　　第二节　国际收支的平衡与变动 ………………………………………（57）
　　第三节　国际收支的调节 ………………………………………………（60）
　　第四节　中国的国际收支分析 …………………………………………（69）

第四章　国际储备 ………………………………………………………………（85）

　　第一节　国际储备的含义与性质 ………………………………………（86）
　　第二节　国际储备的构成 ………………………………………………（90）
　　第三节　国际储备体系多元化 …………………………………………（95）

　　　　第四节　国际储备的管理 ………………………………………………… (101)
　　　　第五节　中国的国际储备及管理 ………………………………………… (105)

第五章 国际货币体系 ……………………………………………………………… (110)

　　　　第一节　国际货币体系概述 ……………………………………………… (111)
　　　　第二节　国际金本位制 …………………………………………………… (113)
　　　　第三节　布雷顿森林体系 ………………………………………………… (117)
　　　　第四节　牙买加体系 ……………………………………………………… (123)
　　　　第五节　区域性货币合作 ………………………………………………… (126)
　　　　第六节　现行国际货币体系及改革 ……………………………………… (135)

第六章 原生性外汇交易 ………………………………………………………… (142)

　　　　第一节　外汇市场 ………………………………………………………… (143)
　　　　第二节　即期外汇交易 …………………………………………………… (152)
　　　　第三节　远期外汇交易 …………………………………………………… (156)
　　　　第四节　套汇交易与套利交易 …………………………………………… (164)

第七章 衍生外汇交易 …………………………………………………………… (171)

　　　　第一节　外汇衍生交易概述 ……………………………………………… (172)
　　　　第二节　外汇掉期交易 …………………………………………………… (175)
　　　　第三节　外汇期货交易 …………………………………………………… (179)
　　　　第四节　外汇期权交易 …………………………………………………… (183)

第八章 外汇风险管理 …………………………………………………………… (191)

　　　　第一节　外汇风险及其管理概述 ………………………………………… (192)
　　　　第二节　企业外汇风险管理 ……………………………………………… (198)
　　　　第三节　银行外汇风险管理 ……………………………………………… (205)

第九章 国际金融危机 …………………………………………………………… (210)

　　　　第一节　金融危机概述 …………………………………………………… (211)
　　　　第二节　金融危机基本理论与机制 ……………………………………… (217)
　　　　第三节　中国资本流动与危机传导机制 ………………………………… (224)

第一章　外汇与汇率

【知识目标】

掌握外汇的概念和特征；
理解汇率的含义与分类；
掌握套算汇率的方法。

【能力目标】

解读汇率行情；
了解人民币国际化。

【价值引领目标】

感受人民币国际化的加速，体会中国综合国力的增强和国际影响力的扩大，增强民族自豪感。
理解人民币国际化是一项系统工程，领悟金融人才未来职业使命，对国家发展、个人使命和价值实现等问题进行深度思考。

【导入材料】

又一国"拥抱"人民币

2020年6月18日，土耳其中央银行宣布：用人民币支付从中国进口商品的费用。目前，已有一百六十多个国家和地区可以用人民币结算。它不仅反映出新兴国家在疫情引发美元流动性短缺和支付危机情况下，谋求新解决方法的动向，同时反映出人民币对稳定世界金融环境能够发挥的作用和潜力。土耳其舍美元而取人民币，直接原因是里拉近两年来在美国制裁下急剧贬值，外汇储备接近枯竭。土耳其经济受疫情冲击全面滑坡，2020年5月7日，里拉跌至7.23的新低。土耳其外债高企，大部分是美元债务，还本付息压力极大。在这种形势下，土耳其从中国进口商品直接用人民币结算，可以避开美元风险。由于动用的人民币属于2019年中土货币互换协议项下的额度，不动用外汇储备，因此避免了外储进一步减少。

中国抗击新冠肺炎疫情工作取得的积极成效赢得了诸多国家的信赖。中国始终坚持国际贸易和投资的多边合作，共同维护世界金融市场的稳定。这样，不仅可以开辟人民币国际化新机遇，而且将为疫情后世界经济的复苏和世界金融市场的稳定做出贡献。

第一节　外汇概述

一、外汇的含义

外汇是商品经济发展到一定程度即商品国际化的产物。这是因为，随着国际经济交换，必然产生与之相关联的国际债权债务关系，而对国际债权债务关系的清偿和国际支付就会涉及外汇。

【延伸阅读1-1】国际债权与债务支付方式

（一）外汇的概念

外汇是以外币表示的用于国际结算的支付凭证。国际货币基金组织对外汇的解释为：外汇是货币行政当局（中央银行、货币机构、外汇平准基金组织和财政部）以银行存款、财政部库券、长短期政府证券等形式所保有的在国际收支逆差时可以使用的债权。包括：外国货币、外币存款、外币有价证券（政府公债、国库券、公司债券、股票等）、外币支付凭证（票据、银行存款凭证、邮政储蓄凭证等）。

（二）外汇概念的理解

外汇的概念具有双重含义，即有动态和静态之分。

1. 动态的外汇含义

我们首先来看一个美国汽车经销商的烦恼。美国的一个汽车经销商想要进口德国宝马汽车，每辆车的价格为50 000欧元。因为没有欧元账户，这家经销商不能直接按照欧元的价格付款。他该怎么办？

首先，他要到开设外汇业务的美国银行，按汇率（假设当时汇率1欧元=1.5美元）向美国银行支付75 000美元（50 000欧元×1.5），然后，美国银行将50 000欧元支付给德国汽车销售商。

故动态的外汇是国际汇兑（Foreign Exchange）的简称，即通过银行体系，把一种货币兑换成另一种货币，以清偿国际由于贸易、非贸易往来产生的债权债务的过程。其往往借助于各种信用工具，把货币资金从一个国家转移到另一个国家，这是一种非现金结算的专门性经营的活动。

美国的出口商和中国的进口商之间发生贸易往来，作为债权人的美国出口商可以要求以美元支付，中国的进口商就需要用人民币通过金融机构换得等额的美元支付，这一兑换的过程就是动态的外汇。

2. 静态的外汇含义

（1）狭义的静态概念。狭义的外汇指的是以外国货币表示的，为各国普遍接受的，可用于国际债权债务结算的各种支付手段。

（2）广义的静态概念。广义的外汇指的是一国拥有的一切以外币表示的债权或金融资产。

国际货币基金组织（IMF）对此的定义是："外汇是货币行政当局（中央银行、货币管理机构、外汇平准基金组织及财政部）以银行存款、财政部库券、长短期政府证券等形式保有的在国际收支逆差时可以使用的债权。"

中国于2008年修正颁布的《中华人民共和国外汇管理条例》规定："外汇，是指下列以外币表示的可以用作国际清偿的支付手段和资产：①外币现钞，包括纸币、铸币；②外币支付凭证或者支付工具，包括票据、银行存款凭证、银行卡等；③外币有价证券，包括债券、股票等；④特别提款权；⑤其他外汇资产。"

【案例1-1】 最贫穷的亿万富翁

二、外汇的特征

外汇必须具备三个特点：非本币性、可偿性和可兑换性。

（一）非本币性即以外币表示的资产

也就是说，用本国货币表示的信用工具和有价证券不能视为外汇。美元为国际支付中经常使用的货币，但对美国商人来说，凡是用美元对外进行的支付都不能算是动用了外汇。而只有对其他国家来说，用美元支付才算是动用了外汇。同理，英国人动用英镑和日本人动用日元对外支付，也不能认为是动用了外汇。

（二）可偿性即在国外能得到偿付的货币债权

如果是空头支票或银行拒付的汇票等也不能视为外汇。因为这样，国际汇兑的过程也就无从进行，同时在多边结算的制度下，在国外得不到偿付的债权，显然不能用作本国对第三国债务的清偿。

(三) 可兑换性即必须是可以自由兑换为其他支付手段的外币资产

凡不能兑换成其他国家货币的外国钞票不能视为外汇。这就是说，外币并不等于外汇。国际支付比较复杂，币别要求不一，要求运用的支付手段和支付地点也不一，因此，外汇必须要求具有可以自由兑换这一特性。例如，美元可以自由兑换成日元、英镑、欧元等他国货币，因而美元对其他国家人来说就是一种外汇。而我国人民币现在还不能自由兑换成其他种类的货币，所以，我国人民币尽管对其他国家人来说也是一种外币，却不能称作外汇。

【延伸阅读1-2】 QFII 与 QDII 的区别

三、外汇的作用

(一) 外汇的存在和流动，可以促进国际经济、贸易的发展

用外汇来清偿国际债权债务，不仅能节省运送现金的费用，降低风险，缩短支付时间，加速资金周转，更重要的是，运用这种信用工具，可以扩大国际信用交往，拓宽融资渠道，促进国际经贸往来。

(二) 外汇还可以调剂国际资金余缺

世界经济发展不平衡导致了资金配置不平衡。有的国家资金相对过剩，有的国家资金严重短缺的，客观上存在着调剂资金余缺的必要。而外汇充当国际支付手段，通过国际信贷和投资途径，可以调剂资金余缺促进各国经济的均衡发展。

(三) 外汇是一个国家国际储备的重要组成部分

外汇储备也是国力的标志之一，它跟国家黄金储备一样，作为国家储备资产，一旦国际收支发生逆差时可以用来清偿债务。

四、外汇的种类

(一) 按自由兑换性强弱分

1. 自由外汇

自由外汇是指不需要货币发行国批准，可以对任何国家自由支付，并自由兑换成其他国家或地区货币。自由外汇在国际结算中用得最多，在国际金融市场上可以自由买卖，在国际金融中可以用于偿清债权债务，并可以自由兑换其他国家或地区货币。例如美元、英镑、欧元、港元、加拿大元等。

2. 有限自由兑换外汇

有限自由兑换外汇是指未经货币发行国批准，不能自由兑换成其他货币或对第三国进行支付的外汇。国际货币基金组织规定凡对国际性经常往来的付款和资金转移有一定限制的货币均属于有限自由兑换货币。世界上有一大半的国家货币属于有限自由兑换货币，包括人民币。

3. 记账外汇

记账外汇又称协定外汇、清算外汇或双边外汇，它是在签订有清算协定的国家，由于进出口贸易引起的债务债权，不用现汇逐笔结算，而通过当事国的中央银行账户相互冲销所使用的外汇。在年终时，双方银行对进口贸易额及有关从属费用进行账面轧抵，结出差额。对差额的处理，既可转入下一年度的贸易项目中去平衡，也可以使用双方预先商定的自由外汇进行支付清偿。记账外汇不能兑换成其他货币，也不能对第三国进行支付。

【延伸阅读1－3】 主要交易货币的代码

（二）按外汇的来源与用途分

1. 贸易外汇

贸易外汇，也称实物贸易外汇，是指来源于或用于进出口贸易的外汇，即由于国际商品流通所形成的一种国际支付手段。

2. 非贸易外汇

非贸易外汇是指贸易外汇以外的一切外汇，即一切非来源于或用于进出口贸易的外汇，如劳务外汇、侨汇和捐赠外汇等。

3. 金融外汇

金融外汇与贸易外汇、非贸易外汇不同，是属于一种金融资产外汇，例如银行同业间买卖的外汇，既非来源于有形贸易或无形贸易，也非用于有形贸易，而是为了各种货币头寸的管理。资本在国家之间的转移，也要以货币形态出现，或是间接投资，或是直接投资，都形成在国家之间流动的金融资产，特别是国际游资数量之大、交易之频繁、影响之深刻，不能不引起特别关注。

贸易外汇、非贸易外汇和金融外汇在本质上都是外汇，它们之间并不存在不可逾越的鸿沟，而是经常互相转化。

（三）按外汇汇率的市场走势分

1. 硬外汇

硬外汇是指根据币值和汇率走势，币值坚挺，购买能力较强，汇价呈上涨趋势的自由兑换货币，又叫强势货币。

2. 软外汇

软外汇是指根据币值和汇率走势，价值不稳定或对其他货币贬值的货币，又叫弱势货币。

从理论上说，进口商品总是希望支付越少越好，出口商品则希望收入越多越好。在汇率浮动的情况下，选择好升价的货币就可以达到进口少付、出口多收的目的。做法是：进口争取用具有下浮趋势的货币即软外汇计价，出口争取用具有上浮趋势的货币即硬外汇计价。

在国际金融市场上，借款和还款的币种选择上，应综合考虑借贷币种在整个借贷期间的币值变化。如借入一笔为期10年或20年的贷款，就要考虑所借货币未来10年或20年的升降趋势。因此，就所借贷款的币种来看，其最佳的选择是，借的时候，所借货币短期内趋硬，因为借进硬币可以多兑换其他货币用于购买和支付；而还款时，这种货币已由硬变软，用等量的其他货币可以多换一些这种货币，等于债务减轻。最坏的选择是，借的时候，所借货币短期内趋软，而还的时候，这种货币趋硬，等于债务加重，自然极不合算。一句话，借硬还软最好，借软还硬最为不利。当然，由于各国国内外经济、政治情况千变万化，各种货币所处硬币、软币的状态不是一成不变的，经常是昨天的硬币可能变成了今天的软币，昨天的软币可能变成了今天的硬币。

（四）按外汇买卖交割期分

1. 即期外汇

即期外汇是指买卖双方在成交后两个营业日内进行交割的外汇（交割日可以是当日和次日，更多是成交后第二个营业日）。

2. 远期外汇

远期外汇是指买卖双方在签订买卖合同时，约定在将来某一时刻进行交割的外汇。

（五）根据形态可以分为外汇现钞和现汇

外汇现钞是指外国钞票和铸币。现钞主要是以境外携入的方式出现。

外汇现汇是指其实体在货币发行国本土银行的存款账户中的自由外汇，现汇主要由国外汇入，或由境外携入、寄入的外币票据。外汇现汇主要由国外汇入，或由境外携入、寄入的外币票据，经银行托收，收妥后存入。各种外汇的标的物，一般只有转化为货币发行国本土银行的存款账户中的存款货币，即现汇后，才能进行实际上的对外国际结算。

第二节　外汇汇率

一、汇率的内涵

汇率亦称"外汇行市或汇价"，是一国货币兑换另一国货币的比率，即以一种货币表示另一种货币的价格。由于世界各国货币的名称不同，币值不一，所以一国货币对其他国家的货币要规定一个兑换率，即汇率。

汇率之所以重要，首先是因为汇率将同一种商品的国内价格与国外价格联系起来。对于一个中国人来讲，美国商品的人民币价格是由两个因素的相互作用决定的：一是美国商品以美元计算的价格；二是美元对人民币的汇率。

例如，假定王先生想要购买一台美国 IBM 电脑，如果该品牌的电脑在美国市场的售价为 1 000 美元，而汇率是 1 美元 = 8.40 元人民币，我们可以换算出，王先生需要支付人民币 1 000 × 8.40 = 8 400（元）。现在，假定王先生由于财力困扰而不得不推迟两个月购买，此时美元的汇率已经上升到 1 美元 = 8.80 元人民币。此时尽管该电脑在美国生产上的价格仍然是1 000美元，但王先生却必须支付人民币1 000×8.80=8 800（元），即外汇汇率上升使外国商品的人民币价格升高了。

与此同时，美元汇率上升却使中国商品在美国的价格变得较为便宜。在汇率为1美元=8.40元人民币时，一台标价为9 240元人民币的海尔空调，美国消费者约翰先生需要花费9 240÷8.4=1 100（美元）；如果汇率上升到1美元=8.80元人民币，约翰先生只需要花费9 240÷8.8=1 050（美元），即外汇汇率上升使本国商品以外币表示的价格降低了，因此美元升值使得中国商品在美国市场上更具有竞争力。

相反，美元汇率下跌将降低美国商品在中国的成本，同时提高中国商品在美国的成本。如果美元兑人民币的汇率从1∶8.40下降到1∶8.00，那么，中国的王先生购买一台IBM电脑只需花费人民币1 000×8.00=8 000（元），而美国的约翰先生购买一台海尔空调的支出却高达9 240÷8.0=1 155（美元）。

因此，在两国国内价格均保持不变的前提下，当一个国家的货币升值时，该国商品在国外就变得较为昂贵，而外国商品在该国则变得较为便宜。反之，当一国货币贬值时，该国商品在国外就变得较为便宜，而外国商品在该国则变得较为昂贵。

汇率实际上是把一种货币单位表示的价格"翻译"成用另一种货币表示的价格，从而为比较进口商品和出口商品、贸易商品和非贸易商品的成本与价格提供了基础。

【延伸阅读1-4】汇率——大国博弈的政治经济学

二、汇率的标价方法

确定两种不同货币之间的比价，先要确定用哪个国家的货币作为标准。由于确定的标准不同，于是便产生了几种不同的外汇汇率标价方法。常用的标价方法包括直接标价法、间接标价法和美元标价法。

（一）直接标价法

直接标价法（Direct Quotation），又称价格标价法（Price Quotation）或应付标价法（Giving Quotation），是将一定单位（1个或100、10 000个单位）的外国货币表示为一定数额的本国货币，汇率是单位外国货币以本国货币表示的价格。在直接标价法下，外国货币的数额保持不变，汇率的变动都以相对的本币数额的变动来表示。包括中国在内的世界上绝大多数国家目前都采用直接标价法。例如：在我国外汇市场上，USD/CNY=6.6520。如果汇率升高，意味着需要比原来更多的本币（人民币）才能兑换到1个单位的外币（美元），说明外币升值（美元），本币（人民币）贬值；反之，如果汇率下跌，意味着仅需要比原来更少的本币（人民币）就能兑换到1单位的外币（美元），说明外币（美元）贬值，本币（人民币）升值。

（二）间接标价法

间接标价法（Indirect Quotation），又称数量标价法（Quantity Quotation）或应收报价法

(Receiving Quotation),是将一定单位的本国货币表示为一定数额的外国货币,汇率是单位本国货币以外币表示的价格。在间接标价法下,本国货币的数额不变,汇率的涨跌都以相对的外国货币数量的变化来表示。在国际外汇市场上,欧元、英镑、澳元等均为间接标价法。例如在伦敦外汇市场上,GBP/USD = 1.4566。如果汇率升高,意味着一个单位的本国货币(英镑)可以兑换到比原来更多数额的外币(美元),说明外币(美元)贬值,本币(英镑)升值或外汇汇率下跌(本币汇率上涨);反之,如果汇率下跌,意味着一个单位的本国货币(英镑)只能兑换到比原来更少数额的外币(美元),说明外币(美元)升值,本币(英镑)贬值或外汇汇率上涨(本币汇率下跌)。

(三) 美元标价法和非美元标价法

美元标价法又称纽约标价法,在美元标价法下,各国均以美元为基准来衡量各国货币的价值(即以一定单位的美元为标准来计算应该汇兑多少他国货币的汇率表示方法),而非美元外汇买卖时,则是根据各自对美元的比率套算出买卖双方货币的汇价。例如 USD/JPY = 100.15,USD/CAD = 1.2410,USD/HKD = 6.9980 等。这里注意,英镑、欧元、澳元、新西兰元和南非兰特使用的是非美元标价方法。例如:EUR/USD = 1.3850,AUD/USD = 0.6865。

【随堂练 1-1】单选题:汇率的标价分为直接标价法和间接标价法,下面两种牌价分别属于哪种标价法?( )

伦敦外汇市场的汇率:1 英镑 = 1.7529 美元

中国银行公布的外汇牌价:100 港元 = 103.72 元人民币

A. 直接标价法、间接标价法　　　　B. 间接标价法、直接标价法
C. 直接标价法、直接标价法　　　　D. 间接标价法、间接标价法

【随堂练 1-2】单选题:下面哪个国家不使用间接标价法?( )

A. 美国　　　　　　　　　　　　　B. 新西兰
C. 英国　　　　　　　　　　　　　D. 中国

【参考答案随堂练 1-1、1-2】

三、汇率的种类

(一) 从汇率制度角度考察

1. 固定汇率 (Fixed Rate)

固定汇率是指一国货币同另一国货币的汇率基本固定,汇率波动幅度很小。在金本位制度下,固定汇率决定于两国金铸币的含金量,波动的界限是引起黄金输出入的汇率水平,波动的幅度是在两国之间运送黄金的费用。在第二次世界大战后到 20 世纪 70 年代初的布雷顿森林货币制度下,国际货币基金组织成员国的货币规定含金量和对美元的汇率实行固定汇率制。汇率的波动严格限制在官方汇率的上下 1% 的幅度下。由于汇率波动幅度很小,所以也是固定汇率。

2. 浮动汇率（Floating Rate）

浮动汇率是指一国货币当局不规定本国货币对其他货币的官方汇率，也无任何汇率波动幅度的上下限，本币听任外汇市场的供求关系决定，自由涨落。外币供过于求时，外币贬值，本币升值，外汇汇率下跌；相反，外汇汇率上涨。本国货币当局在外汇市场上进行适当的干预，使本币汇率不致波动过大，以维护本国经济的稳定和发展。

（二）从银行买卖外汇的角度考察

1. 买入汇率（Buying Rate）

买入汇率又叫作买入价，是外汇银行向客户买进外汇时使用的价格。一般地，外币折合本币数较少的那个汇率是买入汇率，它表示买入一定数额的外汇需要付出多少本国货币。

2. 卖出汇率（Selling Rate）

卖出汇率又称外汇卖出价，是指银行向客户卖出外汇时所使用的汇率。一般地，外币折合本币数较多的那个汇率是卖出汇率，它表示银行卖出一定数额的外汇需要收回多少本国货币。

值得强调的是，买入汇率和卖出汇率是从报价银行的角度出发的。银行买卖外汇的目的是为了追求利润，即通过贱买贵卖赚取买卖差价（Spread）。外汇买入价和卖出价的差额即是银行买卖外汇的收益。在外汇市场上，买卖差价通常以"点"来表示，每一点为 0.0001。能影响买卖差价的因素很多：如金融中心或外汇市场的发达程度，越发达则差价越小；如货币汇率的易变性，该货币的汇率越稳定，差价越小；如交易数量，该种货币交易量越大，差价越小；如交易货币在国际经济中的地位或重要性，美元是众多货币中买卖差价最小的。

【案例 1-2】

外汇市场上挂牌的外汇牌价通常采用双向报价（Two-way Price）的方式同时报出买入价和卖出价。所报出的汇率都是前一个数值较小，后一个数值较大。例如，2010 年某日，伦敦外汇市场某银行的美元对欧元的报价为 USD1—EUR0.7743～0.7755，这一标价表示，该银行从客户手中买进 1 美元，支付 0.7743 欧元；卖出 1 美元，收取 0.7755 欧元。其中前一个数值是美元的买入价，后一个数值是美元的卖出价，其差价为 0.0012 美元或 12 个基点。而这 12 个基点就是银行买卖外汇的收益。

【随堂练 1-3】 某客户想将手中的澳元兑换成美元，此时银行的外汇牌价为：

澳元/美元 0.7485/0.7514

该客户应以____与银行交易：

A. 以 1 澳元 = 0.7485 美元

B. 以 1 澳元 = 0.7514 美元

C. 以 1 澳元 = 0.7485 美元和 0.7514 美元的中间价

D. 与银行协商后的汇率

【随堂练 1-4】 有以下报价行（做市商）的 USD/GHF 报价，

报价行 A 为 1.1539/44，

报价行 B 为 1.1540/45，

报价行 C 为 1.1538/46，

报价行 D 为 1.1541/47。

问：从哪一个报价行那里买入 USD 的成本最低？

A. 报价行 A

B. 报价行 B

C. 报价行 C

D. 报价行 D

【参考答案随堂练 1-3、1-4】

【随堂练 1-5】我国某公司从德国进口商品，采取即期付款。德国出口商给出了两个报价：以欧元报价的单价是 500 欧元，以美元报价的单价是 600 美元。已知当日外汇市场的即期汇率：USD1 = CNY8.0380/8.0700，EUR1 = CNY9.6030/9.6806。

问：该公司应接受欧元报价还是美元报价？

【参考答案随堂练 1-5】

3. 中间汇率（Middle Rate）

中间汇率是买入价与卖出价的平均数，即中间汇率 =（买入汇率 + 卖出汇率）/2。它是不含银行买卖外汇收益的汇率。中间汇率常用来衡量和预测某种货币汇率变动的幅度和趋势。

（三）从外汇交易支付通知方式角度考察

1. 电汇汇率

电汇汇率是银行卖出外汇后，以电报为传递工具，通知其国外分行或代理行付款给收款人时所使用的一种汇率。电汇系国际资金转移中最为迅速的一种国际汇兑方式，银行不能利用客户资金，因而电汇汇率最高。

2. 信汇汇率

信汇汇率是在银行卖出外汇后，用信函方式通知付款地银行转汇收款人的一种汇款方式。由于邮程需要时间较长，银行可在邮程期内利用客户的资金，故信汇汇率较电汇汇率低。

3. 票汇汇率

票汇汇率是指银行在卖出外汇时，开立一张由其国外分支机构或代理行付款的汇票交给汇款人，由其自带或寄往国外取款。由于票汇汇率从卖出外汇到支付外汇有一段间隔时间，银行可以在这段时间内占用客户的资金，所以票汇汇率一般比电汇汇率低。

（四）从外汇交易交割期限长短考察

1. 即期汇率（Spot Rate）

即期汇率是指即期外汇买卖的汇率。即外汇买卖成交后，买卖双方在当天或在两个营业日内进行交割所使用的汇率。即期汇率就是现汇汇率,是由当场交货时货币的供求关系情况决定的。一般在外汇市场上挂牌的汇率,除特别标明远期汇率以外,一般指即期汇率。

2. 远期汇率(Forward Rate)

远期汇率是在未来一定时期进行交割,而事先由买卖双方签订合同,达成协议的汇率。到了交割日期,由协议双方按预订的汇率、金额进行交割。远期外汇买卖是一种预约性交易,是由于外汇购买者对外汇资金需要的时间不同,以及为了避免外汇风险而引进的。

远期汇率是以即期汇率为基础的,即用即期汇率的"升水""贴水""平价"来表示。其中,如果远期汇率比即期汇率贵,高出的差额称作升水(Premium);如果远期汇率比即期汇率便宜,低出的差额称作贴水(Discount);如果远期汇率与即期汇率相等,则没有升水和贴水,称作平价(Par)。

(五) 从外汇银行营业时间的角度考察

1. 开盘汇率

开盘汇率是外汇银行在一个营业日刚开始营业、进行外汇买卖时用的汇率。

2. 收盘汇率

收盘汇率是外汇银行在一个营业日的外汇交易终了时的汇率。

随着现代科技的发展、外汇交易设备的现代化,世界各地的外汇市场连为一体。由于各国大城市存在时差,而各大外汇市场汇率相互影响,所以一个外汇市场的开盘汇率往往受到上一时区外汇市场收盘汇率的影响。开盘与收盘只相隔几个小时,但在汇率动荡的今天,汇率也往往会有较大的出入。

(六) 按汇率管理严格程度

1. 官方汇率

官方汇率是由一个国家的外汇管理机构制定公布的汇率。在实行严格外汇管制的国家,一切外汇交易由外汇管理机构统一管理,外汇不能自由买卖,没有外汇市场汇率,一切交易都必须按照官方汇率进行。

2. 黑市汇率

黑市汇率是在外汇黑市市场上买卖外汇的汇率。在严格实行外汇管制的国家,外汇交易一律按官方汇率进行。一些持有外汇者以高于官方汇率的汇价在黑市市场上出售外汇,可换回更多的本国货币,这是黑市外汇市场的外汇供给者;另一些不能以官方汇率获得或获得不足的外汇需求者便以高于官方汇率的价格从黑市外汇市场购买外汇,这是黑市外汇市场外汇的需求者。

(七) 按计算方式不同,汇率可分为名义汇率、实际汇率、有效汇率和均衡汇率

名义汇率是两个国家(或地区)货币的相对价格,即一种货币能兑换成另一种货币的数量,用 E 表示。名义汇率可以由市场决定,也可以由官方指定。

实际汇率是用两国(或地区)价格水平对名义汇率加以调整后的汇率,用 e 表示。用 P 和 P^* 分别表示本国和外国的物价水平,E 为直接标价法下的名义汇率,则:

实际汇率 $e = EP^*/P$

即外国商品与本国商品的相对价格,反映了本国商品的国际竞争力。e 上升,表明人民

币实际汇率贬值，中国产品竞争力提高；e 下降，表明人民币实际汇率升值，中国产品竞争力下降。

【随堂练 1-6】A、B 两国的名义汇率为 1∶2，若 A 国的价格水平为 100 元，B 国的价格水平为 110 元，则 A、B 两国的实际汇率为（　　）。

A. 0.5　　　　　　　　　　　　B. 0.55
C. 0.65　　　　　　　　　　　　D. 0.75

【参考答案随堂练 1-6】

有效汇率是一种加权平均汇率。将本币与其他货币的直接标价汇率，以本国与该国经济往来的密切程度（如本国与该国贸易额占本国对外贸易总额的比例）为权重，进行加权平均，又称汇率指数，可以综合反映本国货币汇率的基本走势。

A 币的有效汇率 $= \sum A$ 货币对 i 国货币的汇率 $\times$ (A 国对 i 国的贸易值 $/A$ 国的全部贸易值)

有效汇率因为考虑了各个贸易伙伴国的与该国的贸易往来权重，可以反映出该国货币在国际贸易综合的总体竞争力。

均衡汇率是指与宏观经济运行中外部均衡目标与内部均衡目标相一致的真实汇率水平。也就是内外部均衡同时实现时决定的汇率。外部均衡目标指经常项目余额达到"可持续"水平，即经常项目顺差（逆差）能够可持续地被金融项目下的资本流出（流入）所弥补，自主性国际收支保持在可持续的均衡水平。内部均衡目标指国内非贸易品市场均衡，在很多实证研究当中，它还被定义为较低的通货膨胀率和充分就业。

【延伸阅读 1-5】IMF 否定美国做法"中国央行几乎没有进行外汇干预"

（八）按制定方式

1. 基本汇率

基本汇率（Basic Rate）是一国货币对其关键货币的汇率。由于外国货币种类繁多，一国若要制定出本国货币与每一种外国货币之间的汇率是非常麻烦的。为了简化起见，各国一般都选定一种在本国对外经济交往中最为常见的重要货币作为关键货币，制定出本国货币与该关键货币之间的汇率，这一汇率即是基本汇率或基础货币。

关键货币通常需要具备以下三个基本条件：

（1）是本国国际收支中使用最多的货币；
（2）是在该国外汇储备中占比重最大的货币；
（3）具备充分的可兑换性，能够被其他各个国家所普遍承认和接受。

很多国家都选择美元作为关键货币，将本国货币与美元之间的汇率作为关键汇率。各国银行之间在报出汇率时，通常只报出基本汇率，至于其他外国货币与本国货币之间的汇率，则根据各国的基本汇率进行换算。

2. 套算汇率

套算汇率（Cross Rate）又称交叉汇率，是在各国基本汇率的基础上换算出来的各种货币之间的汇率，或者是根据世界各主要外汇市场上公布的美元兑各种其他货币的汇率换算出来的两种非美元货币之间的汇率。常见的汇率套算方法有以下几种。

（1）交叉相除法。

①在两种非关键货币与关键货币的汇率关系中，关键货币或基准货币均为同一货币时，报价货币为两种非关键货币时，采用交叉相除法。

【举例1-1】已知某银行的即期汇率行情为：

USD1 = CAD1.4580/90

USD1 = CHF1.7320/30

求：CAD1 = CHF?

方法：以加元为基准报价时，要将加元后面的报价（买入价和卖出价）除过去，不过要相应数字交叉相除。即，

CAD1 = CHF1.7320÷1.4590/1.7330÷1.4580 = CHF1.1871/86

计算原理　第一个价格买入价的计算：

你有1CAD，如何兑换成1CHF，算出的价格即为买入价。

拿1CAD按USD1 = CAD1.4580/90兑换成1/1.4590USD

拿1/1.4590USD可以按USD1 = CHF1.7320/30兑换到CHF，即1/1.4590×1.7320 = 1.7320÷1.4590CHF = 1.1871CHF

你拿多少CHF可以兑换成1CAD，算出的价格即为卖出价：

拿1.7330CHF按USD1 = CHF1.7320/30兑换成1USD

拿1USD可以按USD1 = CAD1.4580/90 CAD兑换到1.4580CAD，即1.7330CHF = 1USD = 1.4580CAD

即 CAD1 = CHF1.7330÷1.4580 = CHF1.1886

故 CAD1 = CHF1.7320÷1.4590/1.7330÷1.4580 = CHF1.1871/86

②在两种非关键货币与关键货币的汇率关系中，关键货币均为报价货币时，依然采用交叉相除的方法，但被除数和除数的位置发生变化。在这种计算中，被除数是套算汇率中的基准货币，除数是套算汇率中的报价汇率。

【举例1-2】某银行的即期汇率行情为：

CAD1 = USD0.9934/45

GBP1 = USD1.5566/77

如果我们以英镑为基准货币、加元为报价货币，计算方法如下。

该银行的英镑兑加元的交叉汇率的买入价为：

GBP1 = CAD1.5566÷0.9945 = 1.5652

该银行的英镑兑加元的交叉汇率的卖出价为：

GBP1 = CAD1.5577÷0.9934 = 1.5680

即 GBP1 = CAD1.5652/1.5680

【随堂练1-7】在我国外汇市场上，
EUR1 = USD0.8445/75
AUD1 = USD0.5257/17
则：EUR/AUD 的交叉汇率为多少？

【参考答案随堂练1-7】

【随堂练1-8】某投资者欲将其在银行瑞士法郎账户上的100万瑞士法郎换成日元。假设银行挂牌汇率为：US/JPY = 121.22/121.88，US/CHF = 1.6610/1.6631。

问：该投资者可以换得多少日元？

【参考答案随堂练1-8】

（2）两边相乘法。这种方法适用于关键货币不同的汇率，但其中的一个报价货币与关键货币相同。例如，假定某年某月某日，某外汇市场上，汇率报价为：

GBP1 = USD1.6550/60
USD1 = CHF1.7320/30
求：GBP1 = CHF？

那么，我们可以使用同边相乘法计算英镑和美元之间的汇率：

买入价：GBP1 = CHF1.6550 × 1.7320 = 2.8665
卖出价：GBP1 = CHF1.7330 × 1.6560 = 2.8698
即 GBP1 = CHF2.8665/98

【随堂练1-9】某日伦敦外汇市场报价：
GBP1 = USD1.6120/30 ①
USD1 = HKD7.7930/40 ②
求：GBP1 = HKD？

【参考答案随堂练1-9】

【随堂练1-10】根据下面的银行报价，回答问题。
USD1 = CHF1.6550/60
GBP1 = USD1.6697/07

请问：某进出口公司要以英镑购买瑞士法郎，那么该公司以英镑买进瑞士法郎的套汇价是多少？

【参考答案随堂练 1-10】

【随堂练 1-11】若国际外汇市场上 GBP/USD = 1.7422/1.7462，USD/CAD = 1.1694/1.1734，则英镑与加拿大元之间的套算汇率的正确表述方式为（　　）。

A. GBP/CAD = 2.0420/2.0443
B. GBP/CAD = 2.0373/2.0490
C. CAD/GBP = 1.4882/1.4898
D. CAD/GBP = 1.4847/1.4932

【参考答案随堂练 1-11】

第三节　人民币国际化

中国经济的高速增长、国际贸易影响力的提高、人民币币值（包括物价与汇率）的持续稳定，还有中国政府在亚洲经济危机中以实际行动表现出来的稳定亚洲经济的高度责任感等因素，使人民币的国际威望大大提高，周边国家和地区居民逐渐认可并接受人民币作为其国内交易和国际贸易的流通工具。人民币的境外滞留量已经具备了相当的规模，且在逐年增加，人民币走出国门已是不争的事实。所以，根据经济区域化和全球化的客观要求，从理论与实际的结合上探讨人民币走向区域化和国际化的可能性，以及所应采取的相关措施，是非常有必要的。

一、货币国际化

所谓货币国际化，是指某国货币越过该国国界，在世界范围内的自由兑换、交易和流通，最终成为国际货币。货币国际化是一个动态的过程。参照国际货币基金组织（IMF）根据世界主要国家货币国际化的历史经验所做的规定，某一货币的国际化所要求的该货币发行国应具备的基本条件，主要包括以下几方面。

（一）经济的发展规模和开放程度

这是决定一国货币能否实现国际化的基础。一国货币作为国际货币所应包含的各项职能，都是与该国强大的国力或较高的经济发展水平以及全方位的对外开放分不开的，尤其是与该国出口在世界贸易和投资中所占比重有直接的关系。强有力的出口和国际投资地位，直接推动该国货币在国际上的广泛使用。经济发展水平越高，国力越强大，经济结构和产品结构越多样，抵御货币国际兑换所带来的风险能力就越大，作为国际清算货币和国际储备货币的地位也就越稳固。

（二）市场经济体系的完善和市场经济机制的充分发挥

这主要表现在商品市场、劳务市场、资本市场和金融、外汇市场的健全完善，合理地反映价值规律要求的价格体系的建立，以及微观企业经营机制的正常运作。

（三）宏观经济的相对稳定和有效调控

一国的财政、货币政策应能够创造一个有助于本国货币国际化的宏观经济环境，并能适于国际、国内经济周期的变动，实行以经济手段为主的有效宏观调控，以保持币值的相对稳定。

（四）合理的汇率和汇率体制

合理的汇率和汇率体制以其自身实际代表的价值量为基础，与该国国际收支平衡相一致的汇率，能够客观地反映外汇市场的供求，正确引导外汇资源的合理配置，也是实现货币国际化后保持外汇市场稳定的必要条件。

（五）充足的国际清偿手段

充足的国际清偿手段包括政府要拥有充足的黄金外汇储备以及从国外融资的能力，以应付随时可能发生的汇兑要求，使该国国际收支保持动态平衡，维持外汇市场和汇率的相对稳定。

二、人民币国际化

（一）人民币国际化的含义

人民币国际化是指人民币能够跨越国界，在境外流通，成为国际上普遍认可的计价、结算及储备货币的过程。尽管目前人民币境外的流通并不等于人民币已经国际化了，但人民币境外流通的扩大最终必然导致人民币的国际化，使其成为世界货币。

人民币国际化的含义包括三个方面：第一，是人民币现金在境外享有一定的流通度；第二，也是最重要的，是以人民币计价的金融产品成为国际各主要金融机构包括中央银行的投资工具，为此，以人民币计价的金融市场规模不断扩大；第三，是国际贸易中以人民币结算的交易要达到一定的比重。这是衡量货币包括人民币国际化的通用标准，其中最主要的是后两点。当前国家间经济竞争的最高表现形式就是货币竞争。如果人民币对其他货币的替代性增强，不仅将现实地改变储备货币的分配格局及其相关的铸币税利益，而且也会对西方国家的地缘政治格局产生深远的影响。

【延伸阅读1-6】捷报！苏伊士运河"过路费"新增人民币支付

(二) 人民币国际化的发展现状

1. 跨境贸易人民币结算试点

2009年中国跨境贸易人民币结算试点逐步开展,由上海、广州、深圳、珠海及东莞城市逐渐发展到全国20个城市,地理覆盖面基本包括全国经济中心。2010年在实现跨境贸易人民币结算试点扩大至全国后,开启"走出去"新里程,将地理范围从中国向周边亚洲国家发展,进而向世界范围过渡。2019年,人民币跨境收付金额合计19.67万亿元,同比增长24.1%。其中收款10.02万亿元,同比增长25.1%,付款9.65万亿元,同比增长23%,收付比为1∶0.96,净流入3 606亿元,2018年为净流入1 544亿元。人民币跨境收付占同期本外币跨境收付总金额的比重为38.1%,创历史新高,较上年提高5.5个百分点。在市场需求的推动下,近年来人民币的使用在周边国家及"一带一路"沿线国家取得积极进展。2019年,中国与周边国家跨境人民币结算金额约为3.6万亿元,同比增长18.5%,其中货物贸易项下人民币跨境收付金额合计9 945亿元,同比增长15%;直接投资项下人民币跨境收付金额合计3 512亿元,同比增长24%。与"一带一路"沿线国家办理人民币跨境收付金额超过2.73万亿元,同比增长32%,其中货物贸易收付金额为7 325亿元,同比增长19%;直接投资收付金额2 524亿元,同比增长12.5%。人民币已与马来西亚林吉特、新加坡元、泰铢等9个周边国家及"一带一路"沿线国家的货币实现了直接交易,与柬埔寨瑞尔等3个国家的货币实现了区域交易。

2. 人民币本币互换协议的签署

2008年美国金融危机爆发以后,全球金融体系严重缺乏流动性,我国部分贸易和投资伙伴国迫切需要流动性支持。货币互换的初衷是为了救助周边流动性短缺的国家,其签订和实施有利于为资金短缺国提供支持,确保其国际收支平衡及外汇市场稳定运行。从2009年1月20日中国人民银行与香港金融管理局首次签署2 000亿元人民币/2 270亿港元双边互换协议起,中国人民银行已经建立起广泛的双边货币互换关系。在互换协议中,中国人民银行最初借出和最后收回的货币均为人民币,在此过程中并不存在汇率上的风险,互换协议成立且生效后,协议双方将会定期协商并根据最新汇率及时调整互换金额,减少因汇率过度波动而导致抵押物减值所造成的风险。其作用具体来说,有以下几点:第一,便于货币交换国之间稳定汇率,抹平汇率冲击;第二,提供流动性的同时维持市场对于一国货币的信心;第三,减少我国外汇储备。同时,在我国资本账户没有完全开放的条件下,通过货币互换达到对外输出人民币的目的,其主要体现为:人民币货币互换为跨境贸易人民币结算和投资提供融资以及为部分离岸金融中心提供了流动性支持。2013年中国提出的"一带一路"倡议是实现人民币外流的主要契机。我国先后与越南、老挝、俄罗斯、哈萨克斯坦等9个周边国家及"一带一路"沿线国家签署了双边本币结算协议,与俄罗斯、印度尼西亚、阿联酋、埃及、土耳其等23个周边国家及"一带一路"沿线国家签署了双边本币互换协议。2019年,中国人民银行与澳门金融局新签双边本币互换协议,金额300亿元人民币;先后与苏里南央行、新加坡金融局、土耳其央行、欧央行和匈牙利央行续签双边本币互换协议,总金额6 830亿元人民币。截至2019年末,中国人民银行共与39个国家和地区的中央银行或货币当局签署了双边本币互换协议,覆盖全球主要发达经济体和新兴经济体,以及主要离岸人民币市场所在地,总金额超过3.7万亿元人民币。

3. 人民币离岸金融中心建立

人民币离岸中心市场是指中国境外发展人民币计价金融产品的市场。这里的"境外"，是指受国内金融法规管制较少的地区，也包括香港、境内自贸区等。离岸人民币市场主要由非居民参与，进行人民币与国际自由兑换货币交易的市场，资金出入相对自由。我国还不具备全面放开资本管制的条件，通过设立离岸市场，有利于提高人民币在国际市场的认可度、接受度及使用频率，提高人民币海外交易的效率和流动性，并降低投资者用人民币进行海外支付的风险，对于人民币国际地位的提升具有重要意义。

香港人民币离岸金融中心因其成熟稳定的金融市场和"一国两制"的灵活框架，在国家政策支持下逐渐建立起来，是政策支持型的人民币离岸金融中心。中国香港目前是最大的离岸人民币市场。2003年，香港开始办理人民币个人业务，2009年，香港开始办理企业人民币业务。2019年末，香港人民币存款余额为6 322亿元人民币，在各离岸市场中排名第一位，同比上升2.8%，占香港全部存款余额的5.1%，占其外币存款的10.3%。据不完全统计，已建立清算行的国家和地区2019年共发行人民币债券3 968亿元，同比增长35.4%，其中香港人民币债券发行全年为1 667亿元，比2018年增长230.4%。

2019年英国人民币离岸市场继续平稳发展，继续保持亚洲以外最大人民币离岸清算中心的地位。2019年，伦敦离岸人民币外汇日均交易额820亿英镑，较2018年增长7.0%。截至2019年末，伦敦证券交易所未到期人民币债券共计110支，存量总规模347亿元，较上年末增长3%。2019年末，伦敦离岸市场人民币存款余额为549.6亿元，同比下降4.1%；人民币贷款余额538.5亿元，同比上升9.4%。

2019年，新加坡人民币外汇交易金额占全球总金额的4.66%。全年新加坡交易所美元/离岸人民币期货成交额超过9 070亿美元，较2018年增长76%；日均成交额36.7亿美元，较2018年增69%。截至2019年末，未到期人民币债券66只，规模360亿元。2019年，新加坡市场发行人民币债券10只，规模42亿元。

2019年，美国人民币外汇交易量在全球主要离岸市场中排名继续保持第三位，市场份额为7.8%，较去年的8.5%略有下降，仅次于英国和中国香港地区。美国离岸人民币市场基础设施继续完善，资本市场对人民币认可度不断提升。

2020年2月14日，经国务院同意，中国人民银行、银保监会、证监会、外汇局、上海市政府共同发布了《关于进一步加快推进上海国际金融中心建设和金融支持长三角一体化发展的意见》，围绕推进临港新片区金融先行先试、加快上海金融业对外开放以及金融支持长三角一体化发展推出了多项政策，为上海国际金融中心建设按下了"加速键"。上海临港新片区重点发展新型贸易、跨境金融、总部经济、航运服务等功能等高附加值现代服务业，拟建设成为集金融、贸易、航运、保险等综合的亚太总部集聚区。以创新金融、科技金融总部为首发业态，上海将构建跨境离岸金融中心。

4. 人民币成为国际储备货币

由于近年来美元经济地位的弱势，中国经济地位与人民币国际地位的不相称，目前国际货币体系并不完善，存在危机隐患。2008年起，部分亚洲周边国家宣布将人民币纳入其国际储备货币。2016年人民币正式加入国际货币基金组织（IMF）特别提款权（Special Drawing Rights）货币篮子，成为国际机构认可的官方储备货币之一，其在SDR货币篮子中的权重占比位居第三，仅仅次于美元和欧元，超过了日元和英镑，这也从侧面说明了 IMF 对我国经济实力以及人民币国际地位的肯定。2017 年起，部分欧洲国家宣布拟将人民币纳入本国国际储备的计划，同期间，欧洲部分央行计划实施开展人民币资产投资计划。根据 IMF 官方外汇储备货币构成（COFER）数据，截至 2019 年，人民币储备规模 2 176.7 亿美元，占标明币种构成外汇储备总额的 1.95%，排名超过加拿大元的 1.88%，居第五位，这是 IMF 自 2016 年开始公布人民币储备资产以来的最高水平。据不完全统计，目前全球已有七十多个央行或货币当局将人民币纳入外汇储备。

【延伸阅读 1-7】人民币国际化，行稳而致远

本章小结

外汇就是可用作国际结算的国际货币。但外币并不就是外汇。汇率是两国货币之间的比率。汇率有直接标价法、间接标价法和美元标价法。在不同的标价法下，汇价变动的含义也不同。从不同的角度可把汇率分成不同的类型，于是就有了固定汇率与浮动汇率、买入汇率、卖出汇率与中间汇率、电汇汇率、信汇汇率与票汇汇率、即期汇率与远期汇率、开盘汇率与收盘汇率、官方汇率与黑市汇率、名义汇率、实际汇率、有效汇率和均衡汇率、基本汇率与套算汇率等。货币国际化需要具备一定的条件，人民币国际化是一项系统工程，要稳定推进人民币国际化。

思考题

1. 假定某外汇市场某日汇率报价如下，

USD1 = CAD1.5715/1.5725

USD1 = JPY103.50/103.60

求：CAD1 = JPY？/？

2. 某日新加坡国际金融市场，

GBP1 = 1.4654/69USD，USD1 = 6.5245/60CNY

请套算出 GBP/CNY 的汇率。

3. 已知外汇市场行情为：GBP1 = USD1.4288/98，USD1 = CHF1.6610/31，如果现有一个客户要以瑞士法郎购买英镑，汇率应如何确定？

4. 我国某出口商原以美元报价，每件 80 美元，现客户要求以英镑报价。当日纽约外汇市场的汇率报价为：GBP1 = USD1.7440/50。请计算我国出口商的英镑报价。

关注"中财资源库"公众号获取思考题参考答案

（公众号内点击"找答案—本科"）

第二章 汇率的决定与变动

【知识目标】

理解汇率的决定与变动的基本原理;
掌握汇率决定与变动的影响因素。

【能力目标】

具备对汇率变动进行科学分析的基本能力。

【价值引领目标】

理解我国人民币汇率制度改革的重大意义;
体会我国实施审慎的外汇管理政策的必要性与科学性。

【导入材料】

《镜花缘》之谜——"君子国"行为的当代解读

中国古代小说《镜花缘》中有一个君子国。君子们在讨价还价时,人人都发扬"毫不利己、专门利人"的精神,竞相让利——卖者拼命降价,买者拼命抬价,争执不休。由于双方都不愿让步,这样的吵架成为旅游一景,令人新鲜,令人困惑:

甲:我这把斧子卖30元。

乙:不行,我一定要用60元买这把斧子。

今天这样的事情就发生在我们身边。各国在货币战中,使用各种手段让自己的货币贬值，让别人的货币升值，谁也不肯让步。这相当于让外国人在交换中用更少的货币买自己更多的商品，与君子国的做法并无区别。这种行为在财富上是吃亏的，那为什么他们要这么做？汇率与经济到底是什么关系？

第一节 汇率的决定

从本质上讲，汇率理论是货币经济理论的国际延伸，它包含两个层次的理念。首先，汇率是由货币自身具有的价值或购买力（所代表的实际价值）决定的；其次，汇率引起的变动与相关经济因素互为因果。

汇率理论从时间长短上可以分为长期汇率和短期汇率两种。长期汇率表示的是指各种货币所具有或所代表的价值在某一个时期发生变化；而短期汇率表示的是各种货币所具有或所代表的价值在某一个时点发生变化。因此，本节先探讨长期汇率的决定基础，再去探究短期汇率的决定基础。

一、长期汇率的决定基础

长期汇率是指各种货币所具有或所代表的价值在某一个时期是发生变化的。在不同的国际货币制度下，不同规定的制度要素决定了各国货币具有的或所代表的价值不相同，长期汇率的决定方式常常表现为由某种平价来决定，如铸币平价、法定平价、货币平价和购买力平价。因此，在不同的国际货币制度下，长期汇率的决定基础是不同的，分为金本位制和信用货币制两种形式。

（一）金本位制下长期汇率的决定基础

金本位制是指黄金直接参与流通的货币制度。它是19世纪初到20世纪初资本主义国家实行的货币制度。从广义的角度上，金本位制具体包括金铸币本位制、金块本位制和金汇兑本位制三种形式。其中，金铸币本位制是典型的金本位制度，其决定方式表现为铸币平价；后两种是削弱了的、变形的金本位制度，其决定方式表现为法定平价。

1. 金铸币本位制下的铸币平价

从19世纪初到第一次世界大战以前，世界各国普遍实行传统的金本位制度——金铸币本位制。在该制度下，流通中的货币是以一定重量和成色的黄金铸造而成的金币。货币的单位价值就是铸造该铸币所能耗用黄金的实际重量。这种铸币与含金量相一致的关系，称为铸币平价。两国货币汇率的确定，就是由两种货币的铸币平价决定的。

【举例 2-1】

英镑与美元之间的汇率

在1929年经济危机以前的金本位制时期，英国规定1英镑含金量为113.00格令，美国规定 1 美元含金量为 23.22 格令。其中，含金量＝铸币重量×成色。具体计算如下：

	重量	成色	含金量
1£:	123.271.47 格令	×22/24	＝113.00 格令
1$:	25.8 格令	×90/100	＝23.22 格令

由此，英镑与美元的铸币平价即各自含金量之比等于 4.8665（＝113.00/23.22），即 1 英镑金币的含金量等于 1 美元金币含金量的 4.8665 倍。这就是英镑与美元之间汇率的决定基础，它建立在两国法定的含金量基础上，而法定的含金量一经确定，一般是不会轻易改动的，因此，作为汇率基础的铸币评价是比较稳定的。

铸币平价决定汇率，如果仅考虑货币的价值对比而舍弃其他因素的话，两者是相等的。但实际上，外汇市场上的汇率水平及其变化还要取决于许多其他因素，最为直接的就是外汇供求关系的变化。正如商品价格取决于商品的价值，供求关系会使价格围绕价值上下波动一样，在外汇市场上，汇率也是以铸币平价为中心，在外汇供求关系的作用下上下波动。当某种货币供不应求时，其汇价会上涨，超过铸币平价；而当某种货币供大于求时，其汇价会下跌，低于铸币平价。金铸币本位制度下由供求关系变化造成的汇率变动并不是无限地上涨或下跌，而是被界定在铸币平价上下一定界限内，这个界限就是黄金输送点。

假如在金铸币本位制下，英国向美国出口商品多于美国向英国出口商品，英国对美国有贸易顺差，那么外汇市场上对英镑的需求增加，英镑兑美元汇率上涨，高出其铸币平价（4.8665）。当外汇汇率进一步上涨，超过一定幅度时，便会使美国进口商直接采取向英国运送黄金的方法支付商品货款。这时，从美国向英国输出黄金的运输费、保险费、包装费以及改铸币费等约合黄金价值的 0.5% 至 0.7%，如果按 0.6% 计算，支付 1 英镑债务需附加费用 0.0292 美元（＝4.85665×0.6%）。那么，当英镑兑美元汇率超过 4.8957 美元（即铸币平价 4.8665 加黄金运费 0.0292）时，美国人输出黄金显然比在外汇市场上以高价购买英镑更便宜，外汇市场上就不再有对英镑的购买，而代之以直接用黄金支付。这样，1 英镑＝4.8957 美元就成了英镑上涨的上限，这一上限即美国的"黄金输出点"（英国的"黄金输入点"）。具体见图 2-1。

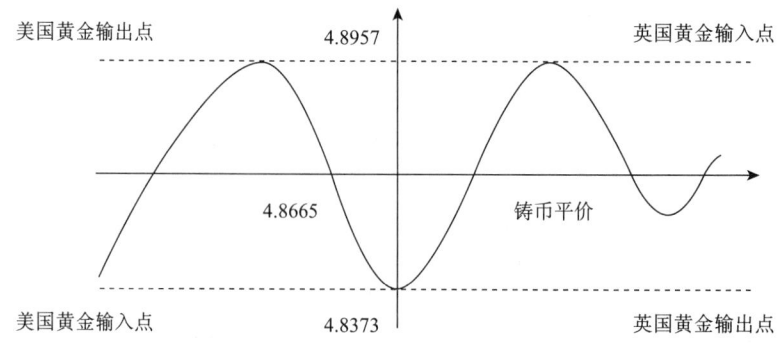

图 2-1　金铸币本位制下的汇率变动

相反，假如美国对英国有贸易顺差，英镑对美元下跌，跌至 4.8373 美元黄金，1 英镑＝4.8373 美元就成了英镑下跌的下限，这一下限也就是美国的"黄金输入点"（即铸币平价 4.8665 减黄金运送费用 0.0292）以下，持有英镑的美国债权人也就不会再用贬值的英镑在外汇市场上兑换美元，而是将英镑在英国换成黄金运回国内。这样，外汇市场上就不再有以高价购买美元的交易，而代之以购买黄金，1 英镑 = 4.8373 美元就成了英镑下跌的下限，这一下限也就是美国的"黄金输入点"（英国的"黄金输出点"）。

由此可见，在金铸币本位制下，由于黄金输送点的制约，外汇市场上汇率波动总是被限制在一定范围内，最高不超过黄金输出点，最低不低于黄金输入点。因此，由供求关系导致的外汇市场汇率波动是有限度的，汇率制度也是相对稳定的。

2. 金块本位制和金汇兑本位制下的法定平价

第一次世界大战后，许多国家通货膨胀严重，现钞的自由兑换和黄金的自由移动遭到破坏，于是传统的金本位制陷于崩溃，各国分别实行两种变相的金本位制，即金块本位制和金汇兑本位制。在这两种货币制度下，黄金储备集中在政府手中，在日常生活中黄金不再具有流通手段的职能，于是国家以法律规定货币所代表的含金量。在金块本位和金汇兑本位制下，货币汇率由纸币所代表的含金量之比来决定，称为法定平价。法定平价也是金平价的一种表现形式。实际汇率随供求关系变化而围绕法定平价上下波动。但此时的汇率波动幅度已不再受制于黄金输送点，黄金输送点存在的必要前提是黄金的自由输出入。由于黄金的输出入受到了限制，因此，黄金输送点实际上已不复存在。在金块本位和金汇兑本位这两种削弱了的金本位制度下，虽说决定汇率的基础依然是金平价，但汇率波动的幅度则由政府来规定和维护，政府通过设立外汇平准基金来维护汇率的稳定。当外汇价格上升，便出售外汇；当外汇价格下降，便买进外汇，由此使汇率的波动局限在允许的幅度内。显然，与金铸币本位制度时的情况相比，金块本位制和金汇兑本位制下汇率的稳定程度已降低了。1929—1933年资本主义世界经济危机爆发以后，金本位制彻底瓦解，各国普遍实行不兑换的纸币制度。

3. 布雷顿森林体系下的货币平价

布雷顿森林体系下的货币平价是一种特殊的金汇兑本位制下的法定平价，该体系规定了纸币的法定含金量时期。在第二次世界大战以后，美国因为远离战争区，大发战争财，经济实力及黄金储备均为世界第一，它迫切想建立一个统一的货币汇率体系以便于外汇的流通和结算。同时，因为 20 世纪 30 年代经济与社会的动荡，给世界经济带来的影响较大。经济学家及政治学家决心建立一个新的汇率体系，以避免经济混乱及减少大萧条的影响，稳定各国之间的汇率。于是，1944 年 7 月，美、英、苏、法等国家代表在美国举行"联合国货币金融会议"（又称"布雷顿森林会议"），在该会议期间建立了布雷顿森林体系。在该货币体系下，汇率的确定方式如下：①美元与黄金挂钩，确定美元与黄金的比价。②各国货币也大都规定含金量与美元挂钩，以此确定的汇率称作货币平价。同时，美国承担各国兑换美元的义务，其比价为 1 盎司黄金兑换 35 美元。其他国家货币之间的汇率则以各国与美元的货币平价来确定，各国货币与美元的货币平价，构成了长期汇率决定的基础。

（二）信用货币制度下长期汇率的决定基础

20 世纪 70 年代后，许多国家放弃了布雷顿森林体系下以美元为中心的汇率安排，逐渐建立起以平价作为参照物的多样化的货币体系，即牙买加体系。各国货币的含金量失去了实际意义，纸币与黄金的联系徒有虚名，有些国家也不再规定和宣布纸币的含金量，这一时期的特点是黄金非货币化（与前面的黄金货币化相比较）。于是在浮动汇率制下，决定纸币汇率的基础已不再是货币平价，而应该是纸币所具有的购买一定数量商品的能力，这种能力表现了纸币在流通中所代表的价值。实际上,纸币所代表的价值就是纸币所实现的购买力,即能够买到的商品和劳务的实际价值,本书将纸币的这种能力称为纸币在牙买加体系下的购买力平价。如表2-1所示,表示的就是不同货币制度下的汇率决定与波动。

表2-1 不同货币制度下的汇率决定与波动

不同货币制度		汇率决定基础	汇率波动	汇率与黄金的关系
金本位制	金铸币本位制	铸币平价	比较稳定,有上下界限	黄金货币化
	金块本位制与金汇兑本位制	法定平价	相对稳定,有外汇准备金	
	布雷顿森林体系	货币平价	可调整的固定汇率制	
信用货币	牙买加体系	购买力平价	不稳定	黄金非货币化

这一时期形成的有代表性的理论是瑞典经济学家卡塞尔(G. Cassel)于1918年提出的购买力平价理论。1922年,他在《1914年以后的货币与外汇》一书中,又系统地阐述了自己的思想。他的基本思路是:汇率由两国货币购买率之比决定,汇率的变化由货币购买力之比的变化决定。人们之所以需要外国货币是因为它在国外具有一般商品的购买力。外国人之所以需要本国货币,是因为它在国内具有一般商品的购买力。因此,一国货币的长期汇率,主要是由其货币所具有的绝对购买力平价与相对购买力平价决定的。

1. 购买力平价理论的基础

在经济活动中存在这样一类商品:首先,假定位于不同地位的该商品是同质的,也就是说不存在任何商品质量及其他方面的差别;其次,该商品能自由交易,其价格能按市场供求关系灵活地进行调整,不存在任何价格上的黏性,并且,其跨国移动也不存在障碍。如果满足这样的条件,那么,若该商品在不同地区的价格存在差异,套利者就可以在低价地区买入这种商品,然后在高价地区卖出以牟取差价。套利者的持续套利行为将不断改变两个地区的商品供求状况,使低价地区的商品价格上升,高价地区的商品价格下降。最后,两个地区的商品价格会接近。可贸易品就是这样一种商品,它能自由移动,自由交易。如果假定可贸易品的运输成本为零,则在套利作用下同种可贸易品在各个地区的价格应该是一致的,这种一致关系被称作"一价定律"。在开放经济条件下,一价定律体现为用同一种货币衡量的不同国家的同质可贸易品价格相同,用公式表示为:

$$P_d^i = e P_f^i \tag{2-1}$$

式中,e是直接标价法的汇率,P_d^i和P_f^i是本国和外国的可贸易品i的标价,一价定律描述的可贸易品价格和汇率的关系是购买力平价说的基础。

【举例2-2】

一价定律的应用

一价定律认为,在没有运输费用和官方贸易壁垒(如关税)的自由竞争市场上,同样的货物在不同国家出售,按同一货币计量的价格应该是相等的。假设在外汇市场上,如果美元/英镑汇率为每英镑1.45美元,通过外汇市场把43.50美元(= 1.45美元/英镑×30英镑)兑换成30英镑,你可以在伦敦买到一件在纽约卖45美元的羊毛衫。那么美国的进口商和英国的出口商就会在伦敦购买羊毛衫并运到纽约去卖。这将导致伦敦羊毛衫价格的上升和纽约羊毛衫价格的下降，直到两地价格相等为止。类似地，如果汇率是1.55美元/英镑，那么伦敦羊毛衫的美元价格应是46.50美元（=1.55美元/英镑×30英镑），比纽约高1.5美元。此时，羊毛衫就会从大西洋的西边运往东边，直到两个市场上的价格完全一致为止。

2. 绝对购买力平价理论

绝对购买力平价表示的是在某一个时点上长期汇率的决定基础。假设对于两国的任何一种可贸易品，一价定律都成立，并且在两国物价指数的编制中，各种可贸易品所占的权重相等，那么，两国由可贸易商品构成物价水平之间存在着下列关系。

$$\sum_{i=1}^{n} \alpha^i P_d^i = e \sum_{i=1}^{n} \alpha^i P_f^i \tag{2-2}$$

式中，e 是直接标价法的汇率；P_d^i 和 P_f^i 是第 i 种可贸易品的本国和外国价格水平；α^i 表示第 i 种可贸易品在物价指数中权重。尽管一国的商品可以分为可贸易品和不可贸易品，但主张购买力平价的学者们认为一国的可贸易品与不可贸易品之间，以及各国不可贸易品之间存在着种种联系，这些联系使得一价定律对于不可贸易品也成立。也就是说，所有国家的一般物价水平以同一种货币计算时是相等的，汇率取决于两国一般物价水平之比。

如果将两国一般物价水平直接用 P_d 和 P_f 来分别表示，则式（2-2）可以写成：

$$P_d = eP_f \tag{2-3}$$

这个式子的含义是不同国家的物价水平在换算成同一货币计量时是一样的。将（2-3）变形就可以得到以下公式：

$$e = P_d/P_f \tag{2-4}$$

这就是绝对购买力平价的一般形式。它意味着汇率取决于以不同货币衡量的两国一般物价水平之比，即不同货币的购买力之比。

3. 相对购买力平价理论

相对购买力平价表示的是在某一个时期上长期汇率的决定基础。在实际生活中，由于各国间的贸易存在着交易成本，各国物价水平的计算中，不同商品的权重有所不同，各国物价水平中可贸易品和不可贸易品的口径和权重也有所不同，所以各国的物价水平很难用同一种方法来比较，从而汇率水平绝对值也就缺少比较的基础。于是，经济学家又提出，把汇率变动的幅度和物价变动的幅度联系起来，这就是相对购买力平价。其公式为：

$$e_t = e_0 \cdot \frac{PI_{d,t}}{PI_{f,t}} \tag{2-5}$$

式中，$PI_{d,t}$ 和 $PI_{f,t}$ 分别是本国和外国在 t 期的物价指数；e_0 是基期的汇率；e_t 是计算期的汇率。相对购买力平价的含义是：尽管汇率水平不一定能反映两国物价绝对水平的对比，但可以反映两国物价水平的相对变动，物价上升速度较快的国家，其货币就会贬值，由于物价指数比较容易得到，因而计算相对购买力平价也就容易得多，其实用性也大大提高。

根据购买力平价决定的汇率是一种理论汇率或真实汇率，而并非实际的汇率（即外汇行市上的名义汇率）。名义汇率有时正好与真实汇率一致，更多的时候也许在真实汇率上上下波动，但始终以它为轴心，不会有很大的偏差。所以，当黄金平价或平价货币不起作用时，以购买力平价确定的真实汇率就是以纸币为本位的浮动汇率下市场汇率变动的基准。

二、短期汇率的决定基础

自从布雷顿森林货币体系崩溃后，金平价废止，各国汇率开始波动，而且幅度很大，于是西方学术界在汇率决定问题上特别强调供求关系。他们认为汇率是由外汇市场上的供求决定的。也就是说，外汇市场供求关系决定的只是短期汇率即每一个不断变化的时点上的汇率，而不是长期汇率。

（一）外汇市场的性质和构成

外汇市场是由经营外汇业务的金融机构所组成的在各国间从事外汇买卖、调节外汇供求的交易场所。国际的经济往来都要发生债权和债务关系，国际汇兑机制的作用是通过国际信用工具的买卖来清算各国间的债权和债务关系，而外汇市场就是适应外汇买卖和票据兑换的需要而产生的。目前世界上，交易量比较大的并具有国际影响的外汇市场主要有纽约、伦敦、法兰克福、巴黎、苏黎世、东京、米兰、阿姆斯特丹等地。在这些市场上，买卖的外汇主要有美元、英镑、欧元、日元、意大利里拉、荷兰盾等多种货币。这些外汇市场有利于国际贸易的发展和债务的清偿。

外汇市场主要有三方面的机构组成：①外汇银行。这类银行通常包括专营或兼营外汇业务的本国商业银行、在本国的外国银行分行以及其他兼办外汇业务的金融机构。外汇银行是对客户进行外汇买卖的中心场所。②外汇经纪人。他们是在银行与进出口商之间进行联系、接洽外汇买卖的汇兑商人。他们熟悉供求情况和市场行情，因而可以在买主和卖主之间积极活动，促成交易，从中获取手续费。但他们自己并不买卖外汇。③中央银行。一些国家为防止国际短期资金冲击外汇市场，往往由中央银行进行干预，以保持汇率的稳定。因此，中央银行在外汇交易中处于主导地位。不过，各国中央银行并不直接参加外汇市场的活动，而是通过经纪人和商业银行进行交易。

外汇市场上的交易，现在都是利用现代化的电子通信设备进行的。大银行都设有专门的交易室，通过电脑可与全国各地的经纪人保持密切的联系，于是形成一个全国性的外汇市场。同样，国际上各个外汇中心也通过电脑进行谈判交易。采用这种方法进行交易速度更快，供求双方的反应也很快，故世界各地外汇市场经常趋于单一价格。在时间上，当西欧从早上开始营业到下午2时结束时，纽约外汇市场刚好开张；而纽约市场结束营业时，正是东京市场开始营业的时候，而东京市场息业时又是西欧市场开张之时。这样相互衔接，实现了全球连续二十四小时交易。

（二）外汇市场供求关系决定汇价的过程

外汇行市决定短期汇率的过程是这样的：当外汇的需求增加而供给不变时，则外汇汇率上升；外汇需求不变而供给增加时，则外汇汇率下跌。

现在我们假定，一国的贸易收支即为国际收支，该国外汇市场上只有一种外币即美元，外汇的需求仅取决于进口商对美元的需求，外汇的供给则取决于出口商对美元的供应。这种供求关系对汇率的决定过程可由图2-2来表示。

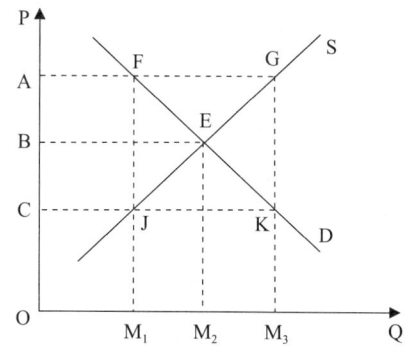

图2-2 外汇市场供求关系决定汇价的过程

图2-2中,纵轴P表示美元的汇率,即用本币表示的美元价格;纵轴Q表示出口外汇收入总额和进口外汇支出总额,即可看作外币美元的数量。外币供给曲线S,是指外汇市场上,每一时期外币持有人在各种可能的汇价上要用该外币购买本币的数量;外币的需求曲线D,则是指外汇市场上,每一时期本币持有人在各种可能的汇价上要用本币购买外币的数量。

现设均衡汇率为OB,均衡数量为OM,均衡点为E。若现在汇价偏低在OA,超过OB,于是需求量就下降为OM_1,小于OM_2;另一方面,供给将增多,供给量因汇价上升而增为OM_3,这样,就形成了外汇供过于求,于是出现FG数量的顺差,但这只是暂时的现象。需求少,供给多,这会导致汇率下降,一直下降到均衡点E。当汇价为OB时,供给量与需求量相等,从而达到了市场均衡。反之,若汇价偏低在OC,则需求量将上升到OM_3,而供给量下降到M_1,这样就形成了外汇供不应求,出现JK数量的逆差。这种状况也不会长久。需求多,供给少,又将导致汇率上升,直至E,在OB形成均衡汇率。

第二节 汇率变动的影响因素

一国汇率的变动要受到许多因素的影响,既包括经济因素,又包括政治因素和心理因素等。尤其在当今国际政治经济风云突变的年代里,这些因素所占的地位也经常发生变化,即有时以这一因素为主,有时又以另一因素为主。所以,汇率变动是一个极其复杂的问题。我们采取的分析方法是:首先,确定影响长期汇率变动的因素,即哪些因素影响到货币具有的价值,哪些因素影响到货币所代表的价值,进而引发长期汇率的变化。其次,确定影响短期汇率变动的因素,即哪些因素影响外汇市场供求关系决定的汇价。

一、长期汇率变动的影响因素

通常认为,下列因素是影响长期汇率变动的最基本因素,且同大多数国家汇率变动的实际情形有关，在各国之间也是可比的经济指标。

（一）国际收支

简单来说，国际收支是一国对外经济活动中所发生的收入与支出，它是一国对外经济贸易活动的综合反映，国际收支差额又是反映国际收支引起的外汇供求状况的基本信号，由于汇率变化是两种货币间供求关系相对平衡的结果，作为一国最主要的外汇供给来源与外汇需求支付的国际收支差额，就成为影响一国汇率实际水平和基本趋势的因素之一。国际收支包括资本项目和经常项目两个方面。其中，国际收支的资本项目是影响短期汇率变动的因素，而国际收支的经常项目是影响长期汇率变动的直接因素。

当一国国际收支经常项目持续逆差时，该国的外汇需求大于外汇供应，使外汇汇率上涨，本币对外贬值；反之，当一国国际收支持续顺差时，该国的外汇供应大于外汇需求，使外汇汇率下跌，本币对外升值；当一国国际收支平衡时，外汇供求平衡使汇率保持平衡。

国际收支经常项目对汇率的影响之所以是长期的，是因为汇率对它的反应有一个时滞的过程。从外汇市场的时间情形看，一些主要货币汇率的短期波动，比如日常的逐日波动基本上与经常项目情况没有直接联系，即使在较长时期内（3—5月），这种联系也不密切。只有在时滞期的最后阶段，由于外汇市场的参与者能估计到汇率随后将发生变动，才会做出相应的反应。因而，经常项目与汇率变动的关系在短期内会受到阻碍，在长期内才会起作用。

（二）相对物价变化率

相对物价变化率是影响长期汇率变动的重要因素，在纸币流动制度下，货币所代表的实际价值，即购买力，是汇率决定的重要基础。相对物价变化率和通货膨胀之间的关系，根据购买力平价理论，相对物价变化率影响汇率，这是一个长期的过程。

纸币制度下发行货币无需黄金担保，以及纸币发行量难以与货币需求量始终保持一致的基本特点，决定通货膨胀是难以避免的货币现象，也决定纸币所代表的实际价值是不稳定的。通货膨胀影响纸币的购买力从而影响其对内价值，而对内价值是对外价值的基础，通货膨胀意味着本币代表的价值量减少，必然降低其与外汇的比值，反之，则会提高本币与外币的比值。具体来说：一方面，通货膨胀使本国出口商品价格上升，市场竞争力下降，出口量减少而贸易收汇下降，同时使国外进口商品价格相对便宜，进口量增加而贸易付汇增加，对外贸易增支减收引起外汇需求增加，外汇供应减少，外汇汇率上升而本币贬值。另一方面，通货膨胀也影响本国资本与金融账户的外汇收支。高通货膨胀必然引起市场交易者对本币汇率的贬值预期，出于向国外抽逃资金保值的需要，开始抛售本币购入外汇，造成外汇供不应求汇率上升，本币供过于求汇率下降。通货膨胀对汇率的影响，一般也要经过一段时间才能显露出来。因为它对汇率的影响是间接的，要通过一定的渠道才能起作用。例如它会削弱一国商品和劳务在国际市场的竞争力，从而影响经常项目；它会影响一国实际利率，从而影响资本的流动；它会影响市场上对汇率和利率的预期心理，从而影响外汇市场参与者的外汇持有额等等。

（三）相对经济增长率差异

当一国经济起飞时，需要引入大量外资，否则无法生产更多的产品。这一方面反映该国货币在外汇市场上依赖性强，货币的地位较低，该国货币汇率有下降的趋势；另一方面，由于该国加大对进口原料、设备等生产资料及消费品的需求，在该国出口不变的条件下，将使该国进口大量增加，导致国际收支项目逆差，造成该国货币汇率下降。而当一国经济相对稳定时，可以有力地支持本国货币的发展，相对经济增长率较高，进而意味着出口的增加，从而经济项目容易产生顺差，该国货币汇率上升。与此同时，经济的高增长也使得产品的利润率增加，吸引更多的外国资金流入本国进行直接投资，从而改善资本账户收支。进一步来说，高经济增长率在短期内不利于本国货币在外汇市场上的行市，但从长期来看，却是有力地支持着本币的发展势头。因此，针对不同国家经济发展的问题，需要具体问题具体分析。相对经济增长率是影响长期汇率变动的复杂因素。

二、短期汇率变动的影响因素

外汇市场上最常见的现象就是汇率短期的或日常的波动。从某种意义上来说，汇率的长期波动也来源于日常波动，并通过日常波动表现出来。

国际收支的资本项目，对汇率的短期变动影响最大。因为在外汇市场上，人们把外汇作为一种金融资产来进行交易，事实上要远远大于因国际贸易派生出来的外汇交易，虽然后者构成外汇市场的基础。金融资产的交易速度快、变动大，在外汇市场上国际资本往往转眼之间就会从一国移向另一国，从一种货币流向另一种货币，这样就会对汇率的短期波动产生巨大的影响。引起国际收支资本项目变动的，主要有以下几方面。

（一）相对货币供应量

在纸币流通制度下的汇率，决定于两国纸币各自所代表的价值量的变动。而纸币所代表的价值量的变动，通常是由于纸币供应量的变化引起的。因为劳动生产率在短期内不会有很大变化，故而商品的价值在一定时期内比较稳定。

从长期的角度来看，相对货币的供应量与相对货币的需求量应是均衡点，但这并不表明每一个短期也能达到这种均衡。相反，许多经济学家的研究表明：各国的货币需求一般比较稳定，或者说同利率和国民收入等因素之间存在着比较稳定的函数关系，而各国货币供应量的增长则较易变动。只是因为在短期内，由于各国政府的政策偏好不同，货币的供应量就会大于或小于货币的需求量。在一国货币供应量增长较快的情况下，该国公众持有的货币存量如超过了其愿意持有的数量，超过部分就溢往国外，致使该国汇率下降。此外，货币供应量增长过快，还会增加一国通货膨胀压力，削弱该国商品的国际竞争压力，间接地使其汇率受到影响。

（二）相对利率水平

利率作为货币资产的一种"特殊价格"，是借贷资本的成本或收益，它与各种金融资产的价格、成本和利润紧密相关。一国利率水平高低反映借贷资本的供求状况。利率水平变化对汇率的影响主要是通过资本，尤其是短期资本在国际的流动起作用的。当一国的利率水平高于其他国家时，表示使用本国货币资金的成本上升，由此外汇市场上本国货币的供应相对减少,同时也表示放弃使用资金的收益上升,国际短期资本由趋利而入,外汇市场上外汇供应相对增加,从而导致本国货币汇率的上升;反之,当一国利率水平低于其他国家时,外汇市场上本、外币资金供求的变化则会降低本国货币的汇率。这也就是国际资金套利活动中的利率平价理论(Theory of Interest Rate Parity),简称IRP理论。

注意两点:第一,这里所说的利率对汇率的影响指的是相对利率水平。如果本国利率上升,但上升的幅度不如外国利率上升的幅度,或不如通货膨胀上升的幅度,则不会导致本国货币汇率的上升。第二,利率变动对汇率的影响更多的是对短期汇率的影响。

【延伸阅读2-1】利率平价理论

(三) 市场预期

在外汇市场上,人们买进还是卖出某种货币,同交易者对各种货币汇价走势的市场预期有相对的关系。当人们预期将要下跌时,为了避免损失便会大量抛出该种货币;反之,若人们预期某种货币汇价将会上升时则会大量买进。现在国际上有一些外汇专家甚至认为,外汇交易中对某种货币的预期心理,已是决定这种货币短期汇率的最主要因素。因为在市场预期心理的支配下,转眼之间就会诱发资金的大规模运动。

一方面,由于外汇交易中市场预期心理的形成主要取决于各国的经济增长率、货币供应量、利率、国际收支和外汇储备状况、政府经济政策、国际政治形势及一些突发事件等复杂的因素,使得市场预期心理对汇率变动的影响带有捉摸不定的神秘色彩。另一方面,由市场预期心理所产生的从众行为会使汇率超调(Over Shooting),超调的汇率不久又会回档或反弹。短期汇率就是这样不断地变动。

【知识链接】汇率超调

(四) 政府干预

各国政府为了稳定外汇市场,或使汇率的变动控制在一点范围内,通常要对外汇市场进行干预。这种干预的形式主要为:

(1) 直接在外汇市场上买进或卖出外汇,其影响汇率变动的能力取决于该国金融当局持有外汇储备的多少。

(2) 调整国内货币政策和财政政策。

(3) 在国际范围内发表表态性言论以影响市场预期心理。

(4) 与其他国家联合,进行直接干预或通过政策协调进行间接干预等。政府干预有时规模盛大,几天之内就可能向市场投入数亿乃至数十亿元美元的资金。当然,它对汇率变化的作用一般是短期的,无法从根本上改变汇率的长期趋势。

第三节 汇率变动的经济影响

汇率理论是货币经济理论的国际延伸,其中汇率决定、汇率变动等又是其研究的基本对象。汇率就其本质上来说,是由货币自身具有的价值或所代表的价值决定的。而汇率的变动则与相关的经济因素互为因果。

【延伸阅读 2-2】脱欧引发英镑大幅贬值 竟催热英国旅游业

一、汇率变动对国际经济的影响

如果一国实行以促进出口、改善贸易逆差为主要目的的货币贬值,则会使对方国家货币相对升值,出口竞争力下降,尤其是以外汇倾销为目的的本币贬值必然引起对方国家和其他利益相关国家的反抗甚至报复,这些国家会采取针锋相对的措施,直接地或隐蔽地抵制贬值国商品的侵入,"汇率战"由此而生。不仅如此,西方金融市场上某些货币汇率的持续坚挺也同样会引起国际经济矛盾的产生。例如,20 世纪 90 年代初德国马克凭借其强大的经济实力和高利率步步升值,给整个欧洲货币体系造成了巨大压力,其他国家货币(如意大利里拉,法国法郎等)在其强势之下大幅度贬值,西欧联合浮动汇率机制终于支持不住而扩大了浮动界限。这一切都使欧共体各国之间原有的经济矛盾进一步加深,欧洲经济货币联盟的一体化进程更加艰难。

二、汇率变动对一国经济的影响

汇率变动对一国国际收支和经济增持会产生直接影响。因为汇率的变动,可以转换国内商品与进口商品的需求导向,可以改变在内向型和外向型企业部门之间的资金分配,可以改变名义资产的实际价值,从而对整个经济中需求和支出产生影响;还可能是价格、工资和消费水平发生变动。关于汇率变动对一国经济的影响分为内部影响和外部影响。对一国经济内部的影响主要是从汇率变动对国内物价水平的影响,从经济增长和劳动就业两方面来分析。对一国经济外部的影响主要从对国际收支里经常项目和资本与金融项目来分析。下面我们就汇率变动所产生的经济影响进行具体分析。

(一)汇率变动对国内物价水平的影响

汇率变动对贸易收支的影响,主要是通过对出口商品价格的影响,从而引起进出口数量的变动来实现的。而贸易商品价格的变动,又必然会对一国社会物价总水平产生影响。

汇率下跌后,本币贬值,出口需求增加,而供给一时增加不多,只能缩小国内市场的销售比重来满足出口之需,这时市场由内销转为外销。这就必然会加剧国内市场的供求矛盾,从而引起出口商品的国内价格飞涨。如果出口的产品本来就是国内短缺的初级产品，那将会对国内制成品以及相关产品的物价上涨产生更大的推力。

汇率下跌后，以本币表示的进口品价格会迅速提高。由于示范效应，又会引起国内同类商品或替代商品的价格上涨。如果进口品主要是原材料和设备等生产资料，那么投入品的价格上涨，势必又会影响到制成品的价格上涨。

总之，汇率下跌有推动国内物价总水平上涨的倾向，不能抵销本币贬值带来的好处，而通货膨胀本身又会引发本币贬值，所以陷入"贬值——膨胀——再贬值——通货膨胀加剧"恶性循环。

（二）汇率变动对经济增长和劳动就业的影响

只要一国汇率下跌能够起到增加出口创汇的作用，就可能会带动国民经济的增长和劳动就业的增加。因为出口收入的增加会带来国内投资和消费及储蓄的增加，而根据对外贸易乘数原理，只要边际储蓄倾向和边际进口倾向之和小于1，及出口增加的收入中有一部分购买本国产品，就会对国民收入和就业的增加起连锁的推动作用。

出口增加带动经济增长的程度，可用公式（2-6）表示

因为
$$K = \frac{1}{1-b+m} \quad (2-6)$$

所以
$$\Delta Y = \frac{1}{1-b+m}\Delta X \quad (2-7)$$

式（2-6）为出口乘数公式；（2-7）式表示为出口乘数推动的经济增长程度的公式。式中：K 表示出口乘数；$1-b$ 表示边际储蓄倾向；m 表示边际进口倾向；ΔX 表示出口增加量；ΔY 表示国民收入增加额。

同样，在一国汇率下跌、进口价格上涨之中，有消费者把原要购买进口商品的支出转移到购买本国生产商品上，就会产生与出口增加同样的作用，使国民收入连续增长。这一构成可用式（2-8）表示。

$$\Delta Y = \frac{1}{1-b+m}\Delta M \quad (2-8)$$

式中：ΔM 表示进口减少量，即转为对国内商品或劳务的购买量。

但是，贸易乘数所引致的国民收入倍增是有条件的：必须假定在汇率下跌前，国内有闲置生产资料，有剩余劳动力，只有这样，出口增加或进口减少所形成的对国内商品需求的增加才会使闲置的资源得到利用，从而对经济增长和劳动就业的增加起推进作用。此外，限制进口也是有条件的。对于一个严重信赖进口或资源普遍短缺的国家来说，进口可以引进先进技术和难以替代的原材料，因此进口对生产能力的提高是至关重要的；如果削减进口，反而会阻碍经济的增长。

（三）汇率变动对贸易收支的影响

一般认为，一国汇率下跌（指间接标价法即本币贬值，以下皆同）将有利于扩大出口，限制进口，促进贸易收支的改善。因为汇率下跌后，若出口商在国际市场上继续以过去价格出售商品，所得外汇就能换得更多的本币，从而刺激出口；若出口商以新的较低的价格出售商品，则能增强出口商品的竞争能力，扩大销售市场，以获得更多的外汇收入。但对进口商来说，由于汇率下跌，购买等量价值的进口商品需要支付更多的本币，因而有限制进口的趋

势。而汇率上升对进出口商品的需求影响则相反。

但从实际情况来看，并非如此简单。许多实行固定汇率制的国家宣布货币贬值后，不但没有改善贸易收支，反而使贸易收支更加恶化。这是因为，一国货币贬值能否改善贸易收支，关键取决于进出口商品的需求弹性和供给弹性。出口商品的需求弹性 d_x，只有在足够大时，贬值才能引起更大的需求。如果需求弹性很小或无弹性，则对增加出口的作用甚微。在需求有较大弹性的前提下，如果出口供给弹性 S_x 很小，生产能力不能应需求增加而立即扩大时，本币汇率下跌对出口的刺激作用也会受到严重的制约。所以，本币贬值或汇率下跌对出口的促进作用要以足够大的需求弹性为前提，以足够大的供给弹性来实现。同样，进口商品的需求弹性 d_m 越大，汇率下跌对进口的抑制作用也就越强。在进口需求减少的情况下，如果供给弹性 S_m 较小或无弹性，则进口商品的供给者无法迅速限产或转产以减少供给，而降低进口商品的供给价格，就会使货币贬值国获得好处。

从以上分析可知，如果一国汇率下调的目的旨在改善贸易收支的话，则希望 d_x、d_m 和 S_x 越大越好，而 S_m 越小越好。那么这4个弹性值之间要满足什么条件才能改善贸易收支呢？根据弹性分析法观点，如果假设进出口商品的供给弹性趋于无穷大（$S_x \to \infty$，$S_m \to \infty$），则进出口商品的需求弹性之和绝对值大于1（$|d_x + d_m| > 1$）时，汇率下调就能改善贸易收支，这被称作马歇尔—勒纳条件。这一条件是改善贸易收支的充分条件。在该条件中，之所以假定进出口的供给弹性趋于无穷大，是因为相对进出口商品的需求弹性来说，它们在汇率下调与贸易收支的关系中所起的作用要小得多。

值得注意的是，通常在汇率下调的初期，出口量的增长速度较慢，因为生产者在汇率下调后调整生产、组织供给，需要一定的时间。而进口量不会马上减少，这是因为既定生产计划不可能立刻调整，签订的进口合同也必须履行。这样，在汇率下调的初期，出口品的外币价格下跌而数量增加又缓慢，进口品的外币价格不变而数量却未减少，所以反而使贸易收支恶化（如图2-3中 $t_0 - t_1$）。只有当进口惯性消失以后，进口才能受到抑制；同时经过一段时间的调整，出口扩大，这时贸易收支才得以改善（如图2-3中 $t_1 - t_2$）。这就是说，即使满足马歇尔—勒纳条件，汇率下调对贸易收支的影响作用也要有一个时滞过程。由于这个过程的动态像英文字母J，因而称为"J曲线效应"。

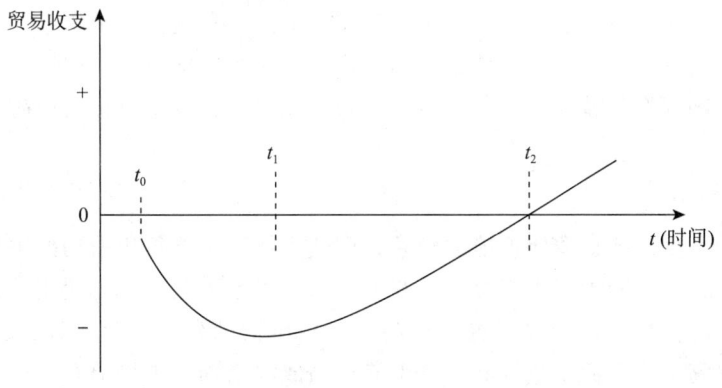

图2-3 贸易收支图

(四) 汇率变动对非贸易收支的影响

贸易收支是大多数国家国际收支的主要内容，但汇率变动对非贸易收支的影响仍然不可忽视。

汇率下跌对一国旅游收入也会产生影响，但同样有一个弹性问题。本币一贬值，以本币为报价基础的旅游价格（美元）也就随之下跌。这样，一方面旅游单价下降，以及单位外币可换取更多的本国商品和劳务，有可能增加外来旅游人数；而另一方面正因为旅游单价的下降，每个游客所花费的纯旅游外汇支出却已减少。因为只有把握汇率下跌对旅游收入的弹性，才能确定汇率下跌的真实效果。

通常认为，一国汇率下跌有利于吸引外商投资。因为汇率下跌可使同量的外币投资购得比以前更多的劳务和生产原料，可能吸引更多的外国资本。但是，汇率下跌也可能使外商企业的获利减少（假定这些企业以进口原料为主，原料的本币价格会上涨），从而不愿投资。同时，在既定的利润条件下，汇率下跌也会是外商汇回国内的利润减少，因而外商会有不追加投资或抽回投资的可能。因此可见，在其他条件不变的情况下，一国汇率下跌最终是否有利于吸引外资，主要取决于外商企业的投资结构，或者说取决于汇率下跌后外商获利大小的比较。

汇率下跌使得以使本币表示的各种金融资产相对价格下降。为了避免货币贬值的损失，短期资金会纷纷逃往国外。但这种情形大多发生在工业发达国家，而对发展中国家的影响较小。这是因为发展新国家：①没有发达的金融市场。②实行严格的外汇管制。③其货币多系不可自由兑换货币。

三、间接影响

如上所述，汇率变动不仅会对国民经济产生直接影响，而且还会产生第二次、第三次的间接影响，这些间接影响包括替代效应、互补效应和间接收入效应等。

(一) 替代效应

通常来说，汇率下跌的结果将使出口商品和进口商品的国内价格都上涨，但非外贸品的价格并不会立即上涨。因此，生产者将减少非外贸品的生产和销售，而增加外贸商品的生产和销售。同时，消费者会因非外贸商品价格还没有上涨、外贸商品价格已相对提高而倾向于购买更多的非外贸商品，这样，将使边际出口倾向增长，边际进口倾向缩减。这种外贸商品与非外贸商品之间存在的替代效应，使得国际收支比只有在发生直接效应时得到更大程度的改善。

(二) 互补效应

对一些国内不生产或资源转换能力较差，即使生产也不能很快增加的进口商品，如原材料、生产设备等，它们同国内生产存在着互补关系。汇率下跌：使得使用这些生产材料的生产成本增加，产品价格上涨。如果这些产品是国内生活消费品，就将导致该国生活费用上涨，迫使企业提高工资，而工资提高又会引起产品成本增加，价格上升。这样就会形成物价与工资轮番上涨的现象。如果这些商品是出口商品，出口商品价格上涨就抵销了汇率下调带来的对外竞争力。这种互补效应所起的作用正好与替代效应相反。

（三）间接收入效应

间接收入效应又称国外效应。它是指：一方面，如果汇率下跌产生了直接效果，即出口增加了、进口减少了，那么出口增加会按乘数效应使国民收入增加；但国民收入的增加又会使进口有所增加。虽说进口增加量的多少取决于边际进口倾向，但在一定程度上抵销了贸易收支改善的效果。另一方面，若该国与其贸易伙伴国的相互贸易各占其贸易总额的相当比重，一国进口减少也就是外国出口减少，而外国出口减少为平衡收支又会削减进口，从而导致该国出口相对减少。所以，这种间接收入效应有抵销或削弱汇率下跌积极效果的倾向。

第四节　汇率制度及其选择

国际汇率制度是国际货币体系的中心内容，通常取决于国际本位货币的确定，而不同的汇率制度对国际贸易、国际投资和国际货币合作也将产生不同的经济影响。当今世界各国汇率制度的选择是一国政府对外经济政策的重要内容，而究竟哪一种汇率制度好，这实在是一个仁者见仁、智者见智的问题。

【延伸阅读2-3】人民币在津巴布韦通用

一、汇率制度的定义

汇率制度又称汇率安排，是指一国货币当局对本国货币汇率的确定、维持、调整和管理的一系列制度安排或规定。传统上，按照汇率变动的幅度，汇率制度被分为两大类型：固定汇率制和浮动汇率制。

二、汇率制度的类型

一般来讲，各国的外汇制度不外乎固定汇率制度和浮动汇率制度，以及种种变相的固定汇率制度或浮动汇率制度。

（一）固定汇率制度

所谓固定汇率制度（Fixed Rate System），就是由政府规定一国货币同他国货币的比价，或把两国汇率的波动严格限制在一定幅度之内的一种汇率体系。限制的办法是实行外汇管制或采取钉住措施。由于钉住措施需要大量资金，且困难很多，因而很多国家宁愿直接实行外汇管制，取消外汇自由市场，由中央银行按法定汇率买卖外汇。

一定的汇率制度总是依附于一定的国际货币制度。历史上出现过以金本位制为基础的固定汇率制度，也出现过以布雷顿森林货币体系为基础的固定汇率制度。

1. 国际金本位制下的固定汇率

在金本位制度下，各国流通的货币都是以黄金铸造而成的金币，即金币为本位货币，因而不同货币的比价都是由铸币平价（Mint Par）决定的。所谓铸币平价，就是各国所铸造金币的单位含金量之比，它是不同货币的基准汇率。

例如，在金本位制度下，英镑的含金量为 7.32238 克，美元的含金量为 1.50463 克，因而英镑和美元的铸币平价为：

$$7.32238/1.50463 = 4.8665$$

这说明 1 英镑 = 4.8665 美元，英镑与美元的汇率就以此为基准。

铸币平价是两国货币的基准汇率，而不是外汇市场上买卖的实际汇率。实际汇率受供求关系的影响围绕基准汇率上下波动。这种波动不会大起大落，因为它会受到黄金输送点（Gold Points）的限制。

所谓黄金输送点，是指引起黄金输出入的汇率水平。它包括黄金输入点和黄金输出点。前者是指外国黄金输入本国的汇率水平，后者是指导致本国黄金输出的汇率水平。在直接标价法下，前者是汇率波动的下限，后者是汇率波动的上限。也就是说：

黄金输入点 = 铸币平价 - 运送黄金的费用

黄金输入点 = 铸币平价 + 运送黄金的费用

运送黄金的费用是指在两国间输出入黄金所需支付的包装费、运输费、保险费等。现在我们假设，英、美之间运输 1 英镑黄金的费用为 0.02 美元，那么黄金输入点即为：

$$4.8665 \pm 0.02$$

如果美国对英国贸易收支顺差，美元供不应求，英镑汇率就会下跌。英国进口商可以用美元也可以用黄金抵债务，而如果外汇市场的买卖汇率下跌超过 4.8465 美元（4.8665 - 0.02），即 1 英镑兑换不到 4.8465 美元，英国人就宁愿将英镑兑换成黄金运往美国抵偿债务。所以，英国外汇市场上的英镑汇率下跌，不会低于 4.8465 美元，低于这个价就没人愿意卖出英镑来兑换美元。反之，如果美国对英国贸易收支逆差，英镑供不应求，英镑汇率就上升。美国债务人可以用英镑也可以用黄金抵债务，而如果外汇市场的买卖汇率上涨超过 4.8865 美元（4.8665 + 0.02）。显然，美国人宁愿以美元购买黄金运往英国结算。所以，美国外汇市场上的英镑汇率上升，不会高于 4.8865 美元；高于这个价，就没人愿意买进英镑。

可见，由于汇率受黄金输送点的限制，波动小，能够保持稳定。因此，通常都认为，国际金本位制下的固定汇率制度是比较典型的固定汇率制度。

2. 纸币流通制度下的固定汇率

与前述金本位制不同，第二次世界大战后建立起来的布雷顿森林货币体系，其流通的是在国内不可兑换黄金的纸币。

此时，各国政府的法令规定纸币的黄金平价（Gold Parity）作纸币所代表的含金量，各成员国的汇率，只能按着金平价之比在一定幅度内波动。一旦波动过大，各国政府有义务进行干预。

例如，1946 年，英镑的黄金平价即含金量为 3.58134 克纯金，而美元的含金量为 0.88876 克纯金，则两国货币的中心汇率为：

$$3.58134/0.88876 = 4.03$$

与前述金本位相同，外汇市场上货币的实际汇率受供求关系变动的影响，围绕中心汇率上下波动。但布雷顿森林货币体系规定，各国货币兑美元的金平价汇率，一旦确定，不能随意变更，其波动的幅度必须维持在金平价汇率的上下各 1% 的界限之内，各国政府通过干预外汇市场来维持这个界限。

例如，由于 1 英镑 = 4.03 美元，因而两种货币汇率波动的官定上下限为：

$$上限 4.03 + 4.03 \times 1\% = 4.0703 （美元）$$
$$下限 4.03 - 4.03 \times 1\% = 3.9897 （美元）$$

英国政府必须承担将英镑对美元的汇率维持在上述界限内的义务。一旦英国外汇市场上的实际汇率超过了上下限，英国政府就得抛售或购进美元，以稳定汇率。这时的汇率波动幅度虽超过金本位制下的黄金输送点，但总体来说，还是比较稳定的。

因此，布雷顿森林货币体系实际上是以美元为本位货币的国际货币体系，它能否真正保持纸币流通制度下汇率稳定的关键，是各国有关金融部门干预外汇市场的能力。从经济实力角度看，汇率的稳定基础是一国的国际收支状况和黄金外汇储备的多寡。

（二）浮动汇率制

固定汇率制度在 1973 年瓦解后，美元已不再作为法定的本位货币，国际汇率制度也进入了浮动汇率制的时代。所谓浮动汇率制（Floating Rate System），是指一国货币对外国货币不再规定两者之间的黄金平价，不再规定因汇率波动调动上下限，其中中央银行也不再承担维持汇率波动界限的义务，而汇率听任外汇市场供求关系自发决定的一种汇率体系。

浮动汇率的产生已有很久的历史，美、英等国在 20 世纪二三十年代都曾实行过。在布雷顿森林货币体系下，墨西哥、秘鲁和加拿大也都实行过浮动汇率制。但浮动汇率真正作为世界主要国家普遍采用的一种汇率制度，则是在 1973 年布雷顿森林货币体系崩溃之后。

现在世界各国由于国情不同，采取的浮动汇率方式也不同，因而从不同的角度，可将浮动汇率作不同的分类。

1. 根据政府是否干预外汇市场划分

根据各国政府是否在外汇市场进行干预划分，可将浮动汇率分为自由浮动和管理浮动。

自由浮动（Free Float），是指政府对外汇市场汇率的浮动不加任何的干预，听凭汇率随着供求变化自由涨落。

管理汇率（Managed Float），是指政府为了使市场汇率向本国有利的方向浮动，而对市场汇率进行直接或间接的干预。

自由浮动是一种理论上是划分，在现实世界中没有一个国家完全实行自由浮动汇率。相反，各国政府为了本国的经济利益，总是要对外汇市场有所干预。因此，管理浮动是现实的浮动汇率制度。

2. 根据汇率浮动的方式划分

根据汇率浮动的不同方式，可将浮动汇率制度划分为单独浮动和联合浮动。

单独浮动（Single Float），是指一国货币价值不与外国货币发生固定联系，其汇率根据外汇市场的供求情况单独浮动。比如，美元、英镑、日元、加元等货币都属于单独浮动。

联合浮动（Joint Float），是指某些国家出于经济发展的需要，组成某种形式的经济联合体，在联合体成员之间实现固定汇率制，而对非成员国的货币实行共升共降的浮动汇率。以前，实行联合浮动汇率制的是欧洲货币体系，它对参加联合浮动国家之间的货币实行固定汇率制，对于非参加国的货币实行联合浮动。具体做法是：每个参加国对欧洲货币单位确定一个中心汇率，并根据这个中心汇率来确定彼此之间的货币汇率。各国中央银行要保证各自的货币汇率波动幅度上下限不超过 2.25%；如果超过，则该国就有责任对外汇市场进行干预。从 1999 年 1 月起，欧洲货币单位被欧元取代，首批加入欧元的十一国货币一经与欧元确定比价，再也不能调整。

从近几年各国的实际情形来看，汇率制度是各种各样的，还不只固定汇率制和浮动汇率制两种。一些同美、英、法等国有密切贸易金融联系的发展中国家，实行钉住美元、英镑等货币的汇率制度，即将本币与某种货币保持固定比价关系，随其浮动而浮动。另一些发展中国家则实行钉住一篮子货币的汇率制度，它们选择特别提款权或同自己有较为密切的贸易金融关系国家的货币组成"篮子"，作为本国货币定值的标准。此外，还有按一套指标来调整汇率的制度。

（三）IMF 对各国汇率制度的划分

目前各国实际采用的汇率制度，大多数都不是单纯的固定或者浮动，而是种种变相的介于完全固定和完全浮动之间的中间汇率制度。1982 年 IMF 根据各国官方宣布的汇率安排对各成员国汇率制度进行了分类，主要有三类：一是钉住汇率，包括钉住单一货币和钉住合成货币；二是有限灵活汇率，包括对单一货币汇率带内浮动和汇率合作安排；三是更加灵活汇率，包括管理浮动和独立浮动（或称自由浮动）。根据这种划分，成员国选择保持钉住汇率国家的比率已从 1982 年的 65.28% 下降到 1998 年的 35.16%，而采用更加灵活浮动汇率制度国家的比率却从 1982 年的 22.92% 上升到 1998 年的 55.49%。

随着各国汇率制度的演变，考虑到原有汇率制度无法反映成员国转向更加灵活汇率安排的趋势以及 1999 年 1 月 1 日欧元的诞生，IMF 重新根据实际汇率制度而不是官方宣布的汇率安排对各成员国汇率制度进行了新的分类，包括无独立法定货币、货币发行局制度、其他传统的固定钉住制、钉住平行汇率带、爬行钉住汇率制、爬行带内浮动、不事先宣布汇率干预方式的管理浮动和独立浮动八类。

IMF 定期对各成员国汇率制度进行新的分类，目前 IMF 对汇率制度的划分包括 10 项，如表 2-2 所示。

表 2-2　　　　　　　　　　目前 IMF 汇率制度分类

类型	分类	内容
硬挂钩	无独立法定货币	一国采用另一国货币作为唯一法定货币，或者隶属于某一货币联盟，共同使用同一法定货币
	货币发行局制度	货币发行当局根据法定承诺按照固定汇率来承兑指定的外币，并通过对货币发行权的限制来保证履行法定承兑义务

续表

类型	分类	内容
软挂钩	传统的固定钉住制	国家将其货币以一个固定的汇率钉住（官方或者实际）某一种主要外币或者钉住某一篮子外币，汇率波动围绕着中心汇率上下不超过1%
	钉住平行汇率带	汇率被保持在官方或者实际的固定汇率带内波动，其波幅超过围绕中心汇率上下各1%的幅度
	类似钉住制度	汇率在不浮动的前提下，即期市场汇率的波动幅度在6个月或更长时间内被限定在2%的范围内
	爬行钉住汇率制	汇率按照固定的、预先宣布的比率做较小的定期调整或依据所选取的定量指标的变化做定期调整
	类似爬行安排	中心汇率爬行，汇率带有一定程度的波动性，波动幅度不超过2%
浮动汇率制度（市场决定汇率）	浮动制度	汇率大部分由市场决定，除非有足够的证据证明现阶段汇率的稳定属于非政府行为，否则汇率波幅必须要突破2%的限制。其间为防止汇率过度波动，政府当局可以直接或间接地进行干预
	自由浮动制度	在6个月内只有在市场无序的情况下，政府当局才能进行干预，并且干预的次数要小于2次，每次干预的天数也不能超过3天
其他	其他有管理的安排	

三、汇率制度的选择

（一）有关浮动汇率制与固定汇率制比较的争论

尽管自从1973年布雷顿森林货币体系解体后，实行浮动汇率制度已经有二十多年了，但在这期间，从专家、学者到实业界人士一直为选择固定汇率还是浮动汇率而发生争论。尽管已有越来越多的国家（包括不少发展中国家）逐步开始接受浮动汇率，但国际汇市的动荡、国际游资的过度投机，以及一些国家金融危机的爆发，使人们对浮动汇率与固定汇率孰优孰劣的争论更趋频繁和激烈。争论的内容主要集中在以下几个方面。

1. 浮动汇率能否自行调节国际收支、促进国际贸易

主张浮动汇率制度的学者认为，浮动汇率是一种自行调节国际收支的机制，因而一国越接近浮动汇率，政府对外贸的干预越小，国际贸易的增长越快。更为重要的是，根据市场情况随时调整汇率，也可免除国际收支长期不平衡的后果。而在固定汇率制下，一国出现国际收支不平衡时，不得变动汇率进行调节，只有放弃国内的经济利益，被迫采取紧缩或膨胀政策。而实行浮动汇率制，就可利用汇率变动调节国际收支，在国内也可自由推行各项经济政策。

主张固定汇率制度的学者则认为，浮动汇率未必能够自行调节国际收支，即使可能的话，也会导致竞争性的货币贬值。因为一个汇率下调就有可能刺激出口，限制进口，别国也会效仿，从而产生连锁效应。而在固定汇率制下，各国制度是不得随意变动本币对外币比价的。另一方面，汇率波动会导致国际市场价格波动，人们将不愿意缔结长期贸易契机，从而影响国际贸易。汇率不稳定，也会影响国外投资和资本流动。

2. 浮动汇率是否刺激了国际游资的过度投机

主张固定汇率制度的学者认为，浮动汇率容易产生外汇投机活动。汇率经常变动，国际游资就可以利用其变动作买空、卖空的投机交易。这种投机交易又会对不同货币汇率的上升或下跌造成进一步上升或下跌的压力，结果汇率暴涨或暴跌，影响生产与贸易。

主张浮动汇率制度的学者则认为，实行浮动汇率制非但不会而且还能减少对短期资金流动的刺激，因为汇率的波动再没有上限和下限，投机的风险加大了，可抑制国际游资的冲击，也可免除或减少为政府固定汇率而进行的外汇干预。

3. 浮动汇率是否助长了世界性的通货膨胀

主张浮动汇率制度的学者认为，实行浮动汇率制，可使经济周期和通货膨胀的国际传递减到最小限度。在固定汇率制下，如果美国发生通货膨胀，引起美元对其他国际货币汇率下跌，其他国际就得大量抛售本币购进美元，这样该国货币供应量必然扩大，就可能发生通货膨胀。也就是说，在固定汇率制度下，存在着通货膨胀的传递机制。

反对浮动汇率制度的学者认为，浮动汇率制有其内在的通货膨胀倾向。其一，若一国发生通货膨胀，出口下降，则本币贬值；但汇率下跌，进口货价格上涨，会带动国内同类商品涨价。同时，物价水平的上升，导致出口成本迟早也会随之上升，于是要促进进口，又得使本币贬值，这样，很容易形成恶性循环。其二，一部物价水平的历史，就是一部物价水平上涨的历史。在价格刚性的世界上，货币价值国家的物价下降速度总是低于货币贬值国家的物价上涨速度，其净效应则是世界通货膨胀率的提高。

（二）影响一国汇率制度选择的主要因素

固定汇率制与浮动汇率制各有利弊，在此时此地可能固定汇率制利大于弊，而在彼时彼地又可能是浮动汇率制利大于弊。因此，一国选择什么样的汇率制度，还要从本国国情出发。通常来说，影响一国汇率选择的因素有以下几点：

第一，本国经济发展需要。每种汇率制度带动产生及其维持，并不完全取决于它本身的优劣，而主要取决于它运行的根本基础，即本国经济发展的层次。当本国经济水平不高，外汇管制严格，国际资本移动受到限制时，宜采取固定汇率制度或钉住汇率制度。现在广大发展中国家就是根据本国国情广泛采取钉住汇率制度，并且以钉住合成货币为主。只有少数经济水平较高的发展中国家实行单独浮动。对于西方主要工业国家来说，第二次世界大战后，各国经济实力的相对变化，导致可调整钉住汇率制度的局部变异和根本解体是不可避免的；选择浮动汇率制度，顺应了各国经济发展需要和世界经济现实的客观要求。

此外，一国在选择具体的汇率制度时要考虑是否有助于实现宏观经济政策目标，能否有效地调节国际收支平衡，对国际贸易和投资会如何产生影响等。

第二，中央银行金融市场的控制能力。在纸币本位制下，现行的汇率制度的维持都离不开中央银行的参与。国内完善、成熟的金融市场体系和可供选择的多种货币政策工具，是中央银行成功干预金融市场、控制国际资本移动的重要基础。特别是对于实行固定汇率制度的国家来说，中央银行维持固定汇率的难度较高。当外汇市场出现动荡、投机力量里应外合、本国货币汇率骤跌时，能否用有限的国际储备控制住不利于固定汇率制度的局面，是中央银行事先必须考虑的问题。1994 年年底的墨西哥金融危机和 1997 年 7 月的泰国金融危机，都最终迫使英国政府不得不放弃固定汇率制，转而实行浮动汇率制。即便是浮动汇率制，各国采取的也是管理浮动汇率制，各国中央银行也需要进行市场干预。所以，现在各国中央银行在相互探讨与合作怎样在风云变幻的市场中加强金融宏观监管力度，提高干预金融市场的能力，更好地以低成本代价维持本国选择的外汇制度。

第三，其他因素。如外汇管制状况。如果外汇管制在逐步放松，国际资本特别是短期资金进出入较宽松自由，再加上该国货币实行可自由兑换，那么实现固定汇率制，就极易遭受国际短期游资对本国货币的冲击，尤其是外汇市场不稳定时，本国固定汇率制的稳定性受到威胁。所以，外汇管制较松或取消的国家，采取浮动汇率制能较好地抵制国际游资对本国货币的冲击，减轻中央银行维持汇率稳定的压力。

第四，一国在选择汇率制度时，还要考虑到它选择的汇率制度能否适应国际经济环境的变动。

第五节　人民币汇率制度

一、人民币汇率制度形成与演进

人民币汇率经历了由官定汇率到市场决定，由固定汇率到有管理的浮动汇率制的演变。从历史角度来看，主要经历了以下几个阶段。

第一阶段：1949 年 1 月 19 日至 1953 年年初。在这一阶段，人民币对美元的汇率是根据人民币对美元的出口商品比价、进口商品比价和华侨日用品生活费比价三者的加权平均数来确定，并按照国际市场相对价格水平的变动来调整的。

第二阶段：1953 年年初至 1970 年。人民币对西方主要国家货币的汇率基本稳定，实际上也是比较刚性的阶段。人民币汇率不再充当调节对外经济交往的工具，外贸盈余、亏损全部由国家财政负担与平衡。这是由于当时我国物价比较稳定，同时布雷顿森林体系的固定汇率制也处于稳定状态。

第三阶段：1970 年至 1985 年。随着布雷顿森林体系的崩溃，主要西方国家普遍采用浮动汇率制，因此汇率安排出现了各种各样的形式。大部分发展中国家都实行钉住的汇率安排，这是因为：①出口商品的供求弹性不大，汇率变动不能调节国际收支；②经济实力不强，国际储备不足，缺少应付浮动汇率的能力；③外汇市场不够发达，难以由外汇供求关系来决定汇率；④国内物价结构与世界市场脱节；⑤汇率变动频繁会增加进、出口贸易的风险。面对这种现状，人民币的汇率安排就由原来以美元为基准货币改为钉住一篮子货币。

第四阶段：1985 年至 1993 年。1985 年以来，官方牌价已逐步上调；从 1978 年全国平均换汇成本为 1 美元合人民币 2.53 元，至 1985 年官方牌价上调至 2.8 元人民币；同时取消了内部结算价。此后，人民币汇率逐步调整，至 1991 年 4 月开始实行"浮动汇率制"，即人民币汇价跟随国际外汇市场价格的波动而波动。

第五阶段：1994年，实行有管理的浮动汇率制。1994年，人民币汇率制度的改革迈出了一大步。自1994年1月1日起，我国执行以市场供求为基础的、单一的、有管理的浮动汇率制度，人民币走向完全可兑换。人民币官方汇率与外汇调剂市场汇率并轨，实行银行结售汇，建立了全国统一的银行间外汇市场。汇率并轨之初，1美元兑8.7元人民币，此后缓慢升值。到1997年年末，因需应对亚洲金融风暴冲击，我国收窄了汇率浮动区间。到2005年年中，人民币与美元的比值基本上维持在1美元兑8.27元人民币的水平。国内外专家将这一汇率制度称为事实上的钉住美元制度。

第六阶段：2005年至今，建立健全以市场供求为基础的、有管理的浮动汇率制度。自2005年7月21日起，我国开始实行以市场供求为基础、参考一篮子货币进行调节、有管理的浮动汇率制度。人民币汇率不再钉住单一美元，形成更富弹性的汇率机制。根据对汇率合理均衡水平的测算，人民币对美元即日升值2%，即1美元兑8.11元人民币。此后，人民币逐步步入升值通道，截至2020年下半年，人民币兑美元已累计升值13%以上。

2008年国际金融危机爆发，我国在原定制度下收窄了人民币汇率的波动幅度。随着全球经济逐步复苏，我国对外经济形势得到改善。2010年6月19日，中国人民银行表示"进一步推进人民币汇率形成机制改革，增强人民币汇率弹性"。这在事实上结束了两年来人民币钉住美元的制度，重新采取参考一篮子货币进行调节、有管理的浮动汇率制度，继续按照已公布的外汇市场汇率浮动区间，对人民币汇率浮动进行动态管理和调节，保持人民币汇率在合理均衡水平上的基本稳定。此后，人民币对美元汇率的波动幅度开始扩大，并开始逐步呈现双向波动的特征。

二、现行人民币汇率制度

人民币是我国的本位货币，人民币对外汇率的制定是我国对外金融工作的重要内容之一。现行的人民币汇率制度是指2005年7月21日汇率形成机制改革后的新汇率制度，这一制度是建立在1994年人民币汇率市场化改革基础之上的。

中央银行设定一定的汇率浮动范围，并通过调控市场保持人民币汇率稳定。实践证明，这一汇率制度符合中国国情，为中国经济的持续、快速发展，为维护地区乃至世界经济金融的稳定做出了积极贡献。

我国经常账户和资本项目双顺差持续扩大，加剧了国际收支失衡，2005年6月末，我国外汇储备达到7 110亿美元。2005年以来对外贸易顺差迅速扩大，贸易摩擦进一步加剧。适当调整人民币汇率水平改革汇率形成机制，有利于贯彻以内需为主的经济可持续发展战略，优化资源配置；有利于增强货币政策的独立性，提高金融调控的主动性和有效性；有利于保持进出口基本平衡，改善贸易条件；有利于保持物价稳定，降低企业成本；有利于促使企业转变经营机制，增强自主创新能力，加快转变外贸增长方式，提高国际竞争力和抗风险能力；有利于优化利用外资结构，提高利用外资质量；有利于充分利用"两种资源"和"两个市场"，提高对外开放的水平。

我国政府抓住有利时机，出台了完善人民币汇率形成机制的改革。改革内容为：自2005年7月21日起，我国开始实行以市场供求为基础、参考一篮子货币进行调节、有管理的浮动汇率制度。在新制度中，人民币汇率不再钉住单一美元，而是按照对外经济发展的实际情况,选择若干种主要货币,赋予相应的权重,组成一个"货币篮子"。同时,根据国内外经济金融形势,以市场供求为基础,参考一篮子货币计算人民币多边汇率指数的变化,对人民币汇率进行管理和调节,维护人民币汇率在合理均衡水平上的基本稳定。根据对汇率合理均衡水平的测算,人民币对美元即日升值2%,即1美元兑8.11元人民币,由于汇率调整幅度和时机选择适当,且事先精心准备了实施预案,人民币汇率形成机制改革平稳实施。同时,我国外汇市场建设取得显著进展。在总结1994年以来外汇市场建设经验的基础上结合新汇率制度的运行特点和市场主体的避险需要,人民银行研究出台了发展外汇市场的多项措施。

一是加强市场基础设施建设,建立银行间人民币远期市场,允许更多市场主体参与银行间远期交易,使国内市场初步掌握了人民币远期汇率的定价权。银行间人民币远期市场的建立,加速了境外远期外汇合约(NDF)价格向利率平价水平的收敛,进一步降低了人民币的升值预期。

二是增加市场避险工具,允许具备结售汇和衍生产品交易资格的银行开办远期和掉期业务。根据我国对外经济发展的实际需要,扩大了远期交易范围、放开了交易期限、允许银行自主定价,为企业和居民提供全面、灵活的汇率风险管理服务。

三是改进外汇管理,提高境内居民个人经常账户下因私购汇指导性限额,简化购汇手续;提高境内机构保留经常账户外汇收入的比例,便利居民和企业的用汇需求;调整银行为中国境外投资企业融资提供对外担保的管理方式,鼓励企业对外投资。

四是扩大银行间外汇即期市场人民币对非美元货币汇率的波动幅度。改革银行柜台外币牌价的管理方式,扩大了人民币对美元的买卖价差幅度,取消了对非美元货币牌价的价差幅度限制。

以完善人民币汇率形成机制、维护人民币汇率在合理均衡水平上的基本稳定为目的的人民币汇率制度改革的平稳实施,充分证明了"以市场供求为基础、参考一篮子货币进行调节、有管理的浮动汇率制度"符合我国汇制改革主动性、可控性、渐进性的要求。

三、人民币汇率制度的评价及未来发展

回顾人民币汇率制定和调节的历史过程,我们可以发现1985年之前的人民币汇率安排属于钉住合成货币,而在1985年以后的汇率安排属于管理浮动。我国真正认可的管理浮动应该是从1994年开始的。2005年以来的管理浮动是参考一篮子货币进行调整的。

1. 关于人民币汇率安排的钉住方式

钉住汇率的安排实质上是一种固定汇率制度,它一经钉住某一种或几种货币的币值,其比价很少再会发生变动,如果变动就是大幅度的变动。采用钉住汇率制,可以抵御或减少国际市场汇率变动对我国货币的影响,有利于保持人民币汇率的相对稳定性,而且操作起来比较简单。但汇率制定比较被动,汇率水平定得是否合理没有可靠的保证,汇率变动没有反映出人民币本身的价值含量;在钉住汇率制度下,企业无须考虑汇率变动的影响,因而国际竞争观念薄弱,难以应付激烈的国际市场竞争;在国际经济形势急剧变化的情况下,钉住汇率制不能反映真实的经济情况,这对一国对外经济贸易的长远发展很不利。

因而,当一国经济对外开放的力度不断加大,外贸依存度不断提高,企业的国际竞争能

力不断增强时，钉住汇率制就不能充分发挥人民币汇率的经济杠杆作用。在这样的情况下，人民币汇率从钉住汇率制转向有管理的浮动汇率制，从钉住方式的刚性汇率安排，转向较有弹性的、有管理的浮动汇率制度，这样既可采取措施坚持对汇率的宏观控制，又能让外汇市场机制发生相应的作用，从而有利于建立社会主义的市场经济体系。

2. 关于人民币汇率的浮动安排方式

我国之所以将钉住汇率制改为有管理的浮动汇率制，是为了让人民币汇率具有较大的灵活性，这种有管理的浮动汇率安排的好处在于：它更能反映一国的基本情况；可以灵活运用、以应付世界经济形势的重大变化；国家通过外汇机制以实现对汇率的调节和管理；可以逐步消除国内价格与世界市场价格的脱节现象，也可以使金融当局获得一定的自由度，改善外汇资金的配置状况。

人民币并不与一篮子货币挂钩发生波动，一篮子货币汇率的变动只是作为央行确定中间价和浮动范围的参考依据。人民币的中间价和浮动范围也都可以进行适时调整以及时适应市场变化。通过以上手段，中央银行会根据市场发育状况和经济金融形势，保持人民币汇率在合理、均衡水平上的基本稳定，以促进国际收支基本平衡，维护宏观经济和金融市场的稳定。

现行的以市场供求为基础、参考一篮子货币进行调节有管理的浮动汇率制度，基本符合中国的实际情况，取得了显著的改革成效。例如，汇率市场化程度得以提高，外汇市场金融工具和人民币汇率衍生品取得长足发展；促进了产业结构调整和经营机制转换，优化了出口贸易结构；在一定程度上平衡了国际收支，缓解了我国同各国的贸易矛盾等。现行人民币汇率形成机制也存在不够完善的地方。包括：在现有的强制性结售汇制度下，央行对外汇银行外汇头寸实行额度控制，以国家外汇储备的形式持有相当部分的外汇，使得我国的外汇储备增长迅猛，引起储备边际收益的递减，也加大了国家管理储备资源的难度；国家拥有制定和调整人民币汇率的权利，外汇管理局拥有对汇率的管理权，绝大部分外汇资产都必须集中于货币当局，而其他经济主体，包括企业、居民和其他政府部门在内，都只能在严格限定的条件下持有外汇资产，不能自主支配使用外汇，无法争取到对自己最有利的汇率安排；目前我国仍在实行人民币资本账户管制政策，在汇率决定的市场基础没有改变的情况下，人民币汇率的弹性区间缺乏合理的确定标准和依据，导致人民币汇率机制缺乏弹性，这与人民币汇率浮动机制不协调。

未来一阶段，人民币汇率制度的发展趋势是形成更加适应市场供求变化、更为灵活的人民币汇率形成机制。回顾其他国家货币汇率改革的正面与反面经验教训，人民币汇率改革应始终坚持自己的立场，采取主动、可控、渐进三项基本原则，将汇率改革按照既定方针和方向运行，保持人民币汇率的稳健性。

实行自由浮动汇率制的前提是资本的自由流动，而资本的自由流动在当前全球金融一体化的背景下已成为一种不可逆转的趋势。在这样一种国际大趋势下，人民币汇率制度必然向着自由浮动的汇率制度过渡。因此，放松资本管制，直到最终取消资本管制必将是我国今后资本项目管理改革的方向，而取消资本管制，实行自由浮动汇率制也将是我国汇率制度的最终选择。

【延伸阅读 2-4】人民币汇率水平的解读

【延伸阅读 2-5】如何理解人民币内贬外升的现象

【延伸阅读 2-6】中国汇率制度的选择

【延伸阅读 2-7】汇率变化对河南涉外经济的影响

【延伸阅读 2-8】人民币汇率调整与我国新时代经济发展战略关系

本章小结

汇率理论是货币经济理论的国际延伸。汇率决定、汇率变动、汇率制度和汇率政策是其研究的基本对象。本章着重论述的是汇率决定与汇率变动。

汇率就其本质来说，是由货币自身具有的价值或所代表的价值决定的。但在金本位制下，可表现为由铸币平价决定；在纸币本位制下，可表现为黄金平价；而在浮动汇率制下，则可表现为由购买力平价决定。日常的短期汇率却是由外汇市场供求关系决定的。

一国长期汇率的变动主要受国际收支、通货膨胀、经济增长率等因素的影响。它们对汇率变动的影响都有一个时滞过程。国际收支的资本项目对短期汇率变动影响更深，因而引起它变化的因素也就直接影响着短期汇率的变动。汇率变动反过来又会对一国国际收支产生直接的影响，它对贸易商品和旅游收入的影响程度取决于有关弹性的大小，而能否吸引外资则取决于外商企业的投资结构。汇率变动也会对一国的内部经济产生直接影响，它会影响物价水平、经济增长和劳动就业。此外，汇率变动还会产生一些间接的经济影响。

思考题

1. 什么是铸币平价、黄金出入点和黄金输出点？
2. 汇率的决定基础在不同时期有何不同？

3. 简述购买力平价理论并进行评价。
4. 汇率变动对经济的影响有哪些？
5. 简述浮动汇率制度和固定汇率制度的优缺点，并进行比较。

关注"中财资源库"公众号获取思考题参考答案
（公众号内点击"找答案—本科"）

第三章 国际收支

【知识目标】

掌握国际收支的含义与特点；
理解国际收支平衡表的内容、入账方法；
理解国际收支不平衡的原因；
掌握国际收支调节政策。

【能力目标】

正确解读中国国际收支平衡表；
理解国际收支调节政策搭配的原理和方法。

【价值引领目标】

树立国际收支内外均衡的思想；
体会疫情冲击下中国经济强大的韧性和稳定性，坚定中国特色社会主义道路的"四个自信"。

【导入材料】

20世纪60年代末，美国由于深陷越南战争，国际收支赤字日益增加，于是以法国戴高乐政府为首的一些国家的政府开始用手中的美元大量兑换美国的黄金，美国政府为此忧心忡忡。当时一位年轻的美国学者（《金融帝国》的作者迈克尔·赫德森）完成了一个评价美国国际收支赤字后果的研究项目，他最后得出的结论是：大量国际收支赤字对美国是有利的，但是长期来说对世界经济的平衡发展不利。当时的尼克松政府得到这个报告后,很高兴,说:"是吗,这样好极了。"于是我们看到,1971年8月15日美国全面放弃美元与黄金挂钩,美国从此开始可以不受任何约束地放任自己的国际收支赤字无限扩大。

你认为美国长期以来国际收支赤字与美国经济有关系?其他国家是否也能得到国际收支赤字的惠顾?其原因何在?

第一节 国际收支与国际收支平衡表

一、国际收支(Balance of Payments)概述

(一)国际收支(BOP)的含义

国际收支的概念最早出现在17世纪初期。当时,国际收支只是简单地解释为一个国家的对外贸易差额(Balance of Trade),即进口与出口之对比。随着国际经济交易的内容和范围的不断扩大,不仅有商品贸易,而且有劳务贸易;不仅有商品和劳务的输出与输入,而且有资本的输出与输入。这样,到国际金本位制崩溃后,国际收支就被定义为一国在一定时期的外汇收支。各种国际经济交易,只要涉及外汇收支,就属于国际收支范畴。这就是有些教科书上所说的狭义的国际收支。

广义的国际收支概念,是在第二次世界大战以后开始使用的。它不仅包括有外汇收支的国际借贷关系,而且也包括没有实际外汇收支的经济交易,如私人和政府捐赠、无偿援助、易货贸易等,即囊括了一国在一定时期对外的全部经济交易。现在,对国际收支的评论和分析大多是依据广义的国际收支概念来进行的。

按照国际货币资金组织章程的规定,凡参加基金组织的会员国均需按期向它报送本国的国际收支资料。为此,国际货币基金组织对国际收支下了定义,以确定其确切的含义:

The balance of payments is a statistical statement for a given period showing (a) transactions in goods, services, and income between an economy and the rest of the world, (b) changes of ownership and other changes in that economy's monetary gold special drawing rights (SDRs), and claims on and liabilities to the rest of the world, and (c) unrequited transfers and counterpart entries that are needed to balance, in the accounting sense, any entries for the foregoing transactions and changes which are not mutually offsetting.

简单而言,国际收支是指在一定时期内(通常为一年),一国居民在一定时期内与外国居民之间全部政治、经济、文化往来所产生的经济交易的系统的货币记录。一国的国际收支不但反映它的国际经济关系,而且反映它内在的经济结构和经济发展水平,最终反映了这个国家在国际舞台上所拥有的经济实力和地位。

(二)对国际收支概念的理解与把握

1. 流量与存量的概念

国际收支是流量的概念，是指国际收支只统计当期发生的对外经济交易金额。它是一个时期数据，而不是时点数据。国际收支一般按一年、半年或一个季度计算。

2. 内容反映的是经济交易

国际收支反映的内容是经济交易。经济交易是指经济资源在不同的经济主体之间的转移。只要经济资源的所有权发生了转移，就是经济交易的发生，在国际收支中就必须反映出来。

国际货币基金组织对国际收支中国际经济交易的分类如下：①金融资产与商品、劳务之间的交换（例如进出口贸易）；②商品劳务与商品劳务之间的交换（例如易货贸易、补偿贸易）；③金融资产和金融资产之间的交换（例如借贷、投资）；④无偿、单向的商品和劳务的转移（例如海外捐赠）；⑤无偿、单向的金融资产的转移（例如某时期，发达国家对不发达国家债务的注销）。

3. 居民和非居民的概念

国际收支反映的经济交易是居民和非居民之间的交易。居民是指在一国的经济领土内具有一定的经济利益中心的机构单位，包括家庭和组成家庭的个人及法定的实体和社会团体，如公司和准公司、非营利机构和该经济体中的政府两大类。

居民和公民是两个不同的概念。公民是一个法律概念，而居民则是一个经济概念。居民与非居民的划分是以居住地为标准。

IMF 作了如下规定：自然人居民，指那些在本国居住时间长达一年以上的个人，但官方外交使节、驻外军事人员等一律是所在国的非居民；法人居民，指在本国从事经济活动的各级政府机构、非营利团体和企业。跨国公司的母公司和子公司分别对应所在国居民；国际性机构如联合国、国际货币基金组织等对应的是任何国家的非居民。例如，美国通用电器公司在中国的子公司的员工是中国的居民、美国的非居民，子公司与母公司的业务往来就属于中国和美国的国际收支内容。

我国自 1996 年 1 月 1 日起实施的《国际收支统计申报办法》第三条规定，"中国居民"是指：

（1）在中国境内居留 1 年以上的自然人，外国及中国香港、澳门、台湾地区在境内的留学生、就医人员、外国驻华使馆领馆外籍工作人员及其家属除外；

（2）中国短期出国人员（在境外居留时间不满 1 年）、在境外留学人员、就医人员及中国驻外使馆领馆工作人员及家属；

（3）在中国境内依法成立的企业事业法人（含外商投资企业及外资金融机构）及境外法人的驻华机构（不含国际组织驻华机构、外国驻华使馆领馆）；

（4）中国国家机关（含中国驻外使馆领馆）、团体、部队。

国际收支概念中之所有要强调居民与非居民的区别，目的是为了正确反映国际收支情况。国际收支的内容是各种国际经济交易，只有居民与非居民之间的各种经济交易才是国际经济交易。居民与居民之间的各种经济交易则是国内经济交易，不属于国际收支范畴；而非居民与非居民之间的各种经济交易则是别国的事，与该国国际收支无关。

【随堂练】下列哪些交易会影响我国的国际收支平衡表：

（1）中国驻纽约使馆工作的我国工作人员的工资收入；

(2) 美国驻华使馆工作的中国工作人员的工资收入;

(3) 国内某企业在智利投资建厂,该厂产品在国内市场销售;

(4) 我国政府在国内民间购买相当于 200 万美元的黄金以增加储备资产;

(5) 我国对日本海啸提供药品援助;

(6) 我国货币当局向南非政府购买黄金以增加黄金储备量。

【参考答案随堂练】

二、国际收支平衡表 (Balance of payments statement)

(一) 国际收支平衡表的概念

国际收支平衡表是反映一定时期一国同外国的全部经济往来的收支流量表。它以特定的形式记录、分类、整理一个国家或地区国际收支的详细情况,是对一个国家与其他国家进行经济技术交流过程中所发生的贸易、非贸易、资本往来以及储备资产的实际动态所作的系统记录,是国际收支核算的重要工具。通过国际收支平衡表,可综合反映一国的国际收支平衡状况、收支结构及储备资产的增减变动情况,为制定对外经济政策,分析影响国际收支平衡的基本经济因素,采取相应的调控措施提供依据,并为其他核算表中有关国外部分提供基础性资料。

(二) 国际收支平衡表的主要内容

国际收支平衡表所包含的内容十分繁杂,各国又大都根据各自不同需要和具体情况来编制,因此,各国国际收支平衡表的内容、详简也有很大差异,但其主要项目可分为三大类,即经常项目、资本和金融项目以及平衡项目。如表 3-1 所示。

表 3-1 国际收支平衡表

项目	差额	贷方 (+)	借方 (-)
1. 经常账户			
贷方			
借方			
1.A 货物和服务			
贷方			
借方			
1.A.a 货物			
贷方			
借方			
1.A.b 服务			
贷方			
借方			

续表

项目	差额	贷方（+）	借方（-）
1.B 初次收入			
贷方			
借方			
1.C 二次收入			
贷方			
借方			
2. 资本和金融账户			
2.1 资本账户			
贷方			
借方			
2.2 金融账户			
资产			
负债			
2.2.1 非储备性质的金融账户			
2.2.1.1 直接投资			
资产			
负债			
2.2.1.2 证券投资			
资产			
负债			
2.2.1.3 金融衍生工具			
资产			
负债			
2.2.1.4 其他投资			
资产			
负债			
2.2.2 储备资产			
3. 净误差与遗漏			

注：资料来源于国际货币基金组织：《国际收支和国际投资头寸手册》(第六版)。

1. 经常账户：包括货物和服务、初次收入和二次收入

（1）货物和服务，包括货物和服务两部分。

①货物：指经济所有权在我国居民与非居民之间发生转移的货物交易。贷方记录货物出口，借方记录货物进口。货物账户数据主要来源于海关进出口统计，但与海关统计存在以下主要区别：一是国际收支中的货物只记录所有权发生了转移的货物（如一般贸易、进料加工贸易等贸易方式的货物），所有权未发生转移的货物（如来料加工或出料加工贸易）不纳入货物统计，而纳入服务贸易统计；二是计价方面，国际收支统计要求进出口货值均按离岸价格记录，海关出口货值为离岸价格，但进口货值为到岸价格，因此国际收支统计从海关进口货值中调出国际运保费支出，并纳入服务贸易统计；三是补充部分进出口退运等数据；四

是补充了海关未统计的转手买卖下的货物净出口数据。

【延伸阅读3-1】 河南外贸缘何连续保持增长

②服务：包括加工服务，维护和维修服务，运输，旅行，建设，保险和养老金服务，金融服务，知识产权使用费，电信、计算机和信息服务，其他商业服务，个人、文化和娱乐服务以及别处未提及的政府服务。贷方记录提供的服务，借方记录接受的服务。

【延伸阅读3-2】 经常账户中服务所包含的内容

【案例】 文化产业对经济的拉动作用

（2）初次收入：由于提供劳务、金融资产和出租自然资源而获得的回报，包括雇员报酬、投资收益和其他初次收入三部分。

①雇员报酬：根据企业与雇员的雇佣关系，因雇员在生产过程中的劳务投入而获得的酬金回报。贷方记录我国居民个人从非居民雇主处获得的薪资、津贴、福利及社保缴款等。借方记录我国居民雇主向非居民雇员支付的薪资、津贴、福利及社保缴款等。

②投资收益：因金融资产投资而获得的利润、股息（红利）、再投资收益和利息，但金融资产投资的资本利得或损失不是投资收益，而是金融账户统计范畴。贷方记录我国居民因拥有对非居民的金融资产权益或债权而获得的利润、股息、再投资收益或利息。借方记录我国因对非居民投资者有金融负债而向非居民支付的利润、股息、再投资收益或利息。

③其他初次收入：将自然资源让渡给另一主体使用而获得的租金收入，以及跨境产品和生产的征税和补贴。贷方记录我国居民从非居民获得的相关收入。借方记录我国居民向非居民进行的相关支付。

（3）二次收入：居民与非居民之间的经常转移，包括现金和实物。贷方记录我国居民从非居民处获得的经常转移，借方记录我国向非居民提供的经常转移。

【延伸阅读3-3】 河南上半年跨境电商交易额增长3%，郑州筹划跨境贸易小镇

2. 资本与金融账户：包括资本账户和金融账户

（1）资本账户：居民与非居民之间的资本转移，以及居民与非居民之间非生产非金融资产的取得和处置。贷方记录我国居民获得非居民提供的资本转移，以及处置非生产非金融资产获得的收入，借方记录我国居民向非居民提供的资本转移，以及取得非生产非金融资产

支出的金额。

（2）金融账户：发生在居民与非居民之间、涉及金融资产与负债的各类交易。根据会计记账原则，当期对外金融资产净增加记录为借方，净减少记录为贷方；当期对外负债净增加记录为贷方，净减少记录为借方。金融账户细分为非储备性质的金融账户和国际储备资产。

①非储备性质的金融账户包括直接投资、证券投资、金融衍生工具和其他投资。

a. 直接投资：它是指对外国企业拥有 10% 以上的股权，从而拥有管理发言权的投资。如私人企业在海外创办企业，或用获得的利润在当地再投资等。直接投资常以跨国公司为载体。本国居民对外直接投资，计入借方；接受非居民对本国的直接投资，计入贷方。

b. 证券投资是指对有价证券和股票的购买与售卖。本国居民购买外国证券计入借方，出售计入贷方；外国居民购买本国证券计入贷方，出售计入借方。与直接投资不同，证券投资关心的不是企业的长期前景，而是资本价值上升所带来的收益。

c. 金融衍生工具用于记录居民与非居民之间金融衍生工具的交易情况，居民买入计入借方，卖出计入贷方。

d. 其他投资指除直接投资、证券投资、金融衍生工具和储备资产外，居民与非居民之间的其他金融交易，包括其他股权、货币和存款、贷款、保险和养老金、贸易信贷和其他应收/应付款。

②储备资产指本国中央银行拥有的对外资产，包括外汇、货币黄金、特别提款权、在基金组织的储备头寸等资产形式。

【延伸阅读 3-4】资本项目开放时我国货币政策独立性的影响研究

【延伸阅读 3-5】推动资本项目开放是"十四五"重要改革任务，正研究修订 QFLP 和 QDLP 规则

3. 错误与遗漏项目

国际收支平衡表采用复式记账法，由于统计资料来源和时点不同等原因，会形成经常账户与资本和金融账户不平衡，形成统计残差项，称为净误差与遗漏。

错误与遗漏是一个人为设计的平衡项目，作为余项在最后才计算的。经常项目和资本与金融项目之和（如果两者没有错误与遗漏），借贷双方应该相等，但这种情形不太可能。因为每个国家的国际收支平衡表的统计数据总会出现一些遗漏。原因如下：①资料来源不一。一国在编制国际收支平衡表时所汇集和应用的原始资料来自许多渠道，如海关统计、银行报告、企业报表等。②资料不全。某些数字如商品走私、资金外逃、私自携带现钞出入境等也属于国际收支范畴，难以掌握。例如，一个美国人从墨西哥以现金购买了价值 1 万美元的大麻（在途中却未能通过海关官员的检查），结果这 1 万美元落到了墨西哥的银行系统中，并被按惯例计入储备变动项目，但是这笔交易的另外一面却中断了。当局怀疑这些货是大麻，但在没有可靠的证据下，它不能记录下这笔交易。③资料本身错漏。有关单位提供的统计数字也不是百分之百的准确无误，有的仅仅是估算数字。

因此，一般而言，一国经常项目加上资本与金融项目之后，借方与贷方间会有"缺口"，此时，国际收支平衡表上"错误与遗漏"项目的数字，就是该"缺口"数目，记录方向相反。

（三）国际收支平衡表编制原理与记账方法

国际收支平衡表是按照会计学的复式簿记原理编制的，即以借、贷为基本的记账符号，以"有借必有贷，借贷必相等"来记录每一笔经济交易。

1. 国际收支平衡表的编制原则

（1）居民原则，即国际收支平衡表主要记载的是居民与非居民之间的交易。

（2）计价原则，即国际收支原则上按成交时的市场价格来计价。

（3）权责发生制原则，一旦经济价值产生、改变、交换、转移或消失，交易就被记录下来，一旦所有权发生变更，债权债务就随之出现。

（4）复式计账原则，任何一笔交易要求同时作借方记录和贷方记录；一切收入项目或负债增加、资产减少的项目，都列入贷方（Credit），或称正号项目（Plus Items）；一切支出项目或资产增加、负债减少的项目都列入借方（Debit），或称负号项目（Minus Items），借贷两方金额相等。如果交易属于单向转移，计账的项目只有一方，不能自动成双匹配，就要使用某个特种项目计账，用以符合复式计账的要求。

2. 复式簿记账的具体方法

（1）凡引起本国外汇收入的项目，记入贷方，记为"＋"（可省略）

（2）凡引起本国外汇支出的项目，记入借方，记为"－"

比如，凡属于下列情况均应记入贷方：

①向外国提供商品或劳务（输出）；

②外国人提供的捐赠与援助；

③国内官方当局放弃国外资产或国外负债的增加；

④国内私人放弃外国资产或国外负债的增加；

⑤本年度储备的减少。

凡属下列情况均应记入借方：

①从外国获得的商品和劳务（进口）；

②向外国政府或私人提供的援助、捐赠等；

③国内官方当局的国外资产的增加或国外负债的减少；

④国内私人的国外资产的增加或国外负债的减少；

⑤本年度储备的增加。

【举例3-1】以我国为例，列举六笔交易来说明国际收支的记账方法。

（1）我国企业动用其在海外银行的存款（或我国企业接受国外出口商提供的延期付款贸易信贷）进口价值100万美元的设备。

借：经常账户——货物进口　　　　　　　　　　　　　　1 000 000
　　贷：金融账户——其他投资——银行存款　　　　　　　　　　　　1 000 000

（或金融账户——其他投资——贸易信贷100万美元）

（2）美国居民到我国旅游花销30万美元，这笔存入我国旅游存款账户。

借：金融账户——其他投资—银行存款　　　　　　　　　　　　300 000
　　贷：经常账户——服务收入　　　　　　　　　　　　　　　　300 000

（3）美国通用以价值1 000万美元的设备投入我国，兴办合资企业。

借：经常账户——货物进口　　　　　　　　　　　　　　　　　1 000 000
　　贷：金融账户——非储备性质——外商直接投资　　　　　　10 000 000

（4）我国政府动用外汇库存40万美元向新西兰政府提供无偿援助，另提供相当于60万美元的粮食药品援助。

借：经常账户——二次收入　　　　　　　　　　　　　　　　　1 000 000
　　贷：金融账户——储备资产——外汇储备　　　　　　　　　　400 000
　　　　经常账户——货物出口　　　　　　　　　　　　　　　　600 000

（5）我国TCL在海外投资所得利润150万美元。其中75万美元用于当地的再投资，50万美元购买当地商品运回国内，25万美元调回结售给政府以换取本国货币。

借：金融账户——非储备性质——对外直接投资　　　　　　　　750 000
　　经常账户——货物进口　　　　　　　　　　　　　　　　　　500 000
　　金融账户——储备资产——外汇储备　　　　　　　　　　　　250 000
　　贷：经常账户——初次收入——投资收益　　　　　　　　　1 500 000

（6）我国居民动用其在海外存款40万美元，用以购买美国微软公司的股票。

借：金融账户——非储备性质——对外证券投资　　　　　　　　400 000
　　贷：金融账户——其他投资——银行存款　　　　　　　　　　400 000

具体记账见表3-2。

表3-2　　　　　　　　　六笔交易构成的我国国际收支账户　　　　　　　单位：万美元

项目	借方	贷方	差额
货物	100①+1 000③+50⑤=1 150	60④	-1 090
服务		30②	30
初次收入		150⑤	150
二次收入	100④		-100
经常账户合计	1 250	240	-1 010（经常账户差额）
非储备资产：			
直接投资	75⑤	1 000③	925
非储备资产：			
证券投资	40⑥		-40
非储备资产：			
其他投资	30②	100①+40⑥=140	110
储备资产	25⑤	40④	+15（储备减少）
资本与金融账户合计	170	1 180	+1 010（资本与金融账户差额）
总计	1 420	1 420	0

由此可见，任何一笔交易发生，必然涉及借方和贷方两个方面，即有借必有贷、借贷必相等，因此任何一笔交易都要以同一数额记两次，一次记在借方，一次记在贷方。

另外，国际收支平衡总表虽然平衡，但各类项目却经常是不平衡的。商品输出大于输入，则贷方金额大于借方金额，形成外贸顺差；相反，则形成外贸逆差，或称外贸赤字。贸易项目中资本项目中流入大于流出，则贷方金额大于借方金额，形成资本净流入；相反，则形成资本净流出。储备项目中本年度增加额大于减少额，则借方金额大于贷方金额形成借方净增金额，即本国的国际储备增加；相反，则形成借方净减金额，即本国的国际储备减少。

三、国际收支平衡表的分析

（一）国际收支平衡表分析的目的

（1）对编表国家来说，及时反映本国的国际收支情况，顺藤摸瓜，找出顺差或逆差的原因，采取正确的调节对策；掌握本国的外汇资金来源和运用方面的资料，特别是官方储备的增减情况，据以编制切实可行的外汇预算；了解本国的国际经济地位，从而制订出与本国国力相称的对外经济政策，如贸易、投资、经援、借贷等政策。

（2）对其他国家来说，掌握编表国家的国际收支顺差、逆差、储备资产增减情况，进而预测该国货币汇率的动向；掌握编表国家的国际资本流动情况，进而了解该国的经济实情，并预测该国国际收支的大致趋势；了解世界各国对外贸易情况，便于预测世界贸易的发展趋势；了解世界各国的国际经济发展情况，进而基本掌握世界经济的发展趋势。

（二）国际收支平衡表的分析方法

尽管世界各国对国际收支平衡表分析的目的或侧重点不同，但采取的分析方法大致相同，一般包括以下几种。

1. 微观分析法

微观分析法又称差额分析法或静态分析法，是对国际收支平衡表中各个项目的差额进行分析的方法。目的在于分析各单个账户的差额及其形成的原因，以及对国际收支的影响。通过对各个项目的差额的分析，可以了解一国对外经济交易的构成，以及各项目在整个国际收支账户中的地位与作用，进而分析各个项目差额，考察国际收支差额形成的原因及其对国际收支平衡的影响。

2. 宏观分析法

宏观分析法是把国际收支放在国民经济体系中来考察，研究国际收支与宏观经济变量之间的基本关系和相互影响。即把国际收支作为经济条件下宏观经济的一个部门和影响宏观经济的一个变量，放在宏观经济中去考察。

3. 纵向比较法

纵向比较法又称动态分析法，即将一国若干连续时期的国际收支平衡表并列在一起，分析国际收支不同时期各项目及总体差额的变化，分析其形成的具体原因，为制定相应地政策与策略提供依据。

4. 横向比较法

横向比较法是将本国国际收支平衡表与其他国家的国际收支平衡表进行对比，以便找出本国在对外经济关系中存在的问题和矛盾，更好地处理国别关系，推动本国与世界各国的经济合作与交流。

四种分析方法中最常见的就是微观分析法即差额分析法。

（三）国际收支差额

（1）贸易收支差额。贸易账户差额是包括货物与服务在内的商品、服务进出口之间的差额，等于商品和服务出口额减去商品和服务进口额。如果差额为正，称为贸易账户顺差；如果差额为负，称为贸易账户逆差；如果差额为零，则称为贸易账户平衡。

（2）经常账户差额。经常性账户也称经常项目，反映一国居民与非居民之间实际资源的转移，是一国国际收支平衡表中最基本、最重要的项目，包括货物、服务、初次收入和二次收入四个明细项目。贸易账户差额加上初次收入账户差额和二次收入账户差额即为经常账户差额，因此，经常账户差额的变化受其子项目差额的影响。

经常账户差额从经济内涵上讲，它是一国通过真实资源流入和流出而形成的外汇收入和支出的对比。①当其为顺差时，反映本国真实资源的流出大于他国真实资源的流入而形成的净外汇收入，也是当期本国让渡给他国的可支配物质资源的程度。这种由让渡本国资源支配权而取得的外汇收入，成为一国拥有绝对支配权的外汇收入，这种支配权的"绝对性"是针对资本金融账户的顺差而言的，主要体现在对这部分外汇的使用时间和使用方向上。从使用时间上讲，一国只有在它需要使用这部分外汇收入时，才会动用这部分外汇；从使用的方向上讲，一国完全可以根据自己的需要而动用这部分外汇。②当其为逆差时，反映的是本国通过增加负债或动用外汇储备而增加的当期对他国真实物质资源的支配程度。

（3）资本与金融账户差额：反映一国居民与非居民之间金融资源的转移情况。

（4）综合账户差额：即等于经常账户差额＋资本账户差额＋非储备性质的金融账户差额＋净误差与遗漏账户差额＝－储备资产账户差额。一般我们说的国际收支的顺差或逆差，就是指的综合账户差额。该差额大于零，表明国际收支顺差，储备资产增加；该差额小于零，表明国际收支逆差，储备资产减少。

第二节　国际收支的平衡与变动

一、国际收支的平衡

为了更准确地反映一国国际收支的真实状况，必须对国际收支的"平衡"含义进行严格规范。目前对国际收支的平衡与不平衡的理解，常用的有两种含义。

（一）主动平衡与被动平衡

这种观点认为，国际收支平衡表账面上的最终余额总是平衡的。那又该怎样判断是否平衡呢？先把各种国际经济交易活动就其性质分为自主性贸易和调节性贸易。自主性交易又可称为事前交易。它是指根据个人自主的经济动机而进行的各种经济交易，如商品和劳务的输出入、馈赠和侨汇等。调节性交易又可称为事后交易，指为弥补自主性交易差额或缺口而进行的各种经济交易活动，如分期付款、商业信用、黄金或外汇储备的支付等。然后，再判断国际收支是否平衡。平衡是指自主性交易收支自动相等，不需用调节性交易来弥补即主动平衡。不平衡或失衡是指自主性交易收支不能相抵，必须用调节性交易来轧平，即被称为被动平衡。

也有学者认为，将国际经济交易分为自主性与调节性交易，在理论上或许是有意义的，而在实际中却很难划清，因为一笔交易从不同的角度看可以作不同的归类。例如，一国货币当局为扭转收支逆差情形的发生，采取提高本币利率的措施来吸引外资，就投资者而言属自主性交易，就货币当局而言却属调节性交易。若投资系该国居民动用外汇资产所为，则同一笔交易既可列入自主性项目，也可列入调节性项目。

（二）数额平衡与内容平衡

这种观点认为，一国国际收支即使达到了主动平衡，也只是数额上的平衡，这种数额上的表面平衡未必对本国的长期经济发展有利，即未必同时实现内容平衡。假定一国的国际收支主要表现为贸易收支，其他收支的比重皆微不足道。如果该国输出的货物是本国生产能力较强的制成品，通过出口可带动国内经济增长，而输入的货物是本国稀缺的资源或先进的机器设备等，这种进出口结构显然是有利于本国长期经济发展的，这样达到的平衡也才真正是内容上的平衡；反之，如果出口的货物是国内经济发展中本身所短缺的，而进口的货物又明显会对本国民族产业的产品起打击作用，这样尽管在数额上实现了平衡，却没有在内容上达到平衡，长此以往，对该国经济发展肯定是不利的。

我们可以发现，从理论分析角度来看，这种分类方法比前一种方法更为深刻。它并不停留在经济现象的表面，而试图由表及里，分析贸易结构与一国长远经济发展的内在联系。但在经济实践中，有时要确立一个合适的进出口结构标准也不是件易事。对于一个外汇奇缺、不出口本国稀缺资源便无法创汇的国家来说，它还有其他选择吗？而为了保护本国民族产业，严禁同类产品进口，又是否会保护落后企业？这些问题也值得思考。

以上两种含义不同的分类标准还是有相通之处的，只不过各自从不同的角度强调不同的重点罢了。因为在自主性交易不能达到平衡而必须通过调节性交易实现被动平衡时，这里的调节性交易，就既可能是出口本国原来就稀缺的资源，去创汇改善逆差而不顾内容平衡，也可能是设法获取本国中央银行以外的非官方资产，来弥补逆差以追求账面平衡。

实际上，从上面两种观点看，国际收支是否平衡，不仅仅要看数量，更重要的是看其内涵。国际收支作为一国的外部经济部分，与其内部经济是相互影响、相互作用的，国际收支失衡，必然与国内经济失衡有关。由此，考察国际收支是否平衡，一定要考察它对内部经济的作用。因此，我们认为从内外经济相互作用的视角看，所谓的国际收支平衡，实际上是内外经济同时处于平衡的一种状态，即国际收支均衡。按照我国学者姜波克的观点，国际收支平衡是指在内部经济平衡条件下，自主性国际收支处于平衡的状态。因此，国际收支调节的目的，从简单和直接意义上看，是追求国际收支平衡；从深层次看，尤其是在国内经济不平衡状态下，是追求国际收支均衡。

二、国际收支的变动

一国的国际收支不可能是静止不变的，这种变动既可能是从平衡到不平衡或从不平衡到平衡的相互变化，也可能是连年顺差或逆差，但每年差额的幅度却不一样。那么影响一国国际收支变动的因素又有哪些呢？

（一）周期性因素

一国经济的发展总是呈波浪式的，具有一定规律的周期性，尽管这种波动的幅度和周期的长短在各国的表现可能不一。一国的内部经济发展要受这种周期波动规律性的制约，一国的外部经济发展即国际收支同样要受这种周期波动规律性的制约。因周期波动处于经济衰退时期而引起的出口不力、资本外流，可能会出现国际收支逆差；因周期波动处于经济繁荣时期而引起的出口增加、资本内流，又可能会出现国际收支顺差。这就叫做周期性不平衡。当今世界，各国之间的经济联系越来越密切，对国际市场的依赖程度也不断加深，一些主要工业国家发生严重经济衰退，往往会加速其他相关国家的经济衰退。其结果是一国发生支付危机就可能会牵连一系列的国家。爆发于1997年下半年的东南亚金融危机引起了许多周边国家以至欧美国家的恐慌，纷纷担心本国的经济会受其影响或拖累。而实际上，没有影响是不可能的，只是各国受冲击的程度不一。

（二）结构性因素

一国的生产结构若不能适应世界市场需求的变化而发生变动，也会对该国的国际收支产生影响。从长期讲，假定没有资本移动和单方面转移，一国在既定的国际分工条件下输出一些商品、劳务和输入一些商品、劳务，则它的国际贸易可处于均衡状态，它的对外收支也可以保持平衡。但当国际市场情况发生巨大变化时，一国生产结构一时不能适应新的国际分工，则平衡关系就会遭到破坏，国际收支就可能产生结构性的不平衡。

第二次世界大战后，这种结构性的不平衡在工业发达国家也时有发生。如20世纪60年代以后的美国一味与苏联进行军备竞赛，国内经济结构越来越落后于国际市场需求的变化，因而在很长一段时期贸易收支发生巨额逆差。但通常认为，这种结构性不平衡在发展中国家身上更为普遍，也更为明显。其原因为：其一，发展中国家出口货需求的收入弹性低，而进口货需求的收入弹性比较高，所以出口难以大幅度增加。这就是说，在世界各国人均收入普遍有所提高的背景下，发展中国家居民随着收入的提高会增大对外国商品和劳务的需求，而外国居民随着收入的提高对发展中国家产品的需求却不会明显增加。其二，发展中国家出口货物需求的价格弹性大，而进口货物需求的价格弹性小，于是当进口货物价格上涨快于出口货物时，贸易条件趋于恶化，就会引起国际支付困难。也就是说，在世界物价总水平趋于上涨的背景下，发展中国家出口货物的物价上涨会引起国外需求较大的减少，而发达国家物价的上涨却不会导致发展中国家对其需求数量的减少。这都是因为发展中国家的经济结构决定了其贸易结构：出口初级产品，进口本国难以生产的先进技术设备和高档的消费品。

（三）货币性因素

一国的货币流通状况是通货膨胀还是通货紧缩，也会对该国的国际收支变动产生影响。通常，一国在一定的汇率水平下，由于通货膨胀的原因，物价普遍上涨，出口产品的投入成本也会随之上升，因而出口产品的竞争能力就会下降，出口创汇便会减少；同时，由于本国物价水平高于其他国家，进口货物更具有竞争力，进口便会增加，这样，就会导致国际收支的逆差。反之，由于通货紧缩的原因，本国商品成本和物价水平比其他国家相对降低，则有利于出口，不利于进口，因而会使国际收支出现顺差。

（四）收入性因素

这里是指经济条件的变化而引起的国民收入的变化，而这种国民收入的变化又会造成国际收支的变动。国民收入发生变化有两种原因：一是周期性变动，这属于周期性不平衡；二是因经济增长而产生的，具有长期性质，所以又称之为持久性的不平衡。假如一国的经济增长率高于其他国家，在其国民收入增长的同时，其商品、劳务的输入和捐赠、旅游等非贸易支出也可能随之增加，从而导致国际收支逆差。但一国的经济增长率较高反映了该国投资回报率较高，又可能吸引资本内流，如果资本项目的盈余弥补了经常项目的赤字，那就不会发生国际收支逆差。所以，还应根据具体情况作具体分析。

（五）季节性和偶然性不平衡

季节性和偶然性不平衡是由短期的、非确定或偶然因素引起的。它的特征是失衡程度较轻、持续时间不长，带有可逆性，而且经常发生在以农产品为主要出口商品的发展中国家。除了以上各种经济因素之外，政局动荡和自然灾害等偶发性因素，也会引起贸易收支的不平衡和巨额资本的国际移动，因而使一国国际收支不平衡。总的来说，经济结构性因素和经济增长率变化所引起的国际收支不平衡，具有长期、持久的性质，而被称为持久性不平衡；其他因素所引起的国际收支不平衡，仅具有临时性，因而被称为非持久性不平衡。

（六）其他要素

除了以上原因以外，还有很多的原因都会导致国际收支的不平衡。比如政策性失衡，是指由于一国推出重要的扩张或紧缩的财政或货币政策，或者实施重大改革而引发的国际收支不平衡；贸易竞争性失衡是指由于一国商品缺乏国际竞争力所引起的失衡；过度债务性失衡是指一些发展中国家在发展民族经济的过程中，违背了量力而行的原则，借入大量外债，超过了自身的承受能力，同时一些发达国家实施高利率政策和保护主义措施，结果使发展中国家贸易条件进一步恶化，国际收支逆差不断扩大。

无论是哪种原因导致的国际收支不平衡，都会对一国经济产生或多或少的影响。一国对国际收支不平衡的调节，并不是单纯地追求国际收支的平衡，因为这仅仅是一国经济失衡的一方面；从更深层次的意义上讲，是要通过政策搭配使得国内和国外同时达到平衡，达到国际收支均衡，这才是一国经济均衡的最终目标。

第三节 国际收支的调节

一、国际收支的调节机制

如果一国国际收支的经常账户出现了逆差，可用资本账户交易的盈余净额来弥补；如果全部交易出现逆差，那就需要动用官方储备了。但储备总是有限的，不能眼看着储备慢慢耗尽为零。因此，各国政府都非常关心对国际收支逆差的调节。另外，即使出现国际收支持续顺差，一国政府也会自愿或不自愿地进行调节。因为，一国的国际收支并不像一个家庭或一个企业的收支那样简单，总是盈余越来越多为好。首先，一国持续性的国际收支顺差会加大国内通货膨胀的压力，因为收进的大量外汇总是要转换成对国内货币的需求，而由此额外发行的货币却是没有以物资保证为基础的。其次，一国持续性的国际收支顺差，也会遭受来自贸易伙伴国的压力，后者会时不时地设置一些障碍，以致引起无休无止的贸易摩擦。20世纪80年代以来，美国就是这样对付日本及其他顺差国的。

国际收支的调节方法大体可分为两类：一类是自动的调节机制；另一类是人为调节政策。自动调节机制是指利用市场经济内部自身存在的机制自发调节国际收支的不平衡。它的特点是：调节过程由国际收支的失衡自动引起，它无须人为干预便能自动导致平衡的恢复。人为调节政策是指政府为了恢复国际收支的平衡，有意识地采取一些政策措施对经济进行干预。一般认为，自动调节机制的副作用比较小，但不一定保证有效果。

在开放经济条件下，各国在试图追求充分就业、物价稳定和经济增长的同时，都在努力实现国际收支均衡的目标。

（一）国际收支的自动调节机制

1. 汇率调节机制

汇率机制（Exchange Rate Mechanism）是指外汇市场交易中汇率升降同外汇供求关系变化的联系及相互作用。汇率调节机制就是政府允许汇率自发变动，调节国际收支失衡的状况。它是国际收支失衡的自动调节机制之一，在浮动汇率制度下汇率机制调节国际收支的逻辑过程可以简单地表示为：国际收支逆差（顺差）→本币贬值（升值）→外汇汇率上升（下降）→进口减少（增加）出口增加（减少）→国际收支逆差减少（顺差减少），直至恢复平衡。

汇率机制是一个国家经济发展中非常重要的问题，也是一个国家实行经济调控的重要手段，体现着该国货币的对外价值和经济实力，同时也直接影响着一国对外贸易、资本流动和国际收支的平衡。汇率机制的选择同经济发展模式一样，应从本国的国情出发制定有效合理的汇率机制。从短期看，一种汇率机制的行之有效，不仅要适应本国贸易和金融市场的需要，还要注重保护本国货币少受冲击，并对汇率进行适时的调整和不断完善；从长期看，汇率机制要随国际经济金融的变化和国内经济金融条件的转变而调整，一成不变的僵化机制是难以适应的，也是不可能的。

2. 收入调节机制

一国地区的居民在一定时期内创造出来的全部产品和价值中，扣除已消耗掉的生产资料的价值，就是国民收入。国民收入的增长是国民经济增长的一个重要指标。收入机制是指一国国际收支不平衡时，该国的国民收入、社会总需求会发生变动，这些变动反过来又会削弱国际收支的不平衡。

当国际收支出现逆差时，表明国民收入水平下降，国民收入下降会引起社会总需求下降及进口需求下降，从而国际收支得到改善。国民收入下降不仅能改善贸易收支，而且也能改善经常项目收支和资本与金融项目收支。国民收入下降还会使外国劳务和金融资产的需求都不同程度地下降，从而整个国际收支得到改善。

反过来，当一国或地区因出口规模的增加而发生贸易顺差时，则国民收入的水平得以提高。因此，本国或地区的货币流通量就会增加，并同时促进经常项目中的商品、劳务等进口贸易随之增加，继之利率下降，本国或地区的资金外流，使国际资本流向高利率的国家和地区，使原来的国际收支中的顺差逐步减少，直到恢复至原来的平衡状态。过程可以简单地表示为：国际收支逆差（顺差）→对外支付增加（减少）→国民收入下降（上升）→社会总需求下降（增加）→进口需求下降（上升）→贸易收支改善（恶化）。

3. 利率调节机制

利率机制是指一国国际收支不平衡时，该国的利率水平会发生变动，利率水平的变动反过来又会对国际收支不平衡的调节起到一定的调节作用。

一般认为，如果一国或地区的国际收支出现逆差，随之而来的是国内信贷规模的收缩。由于进口贸易的增加，需要大量的资金支付进口货款，本国地区所持有的外国货币量将减少，因此，增幅就会银根紧缩，提高利率。在开放的市场经济条件下，利率的高低，直接影响到一国或地区投资规模的大小，影响到一国和地区消费供给的增减，甚至物价水平的涨跌，直至影响到外汇收支的变化，使国际收支开始新的调整，并趋于平衡。当然利率的高低，还可以促进国际资本的流动。例如，一国的利率高于其他国家，则会造成资本内流，使国际收支中的资本项目出现顺差；若一国的利率低于其他国家，则又会导致资本外流，使收支中的资本项目出现逆差。

总结下来作用机制如下：当一国国际收支发生逆差时，该国的货币存量（供应量）相对减少，利率上升；而利率上升，表明本国金融资产的收益率上升，从而对本国金融资产的需求相对上升，对外国金融资产的需求相对减少，资金外流减少或资金内流增加，资本与金融项目得到改善。同时，利率上升会减少社会总需求，进口减少，出口增加，贸易收支也会得到改善。当一国国际收支发生顺差时，该国的货币存量（供应量）相对增加，利率下降；本国金融资产的收益率下降，从而对本国金融资产的需求相对下降，对外国金融资产的需求相对增加，资金外流增加或资金内流减少，资本与金融项目向反方向扭转。同时，利率下降会增加社会总需求，进口增加，出口减少，贸易收支向反方向扭转。

4. 物价调节机制

"货币——价格机制"是英国经济学家大卫·休谟1752年最早提出来的，其论述被称为"价格——现金流动机制"。"货币——价格机制"与"价格——现金流动机制"的主要区别是货币形态。在休谟的时期，金属铸币参与流通，而在当代，则完全是纸币流通。不过，这两种机制论述的国际收支自动调节原理是一样的。

在金本位条件下，当一国国际收支出现逆差时，意味着对外支付大于收入，黄金外流增加，导致货币供给下降；在其他条件既定的情况下，物价下降，该国出口商品价格也下降，出口增加，国际收支因此而得到改善。反之，当国际收支出现大量盈余时，意味着对外支付小于收入，黄金内流增加，导致货币供给增加；在其他条件既定的情况下，物价上升，该国出口商品价格也上升，出口减少，进口增加，国际收支顺差趋于消失。"货币——价格自动调节机制"的另一种表现形式是相对价格水平变动对国际收支的影响。当一国国际收支出现逆差时，对外支出大于收入，对外币需求的增加使本国货币的汇率下降，由此引起本国出口商品价格相对下降、进口商品价格相对上升，从而出口增加、进口减少，贸易收支得到改善。当一国国际收支出现顺差时，对外收入大于支出，对本币需求的增加使本国货币的汇率上升，由此引起外国进口商品价格相对下降、出口商品价格相对上升，从而出口减少、进口增加，贸易收支向反方向扭转。

【人物专栏】大卫·休谟

（二）国际收支的调节政策

国际收支自动调节的实现必须以一定的经济条件为基础，离开了这些条件它是无法实现的，而现实生活中往往不具备或不完全具备这样的条件；再者国际收支的自动调节还会带来一些问题：比如它会产生某些难以接受的后果，比如市场汇率随需求而变化必然造成汇率的变化无常，这会增大外汇市场的风险；降低赤字会减少国内总需求，从而使均衡产出下降；充分就业时，出口的自发性增加会在国内引起通货膨胀，通货膨胀又会降低或消除盈余；如果让货币调节机制自发地作用，就需要允许本国货币量随着国际收支状况的变化而变化，这样一国的货币政策就可能由外部因素来决定，货币政策的独立性就会丧失等等；再如自动调节过程可能需要很长的时间，例如当一国存在较为严重的国际收支赤字时，市场机制就需要较长的时间来解决这个问题。因此各国不能单纯地依靠市场来自动调节国际收支，而必须利用各种政策措施来调节国际收支的失衡。这些政策主要有：外汇缓冲政策、支出变更政策、支出转换政策以及国际收支调节政策的国际协调。人为的政策调节相对机制调节来说，比较直接、有力，但也容易产生副作用（也许照顾到了外部平衡却兼顾不了内部平衡），有时还会因时滞效应而达不到预期目的。

1. 外汇缓冲政策

外汇缓冲政策是指政府通过官方储备的变动或短期的对外借款来干预外汇市场，校正国际收支的失衡。外汇缓冲政策可以很好地解决暂时性的国际收支失衡。

当然，如果一国的国际收支上不是暂时性的失衡，运用外汇缓冲政策就可能面临严重的问题。一方面，如果本国货币实际上已经贬值即均衡汇率不跌了，政府继续运用外汇缓冲政策来维持现有的汇率，结果只能导致外汇储备被消耗干净。另一方面，如果国际收支的失衡不是暂时性的，本国政府的信誉也会受到影响，官方对外借款也将难以为继。即使一国是处在国际收支顺差的状态，外汇缓冲政策仍然无法解决长期性的失衡问题。因为尽管政府力图控制本国货币升值，但市场机制必然会改变汇率，这就会刺激投机行为。同时官方储备的过量增长会给经济运行带来不良的影响。不过要判断什么是暂时性失衡、什么是根本性失衡并非易事。许多国家的政府在这方面有过失误。

2. 支出变更政策

支出变更政策又称为需求管理政策，即通过运用财政政策和货币政策来改变国内总需求以校正国际收支失衡的政策。

（1）财政政策。财政政策是需求管理广泛使用的手段之一。具体地说就是通过调整政府的收入或支出以及税率水平来影响社会总需求，进而校正国际收支失衡。当一国出现国际收支逆差时，政府可以通过紧缩性财政政策促使国际收支平衡。第一，可削减政府财政预算，压缩财政支出。由于支出乘数的作用，国民收入大幅度减少，迫使国内物价水平下降，出口所需的投入成本也随之下降，这就能增强本国出口商品的国际竞争能力，以最终减少国际收支的逆差。第二，提高本国相关税率。税率一经提高，就会减少国内的投资和消费。在赋税乘数的作用下，同样国民收入大幅度减少，国内物价水平下降，进而有条件扩大商品出口，以缩小国际收支的逆差。但是政府一般只是在充分就业和高通货膨胀率情况下推行紧缩性财政政策，因此它的基本作用是减少国际收支逆差。而当一国出现国际收支顺差时，政府可以通过扩张性财政政策促使国际收支平衡。此外，在收入和物价上升的过程中，利率有可能上升，后者会刺激资本流入。一般说来，扩张性财政政策对贸易收支的影响超过它对资本项目收支的影响，因此它一般适用于一国在国际收支顺差的情况下恢复国际收支平衡。

（2）货币政策。货币政策也是实施需求管理的一个重要途径。主要是指变动本国货币的基本利率，以扩张或紧缩银根；或者以吸引或限制短期资本流动，来调节国际收支的不平衡。如果发生国际收支逆差，通常一国政府就会提高利率，以紧缩银根，减少社会的投资与消费，进而降低物价水平，假设其他方面的条件不变，货币当局紧缩银根就会引起利率上升从而产生双重的结果：一方面利率提高会降低企业的投资意愿、增强消费者的储蓄意愿从而降低国内总需求，正常情况下这会导致进口规模缩小；另一方面利率变动对资本流动有更加敏感的影响，尤其是对短期资本的流动。当然，提高利率的途径有多种手段：有的国家本身实行的就是管制利率，自然利率由政府决定；有的国家实行的是市场利率，中央银行则通过提高再贴现率、增加存款准备金和公开市场活动，以期导致利率的上升。反之，在发生国际收支顺差时若要调节，则降低利率，实行宽松的通货政策。这样既容忍物价上扬，也允许资本外流，以减少经常项目与资本项目的顺差。总的来说货币政策对改变总需求的效果比较明显，而且政府的操作成本低。

【知识链接】三大货币政策工具

需求管理政策的优点在于它是从根源上对国际收支进行调节，是各国在解决长期性国际收支失衡时必须考虑采用的。但它面临的一个重要问题是政策效果时间上的滞后性以及对内部经济的冲击。当政府调整财政或货币政策之后，对国际收支产生影响还要有一个过程。同时，为解决国际收支失衡问题而采取的财政和货币政策可能同国内经济目标发生冲突。因此正确选择财政、货币政策实现国际收支平衡必须注意时机的把握和政策实施力度。

3. 支出转换政策

支出转换政策是指不改变支出的大小，但改变支出方向，进而调节国际收支失衡的政策。汇率政策和直接管制同属于支出转换政策，但前者属于全面性控制工具，后者属于选择性控制工具。

（1）汇率政策。汇率政策是指一国通过调整本币汇率来实现国际收支的平衡政策。实行汇率政策的前提是一国的现行汇率是官定汇率或者虽然现行的是管理浮动汇率，但政府有足够的能力干预市场汇率。

以汇率政策调节国际收支，主要是通过本国货币法定贬值或法定升值（即本币汇率下调或上调）来进行的，在其他条件不变的情况下，国内产品与外国进口产品的市场会发生变动，由此会导致社会需求的转换。如果发生国际收支逆差，在固定汇率制度下，政府可以通过宣布本币贬值，以起到抑制进口、扩大出口的作用，使逆差缩小。在管理浮动汇率制度下，政府可以设立外汇干预基金，入市操作买卖外汇，以影响外汇市场的供求关系，进而调节国际收支。

汇率调整政策操作简便而且见效快，一些国家的政府故意将本国货币的价值贬到均衡汇率以下，以刺激本国产品的出口、增加就业机会，并力图在国际收支中追求顺差。但一国货币贬值要达到预期的目标，还需具备一定的条件，其中最重要的是国内存在较大供给弹性，而且其他国家不采取报复措施。

（2）直接管制政策。需求管理政策和汇率调整政策的实施有两个共同的特点：一是这些政策发生效应需要通过市场机制方能实现；二是这些政策实施后不能立即收到效果，其发挥效应的过程较长。因此，一国往往需要借助于直接管制政策来调节国际收支失衡。直接管制政策是指对国际经济交易采取直接行政干预的政策，包括外汇管制、财政管制和贸易管制等。

外汇管制是指政府机构对外汇买卖和国际结算加以行政性干预。它是许多国家曾经使用或正在使用的直接管制办法。当一国的国际收支逆差状况十分严重时，外汇管制可能成为政府首先选用的措施：限制私人持有外汇；限制私人购买外汇；限制资本输出；实行复汇率制；禁止黄金输出；限制个人携带本币进出国境的数量。

外汇管制对经济生活的影响是广泛的。受外汇管制影响最深的还是国内经济资源配置严重扭曲，国民福利水平被人为地降低。因为外汇管制带来的一个直接后果，对本币的估值偏高造成市场信息失真，削弱本国产品的出口竞争力，使整个社会的资源配置流向效率偏低的生产部门。这对一国经济长远发展相当不利。同时，消费者对进口商品的需求既无法得到正常的满足，又被迫放弃从出口增长中可能获得的收入，受到双重的损害。

财政管制是指政府通过管制进出口商品的价格和成本来达到调节国际收支目的的政策措施。财政管制机构包括财政部、海关、官方金融机构等。各国经常采用的财政管制方法主要有：①进口关税政策，通过提高进口关税税率来限制进口数量，或者通过降低进口生产资料的关税来扶植本国进口替代和出口替代产业的发展；②出口补贴政策，如对出口商品发放价格补贴或出口退税等；③出口信贷政策，如由官方金融机构向本国出口商或外国进口商提供优惠贷款等。

贸易管制是指政府直接限制进出口数量的政策。政府可以通过加强贸易管制缓和国际收支逆差。如果一个国家的国际收支逆差，主要是因为贸易收支的严重逆差引起的，那么抑制它的最有力的手段就是实行贸易管制政策。贸易管制政策的主要内容是奖出限入。

常用的贸易管制手段有：①进口配额制，②进口许可证制，③规定苛刻的进口技术标准包括卫生检疫条件安全性能指标技术性能规定包装和标签条例等，④歧视性政策，⑤歧视性国内税收政策，⑥国家垄断外贸业务。

【延伸阅读3-6】非关税壁垒

直接管制在政策调节方面具有一些明显的优点。①见效快，通过的中间环节少。②由于它对市场机制依赖程度较低，市场发育程度较低的发展中国家可以有效地采用这种国际收支调节手段，即具有可操作性。③直接管制的效力容易测定，从而政府可以更好地控制国际收支调节力度。④直接管制对国内经济的影响面较小，政府在使用这种调节手段时，具有更大的灵活性。⑤直接管制使政府对经济的调节深入到微观领域，它可以克服财政、货币政策等宏观调控手段的某些局限性。

其弊端是：①直接管制容易遭受对方的报复从而可能给国际贸易和国际金融带来消极影响。②直接管制本身要消耗一定的行政管理费用和信息成本。③它可能扭曲市场信号，使市场机制作用不能充分发挥，从而可能使该国资源配置不够合理，不能充分利用国际分工发挥自身优势。④它在一定程度上限制了竞争，从而削弱了国内企业创新的动力。⑤它可能鼓励寻租行为，助长社会上的不正之风，如配额分配中经常出现权力与金钱的交换。⑥公众承担的福利损失可能相当高。

4. 供给调节政策

从供给角度分析，国际收支调节政策还包括调整产业政策和科技政策等影响供给的政策措施。调整产业政策的核心在于优化产业结构，根据一国资源拥有状况和世界市场需求的变化，制定合理的产业结构规划，对部分产业部门进行调整与限制发展，而对一国优势产业和战略性产业采取政策措施促进其发展壮大，从而提高一国产业的国际竞争力，减少甚至消除结构性国际收支失衡。

供给调节政策是一种长期性的政策措施，虽然在短期内难以取得显著的效果，但它可以通过提高国民经济的综合实力和国际竞争力，从根本上改善一国国际收支状况。

5. 国际协调

各国政府调节国际收支的政策都是以本国的利益为出发点，他们采取的调节措施可能对别国的经济产生不利的影响，并导致其他国家采取相应的调节措施。为了保证调节效果，需要各国加强对国际收支调节政策的国际协调。通过各种国际经济协定确定国际收支调节的一般原则。例如WTO规定了非歧视原则、关税保护和关税减让原则、取消数量限制原则、禁止倾销和限制出口补贴原则、磋商调解原则等。国际货币基金协定规定了多边结算原则、消除外汇管制和制止竞争性贬值原则等。这些原则，以贸易和金融自由化为核心，通过限制各国采用损人利己的调节政策来缓和各国之间的矛盾。

二、国际收支调节政策选择时需要考虑的因素

（一）兼顾内外均衡

国际收支的调节，要使国内经济处于充分就业和物价稳定，实现经济长期增长，即追求国际收支均衡，这是总的原则。对于绝大多数国家，特别是发展中国家而言，任何调节措施都要以经济的持续稳定增长为前提来加以考虑和实施。

（二）国际收支失衡的性质

不同性质的失衡需要不同的调节政策。以逆差为例，季节性、周期性失衡是短期的，可以动用本国储备，或短期融资来弥补；如果失衡是货币性的，逆差国可以对本币进行贬值，

或采取紧缩性的货币政策减少货币供给，提高利率纠正失衡；如果是收入性或结构性失衡，逆差国可以首先采取直接管制，保护国内某些部门的生产，以争取到足够的缓冲时间进行经济结构的调整。

（三）国际协调

国际收支反映的是一国对外经济交往状况，其调节必然牵扯到别国的利益。因此，任何一国国际收支调节的成功都需要有关国家的合作。如果逆差国提高利率吸引资金流入以弥补逆差，相关国家也提高利率，则将影响逆差国提高利率的政策效力，甚至被抵销。东南亚金融危机中，东南亚国家的货币轮番贬值，致使这些国家的国际收支状况没有得到改善，甚至进一步恶化。

（四）顺势而为原则

顺势而为原则是指在调整过程中要正确认识、判断市场力量并加以巧妙利用。在内外均衡的调整过程中，随着其他条件的不同，相同的政策可能会有不同的结果，这会加大政策调控在数量和时机选择方面的难度。

首先，人们对未来的预期将使政策的结果难以预测。譬如人们都认为政府会实施贬值以实现收支平衡，从而纷纷提前在外汇市场上进行卖出本币的操作，在固定汇率制下就会导致固定汇率制度的崩溃，在浮动汇率制下就会导致一国货币过度贬值。

其次，在短期内由于其他变量的变动迟滞，调控政策可能不会带来合意的效果，政府对此的进一步权变会在未来导致调节过度。譬如当经济不景气时，政府会实行扩张性政策以刺激投资，但资本品从购买到安装使用需要一段时间，在这段时间里，不会带来产出增加。而政府如果对此认识不足，认为产出不增加的原因是扩张程度不够，从而继续扩张的话就会导致过度投资，导致未来的供大于求。

最后，即使政策是一次性的，由于调节时滞的存在，也会出现短期效果和长期效果的不一致。譬如在粘性价格条件下，扩大货币供应量从而对汇率造成影响的过程中，本币经历了过度贬值，产出也超过了长期的均衡水平，即所谓的超调现象。

总之，预期、时滞和超调现象的存在，意味着在选择政策以达到内外均衡的过程中，需要综合考虑政策的长期效果和短期作用，要尽量利用好市场的力量，以使政策达到最佳效果。

三、国际收支调节政策搭配

实际上，国际收支调节政策的选择，看其能否改变国际收支失衡性质是根本，国际收支失衡时国内社会和宏观经济结构是关键，而内部均衡与外部均衡是目标。国际收支调节政策会带来或多或少的调节成本，所以相机抉择，搭配使用，以最小的经济和社会代价达到国际收支的平衡或均衡是国际收支成功调节的核心。

1. 米德冲突

米德冲突是指由于宏观经济政策目标包括了内外均衡的四个方面，外部均衡为国际收支均衡，内部均衡为经济增长、充分就业、物价稳定等，因此，在固定汇率下国际收支调节政策处于两难的困境。

米德认为，根据凯恩斯主义的需求理论，实现国际收支调节使之均衡的政策，由于固定汇率制度下，贬值和升值都受到极大限制，因而主要采用支出变更政策，支出变更对每个目标产生效应不同。在国际收支逆差与通货膨胀并存时，减少总需求可以使二者均衡；在国际收支顺差与就业不足并存时，扩大总需求可以使二者得以改善。但是，对于既有国际收支顺差又存在通货膨胀，或既有国际收支逆差又存在严重失业问题，就会发生内部均衡与外部均衡之间的冲突，使支出变更政策陷入两难的困境。

2. 蒙代尔－弗莱明模型

蒙代尔与弗莱明进一步扩展了米德对外开放经济条件下不同政策效应的分析，说明了资本是否自由流动以及不同的汇率制度对一国宏观经济的影响，蒙代尔－弗莱明模型的基本结论是：货币政策在固定汇率下对刺激经济毫无效果，在浮动汇率下则效果显著；财政政策在固定汇率下对刺激经济效果显著，在浮动汇率下则效果甚微或毫无效果。

3. 丁伯根原则

丁伯根原则是荷兰经济学家丁伯根（J. Tinbergen）提出的。丁伯根原则指出要实现若干独立的政策目标，至少需要相互独立的若干有效政策工具。其特点是：①假定各种政策工具可以供决策当局集中控制，从而实现各种工具配合使用；②要实现 N 个独立的政策目标，至少需要相互独立的 N 个有效的政策工具；③没有明确指出各种工具有无必要在调控中侧重于某目标（权重）。

罗伯特·蒙代尔（R. Mundel）于20世纪60年代提出的关于政策指派的有效市场分类原主则弥补了这一缺陷。

4. 内外均衡政策搭配实例

国际收支调节政策的搭配有多种类型，这里仅以财政政策与货币政策的搭配为例。

财政政策和货币政策的效果不是单一的，当政府扩大预算时，国民收入增加。一方面，收入增加带来进口需求增加将形成经常账户的逆差；另一方面，在货币政策不变的情况下，利率会上升的压力将形成资本账户的顺差，这都会对外部平衡带来影响。蒙代尔以预算作为财政政策的代表，以货币供给作为货币政策的代表论述了财政政策与货币政策的搭配方法。蒙代尔认为由于财政政策在协调国内均衡上具有比较优势，而货币政策在协调外部均衡上具有比较优势，因此政府应当以财政政策调节内部均衡问题，以货币政策来调控外部均衡问题，即蒙代尔最优指派原则。表3-3列出了不同类型财政政策与货币政策的搭配作用。

表3-3 财政政策与货币政策的搭配

经济状况	财政政策	货币政策
失业、衰退/国际收支逆差	扩张型	紧缩型
通货膨胀/国际收支逆差	紧缩型	紧缩型
通货膨胀/国际收支顺差	紧缩型	扩张型
失业、衰退/国际收支顺差	扩张型	扩张型

第四节 中国的国际收支分析

一、中国国际收支的变动

以下是我国 1982—2019 年的国际收支情况（见表 3-4 至表 3-9）。

表 3-4　　　　　　　　　　中国 1982—1989 年国际收支情况　　　　　　　　单位：亿美元

项目	1982 年	1983 年	1984 年	1985 年	1986 年	1987 年	1988 年	1989 年
1. 经常账户	57	42	20	-114	-70	3	-38	-43
贷方	243	240	273	276	276	354	470	436
借方	-186	-198	-253	-390	-347	-351	-508	-479
1.A 货物和服务	48	26	1	-125	-74	3	-41	-49
贷方	226	220	248	258	262	341	449	412
借方	-178	-194	-247	-383	-336	-338	-490	-461
1.A.a 货物	42	18	-2	-131	-90	-13	-56	-72
贷方	199	192	217	227	223	300	398	350
借方	-158	-174	-219	-358	-313	-313	-454	-422
1.A.b 服务	6	8	2	6	16	16	15	23
贷方	27	28	31	31	39	41	51	62
借方	-20	-20	-29	-25	-23	-25	-36	-39
1.B 初次收入	4	12	15	8	0	-2	-2	2
贷方	10	15	19	14	9	10	15	19
借方	-6	-3	-4	-5	-9	-12	-16	-17
1.B.1 雇员报酬	0	0	0	0	0	0	0	0
贷方	0	0	0	0	0	0	0	0
借方	0	0	0	0	0	0	0	0
1.B.2 投资收益	4	12	15	8	0	-2	-2	2
贷方	10	15	19	14	9	10	15	19
借方	-6	-3	-4	-5	-9	-12	-16	-17
1.B.3 其他初次收入	0	0	0	0	0	0	0	0
贷方	0	0	0	0	0	0	0	0
借方	0	0	0	0	0	0	0	0
1.C 二次收入	5	5	4	2	4	2	4	4
贷方	7	6	6	4	5	4	6	5
借方	-2	-1	-2	-2	-1	-2	-1	-1

续表

项目	1982年	1983年	1984年	1985年	1986年	1987年	1988年	1989年
2. 资本和金融账户	-60	-41	-32	139	83	11	48	42
2.1 资本账户	0	0	0	0	0	0	0	0
贷方	0	0	0	0	0	0	0	0
借方	0	0	0	0	0	0	0	0
2.2 金融账户	-60	-41	-32	139	83	11	48	42
资产	-71	-54	-58	50	13	-58	-45	-15
负债	11	13	25	89	70	69	93	58
2.2.1 非储备性质的金融账户	-17	-14	-38	85	65	27	53	64
资产	-29	-27	-63	-4	-4	-42	-40	7
负债	11	13	25	89	70	69	93	58
2.2.1.1 直接投资	4	8	13	13	18	17	23	26
2.2.1.1.1 资产	0	-1	-1	-6	-5	-6	-9	-8
2.2.1.1.2 负债	4	9	14	20	22	23	32	34
2.2.1.2 证券投资	0	-6	-16	30	16	11	9	-2
2.2.1.2.1 资产	0	-6	-17	23	0	-1	-3	-3
2.2.1.2.2 负债	0	0	1	8	16	12	12	1
2.2.1.3 金融衍生工具	0	0	0	0	0	0	0	0
2.2.1.3.1 资产	0	0	0	0	0	0	0	0
2.2.1.3.2 负债	0	0	0	0	0	0	0	0
2.2.1.4 其他投资	-21	-16	-34	41	32	0	20	40
2.2.1.4.1 资产	-28	-19	-44	-20	1	-34	-28	18
2.2.1.4.2 负债	6	4	10	62	31	34	49	22
2.2.2 储备资产	-42	-27	5	54	17	-17	-5	-22
2.2.2.1 货币黄金	0	0	0	0	0	0	0	0
2.2.2.2 特别提款权	1	-1	-1	-1	-1	-1	1	0
2.2.2.3 在国际货币基金组织的储备头寸	0	-2	-1	-1	0	-1	0	0
2.2.2.4 外汇储备	-43	-19	7	56	12	-15	-4	-22
2.2.2.5 其他储备资产	0	-5	0	0	7	-1	-1	-1
3. 净误差与遗漏	3	-2	12	-25	-12	-14	-10	1

表3-5　　　　　　　　　　　中国1990—1996年国际收支概况　　　　　　　　　单位：亿美元

项目	1990年	1991年	1992年	1993年	1994年	1995年	1996年
1. 经常账户	120	133	64	-119	77	16	72
贷方	525	602	736	800	1 121	1 389	1 645
借方	-405	-469	-672	-919	-1 045	-1 373	-1 573
1.A 货物和服务	107	116	50	-118	74	120	176

续表

项目	1990年	1991年	1992年	1993年	1994年	1995年	1996年
贷方	491	555	668	743	1 046	1 319	1 548
借方	−385	−439	−618	−861	−973	−1 199	−1 373
1.A.a 货物	70	62	19	−143	35	128	122
贷方	411	460	543	597	844	1 074	1 268
借方	−341	−398	−524	−740	−810	−947	−1 147
1.A.b 服务	37	54	31	25	39	−8	54
贷方	81	95	126	146	202	244	280
借方	−44	−41	−94	−120	−163	−252	−226
1.B 初次收入	11	8	2	−13	−10	−118	−124
贷方	30	37	56	44	57	52	73
借方	−20	−29	−53	−57	−68	−170	−198
1.B.1 雇员报酬	0	0	0	0	0	0	0
贷方	0	0	0	0	0	0	0
借方	0	0	0	0	0	0	0
1.B.2 投资收益	11	8	2	−13	−10	−118	−124
贷方	30	37	56	44	57	52	73
借方	−20	−29	−53	−57	−68	−170	−198
1.B.3 其他初次收入	0	0	0	0	0	0	0
贷方	0	0	0	0	0	0	0
借方	0	0	0	0	0	0	0
1.C 二次收入	3	8	12	12	13	14	21
贷方	4	9	12	13	18	18	24
借方	−1	−1	−1	−1	−4	−4	−2
2. 资本和金融账户	−89	−65	19	217	21	162	83
2.1 资本账户	0	0	0	0	0	0	0
贷方	0	0	0	0	0	0	0
借方	0	0	0	0	0	0	0
2.2 金融账户	−89	−65	19	217	21	162	83
资产	−138	−160	−59	−109	−367	−247	−357
负债	49	94	77	326	389	409	440
2.2.1 非储备性质的金融账户	−28	46	−3	235	326	387	400
资产	−77	−49	−80	−91	−62	−22	−40
负债	49	94	77	326	389	409	440
2.2.1.1 直接投资	27	35	72	231	318	338	381
2.2.1.1.1 资产	−8	−9	−40	−44	−20	−20	−21
2.2.1.1.2 负债	35	44	112	275	338	358	402
2.2.1.2 证券投资	−2	2	−1	31	35	8	17

续表

项目	1990年	1991年	1992年	1993年	1994年	1995年	1996年
2.2.1.2.1 资产	-2	-3	-5	-6	-4	1	-6
2.2.1.2.2 负债	0	6	4	36	39	7	24
2.2.1.3 金融衍生工具	0	0	0	0	0	0	0
2.2.1.3.1 资产	0	0	0	0	0	0	0
2.2.1.3.2 负债	0	0	0	0	0	0	0
2.2.1.4 其他投资	-52	9	-74	-27	-27	40	2
2.2.1.4.1 资产	-66	-36	-35	-41	-38	-3	-13
2.2.1.4.2 负债	14	45	-38	14	12	43	15
2.2.2 储备资产	-61	-111	21	-18	-305	-225	-317
2.2.2.1 货币黄金	0	0	0	0	0	0	0
2.2.2.2 特别提款权	0	0	2	-1	-1	0	0
2.2.2.3 在国际货币基金组织的储备头寸	0	0	-3	1	-1	-5	-2
2.2.2.4 外汇储备	-55	-106	23	-18	-304	-220	-315
2.2.2.5 其他储备资产	-5	-5	0	0	0	0	0
3. 净误差与遗漏	-31	-68	-83	-98	-98	-178	-155

表3-6 中国1997—2002年国际收支概况 单位：亿美元

项目	1997年	1998年	1999年	2000年	2001年	2002年
1. 经常账户	370	315	211	204	174	354
贷方	1 986	1 990	2 124	2 725	2 906	3 551
借方	-1 617	-1 675	-1 913	-2 521	-2 732	-3 197
1.A 货物和服务	428	438	306	288	281	374
贷方	1 874	1 888	1 987	2 531	2 721	3 330
借方	-1 446	-1 449	-1 681	-2 243	-2 440	-2 956
1.A.a 货物	366	456	329	299	282	377
贷方	1 532	1 637	1 693	2 181	2 329	2 868
借方	-1 167	-1 181	-1 364	-1 881	-2 047	-2 491
1.A.b 服务	63	-18	-23	-11	-1	-3
贷方	342	251	294	350	392	462
借方	-280	-268	-317	-362	-393	-465
1.B 初次收入	-110	-166	-145	-147	-192	-149
贷方	57	56	83	126	94	83
借方	-167	-222	-228	-272	-286	-233
1.B.1 雇员报酬	2	-1	-4	-5	-6	-3
贷方	2	1	1	2	3	7
借方	0	-2	-5	-7	-9	-10

续表

项目	1997年	1998年	1999年	2000年	2001年	2002年
1.B.2 投资收益	-112	-165	-141	-142	-186	-147
贷方	55	55	82	123	91	77
借方	-167	-220	-223	-265	-277	-223
1.B.3 其他初次收入	0	0	0	0	0	0
贷方	0	0	0	0	0	0
借方	0	0	0	0	0	0
1.C 二次收入	51	43	49	63	85	130
贷方	55	47	54	69	91	138
借方	-3	-4	-4	-5	-6	-8
2. 资本和金融账户	-147	-127	-33	-86	-125	-432
2.1 资本账户	0	0	0	0	-1	0
贷方	0	0	0	0	0	0
借方	0	0	0	0	-1	0
2.2 金融账户	-147	-127	-33	-86	-125	-432
资产	-788	-479	-452	-666	-541	-932
负债	641	352	419	580	416	500
2.2.1 非储备性质的金融账户	210	-63	52	20	348	323
资产	-431	-415	-367	-561	-67	-177
负债	641	352	419	580	416	500
2.2.1.1 直接投资	417	411	370	375	374	468
2.2.1.1.1 资产	-26	-26	-18	-9	-69	-25
2.2.1.1.2 负债	442	438	388	384	442	493
2.2.1.2 证券投资	69	-37	-112	-40	-194	-103
2.2.1.2.1 资产	-9	-38	-105	-113	-207	-121
2.2.1.2.2 负债	78	1	-7	73	12	18
2.2.1.3 金融衍生工具	0	0	0	0	0	0
2.2.1.3.1 资产	0	0	0	0	0	0
2.2.1.3.2 负债	0	0	0	0	0	0
2.2.1.4 其他投资	-276	-437	-205	-315	169	-41
2.2.1.4.1 资产	-396	-350	-244	-439	208	-31
2.2.1.4.2 负债	120	-86	39	123	-39	-10
2.2.2 储备资产	-357	-64	-85	-105	-473	-755
2.2.2.1 货币黄金	0	0	0	0	0	0
2.2.2.2 特别提款权	0	-1	0	-1	-1	-1
2.2.2.3 在国际货币基金组织的储备头寸	-9	-13	13	4	-7	-11
2.2.2.4 外汇储备	-349	-51	-97	-109	-466	-742

续表

项目	1997 年	1998 年	1999 年	2000 年	2001 年	2002 年
2.2.2.5 其他储备资产	0	0	0	0	0	0
3. 净误差与遗漏	−223	−187	−178	−118	−49	78

表 3−7 中国 2003—2007 年国际收支概况 单位：亿美元

项目	2003 年	2004 年	2005 年	2006 年	2007 年
1. 经常账户	431	689	1 324	2 318	3 532
贷方	4 825	6 522	8 403	10 779	13 842
借方	−4 395	−5 833	−7 080	−8 460	−10 310
1.A 货物和服务	358	512	1 246	2 089	3 080
贷方	4 480	6 074	7 733	9 917	12 581
借方	−4 121	−5 562	−6 487	−7 828	−9 500
1.A.a 货物	398	514	1 243	2 068	3 028
贷方	3 966	5 349	6 890	8 887	11 227
借方	−3 568	−4 835	−5 647	−6 820	−8 199
1.A.b 服务	−40	−2	3	21	52
贷方	513	725	843	1 030	1 353
借方	−553	−727	−840	−1 008	−1 301
1.B 初次收入	−102	−51	−161	−51	80
贷方	161	206	393	546	835
借方	−263	−257	−554	−597	−754
1.B.1 雇员报酬	2	6	15	20	43
贷方	13	20	33	43	68
借方	−11	−14	−18	−23	−25
1.B.2 投资收益	−104	−58	−176	−71	37
贷方	148	185	359	502	766
借方	−252	−243	−536	−574	−729
1.B.3 其他初次收入	0	0	0	0	0
贷方	0	0	0	0	0
借方	0	0	0	0	0
1.C 二次收入	174	229	239	281	371
贷方	185	243	277	316	426
借方	−10	−14	−39	−35	−55
2. 资本和金融账户	−513	−819	−1 553	−2 355	−3 665
2.1 资本账户	0	−1	41	40	31
贷方	0	0	42	41	33

续表

项目	2003 年	2004 年	2005 年	2006 年	2007 年
借方	0	-1	-1	-1	-2
2.2 金融账户	-512	-818	-1 594	-2 395	-3 696
资产	-1 212	-1 916	-3 352	-4 519	-6 371
负债	699	1 098	1 758	2 124	2 676
2.2.1 非储备性质的金融账户	549	1 082	912	453	911
资产	-150	-16	-845	-1 671	-1 764
负债	699	1 098	1 758	2 124	2 676
2.2.1.1 直接投资	494	601	904	1 001	1 391
2.2.1.1.1 资产	0	-20	-137	-239	-172
2.2.1.1.2 负债	495	621	1 041	1 241	1 562
2.2.1.2 证券投资	114	197	-47	-684	164
2.2.1.2.1 资产	30	65	-262	-1 113	-45
2.2.1.2.2 负债	84	132	214	429	210
2.2.1.3 金融衍生工具	0	0	0	0	0
2.2.1.3.1 资产	0	0	0	0	0
2.2.1.3.2 负债	0	0	0	0	0
2.2.1.4 其他投资	-60	283	56	136	-644
2.2.1.4.1 资产	-180	-61	-447	-319	-1 548
2.2.1.4.2 负债	120	345	502	455	904
2.2.2 储备资产	-1 061	-1 901	-2 506	-2 848	-4 607
2.2.2.1 货币黄金	0	0	0	0	0
2.2.2.2 特别提款权	-1	-2	0	2	-1
2.2.2.3 在国际货币基金组织的储备头寸	-1	5	19	3	2
2.2.2.4 外汇储备	-1 060	-1 904	-2 526	-2 853	-4 609
2.2.2.5 其他储备资产	0	0	0	0	0
3. 净误差与遗漏	82	130	229	36	133

表 3-8 中国 2008—2014 年国际收支概况 单位：亿美元

项目	2008 年	2009 年	2010 年	2011 年	2012 年	2013 年	2014 年
1. 经常账户	4 206	2 433	2 378	1 361	2 154	1 482	2 360
贷方	16 622	14 136	18 484	22 087	23 933	25 927	27 434
借方	-12 417	-11 703	-16 105	-20 726	-21 779	-24 445	-25 074
1.A 货物和服务	3 488	2 201	2 230	1 819	2 318	2 354	2 213
贷方	14 979	12 627	16 564	20 089	21 751	23 556	24 629
借方	-11 490	-10 425	-14 334	-18 269	-19 432	-21 202	-22 416

续表

项目	2008年	2009年	2010年	2011年	2012年	2013年	2014年
1.A.a 货物	3 445	2 355	2 381	2 287	3 116	3 590	4 350
贷方	13 346	11 191	14 781	18 078	19 735	21 486	22 438
借方	-9 901	-8 836	-12 400	-15 791	-16 619	-17 896	-18 087
1.A.b 服务	44	-153	-151	-468	-797	-1 236	-2 137
贷方	1 633	1 436	1 783	2 010	2 016	2 070	2 191
借方	-1 589	-1 589	-1 934	-2 478	-2 813	-3 306	-4 329
1.B 初次收入	286	-85	-259	-703	-199	-784	133
贷方	1 118	1 083	1 424	1 443	1 670	1 840	2 394
借方	-832	-1 168	-1 683	-2 146	-1 869	-2 624	-2 261
1.B.1 雇员报酬	64	72	122	150	153	161	258
贷方	91	92	136	166	171	178	299
借方	-27	-21	-15	-16	-18	-17	-42
1.B.2 投资收益	222	-157	-381	-853	-352	-945	-125
贷方	1 027	990	1 288	1 277	1 500	1 662	2 095
借方	-805	-1 147	-1 669	-2 130	-1 851	-2 607	-2 219
1.B.3 其他初次收入	0	0	0	0	0	0	0
贷方	0	0	0	0	0	0	0
借方	0	0	0	0	0	0	0
1.C 二次收入	432	317	407	245	34	-87	14
贷方	526	426	495	556	512	532	411
借方	-94	-110	-88	-311	-477	-619	-397
2. 资本和金融账户	-4 394	-2 019	-1 849	-1 223	-1 283	-853	-1 692
2.1 资本账户	31	39	46	54	43	31	0
贷方	33	42	48	56	45	45	19
借方	-3	-3	-2	-2	-3	-14	-20
2.2 金融账户	-4 425	-2 058	-1 895	-1 278	-1 326	-883	-1 691
资产	-6 087	-4 283	-6 536	-6 136	-3 996	-6 517	-5 806
负债	1 662	2 225	4 641	4 858	2 670	5 633	4 115
2.2.1 非储备性质的金融账户	371	1 945	2 822	2 600	-360	3 430	-514
资产	-1 291	-280	-1 819	-2 258	-3 030	-2 203	-4 629
负债	1 662	2 225	4 641	4 858	2 670	5 633	4 115
2.2.1.1 直接投资	1 148	872	1 857	2 317	1 763	2 180	1 450
2.2.1.1.1 资产	-567	-439	-580	-484	-650	-730	-1 231
2.2.1.1.2 负债	1 715	1 311	2 437	2 801	2 412	2 909	2 681
2.2.1.2 证券投资	349	271	240	196	478	529	824

续表

项目	2008年	2009年	2010年	2011年	2012年	2013年	2014年
2.2.1.2.1 资产	252	-25	-76	62	-64	-54	-108
2.2.1.2.2 负债	97	296	317	134	542	582	932
2.2.1.3 金融衍生工具	0	0	0	0	0	0	0
2.2.1.3.1 资产	0	0	0	0	0	0	0
2.2.1.3.2 负债	0	0	0	0	0	0	0
2.2.1.4 其他投资	-1 126	803	724	87	-2 601	722	-2 788
2.2.1.4.1 资产	-976	184	-1 163	-1 836	-2 317	-1 420	-3 289
2.2.1.4.2 负债	-150	619	1 887	1 923	-284	2 142	502
2.2.2 储备资产	-4 795	-4 003	-4 717	-3 878	-966	-4 314	-1 178
2.2.2.1 货币黄金	0	-49	0	0	0	0	0
2.2.2.2 特别提款权	0	-111	-1	5	5	2	1
2.2.2.3 在国际货币基金组织的储备头寸	-12	-23	-21	-34	16	11	10
2.2.2.4 外汇储备	-4 783	-3 821	-4 696	-3 848	-987	-4 327	-1 188
2.2.2.5 其他储备资产	0	0	0	0	0	0	0
3. 净误差与遗漏	188	-414	-529	-138	-871	-629	-669

表 3-9　　中国 2015—2019 年国际收支概况　　单位：亿美元

项目	2015年	2016年	2017年	2018年	2019年
1. 经常账户	3 042	2 022	1 951	255	1 413
贷方	26 193	24 546	27 450	29 257	29 051
借方	-23 151	-22 524	-25 499	-29 002	-27 638
1.A 货物和服务	3 579	2 557	2 170	1 030	1 641
贷方	23 602	21 979	24 293	26 510	26 434
借方	-20 023	-19 422	-22 123	-25 480	-24 793
1.A.a 货物	5 762	4 889	4 759	3 952	4 253
贷方	21 428	19 895	22 162	24 174	23 990
借方	-15 666	-15 006	-17 403	-20 223	-19 737
1.A.b 服务	-2 183	-2 331	-2 589	-2 922	-2 611
贷方	2 174	2 084	2 131	2 336	2 444
借方	-4 357	-4 415	-4 720	-5 257	-5 055
1.B 初次收入	-411	-440	-100	-751	-330
贷方	2 232	2 258	2 876	2 469	2 358
借方	-2 643	-2 698	-2 976	-3 220	-2 688
1.B.1 雇员报酬	274	207	149	82	31

续表

项目	2015年	2016年	2017年	2018年	2019年
贷方	331	269	217	181	143
借方	-57	-62	-68	-99	-112
1.B.2 投资收益	-691	-650	-254	-850	-372
贷方	1 893	1 984	2 652	2 267	2 198
借方	-2 584	-2 634	-2 906	-3 118	-2 570
1.B.3 其他初次收入	7	3	4	18	11
贷方	8	6	7	21	18
借方	-2	-2	-3	-3	-7
1.C 二次收入	-126	-95	-119	-24	103
贷方	359	309	282	278	259
借方	-486	-404	-400	-302	-157
2. 资本和金融账户	-912	272	179	1 532	567
2.1 资本账户	3	-3	-1	-6	-3
贷方	5	3	2	3	2
借方	-2	-7	-3	-9	-5
2.2 金融账户	-915	276	180	1 538	570
资产	95	-2 320	-4 239	-3 620	-1 987
负债	-1 010	2 596	4 419	5 158	2 558
2.2.1 非储备性质的金融账户	-4 345	-4 161	1 095	1 727	378
资产	-3 335	-6 756	-3 324	-3 432	-2 180
负债	-1 010	2 596	4 419	5 158	2 558
2.2.1.1 直接投资	681	-417	278	923	581
2.2.1.1.1 资产	-1 744	-2 164	-1 383	-1 430	-977
2.2.1.1.2 负债	2 425	1 747	1 661	2 354	1 558
2.2.1.2 证券投资	-665	-523	295	1 069	579
2.2.1.2.1 资产	-732	-1 028	-948	-535	-894
2.2.1.2.2 负债	67	505	1 243	1 604	1 474
2.2.1.3 金融衍生工具	-21	-54	4	-62	-24
2.2.1.3.1 资产	-34	-65	15	-48	14
2.2.1.3.2 负债	13	12	-12	-13	-37
2.2.1.4 其他投资	-4 340	-3 167	519	-204	-759
2.2.1.4.1 资产	-825	-3 499	-1 008	-1 418	-323
2.2.1.4.2 负债	-3 515	332	1 527	1 214	-437
2.2.2 储备资产	3 429	4 437	-915	-189	193
2.2.2.1 货币黄金	0	0	0	0	0

续表

项目	2015年	2016年	2017年	2018年	2019年
2.2.2.2 特别提款权	-3	3	-7	0	-5
2.2.2.3 在国际货币基金组织的储备头寸	9	-53	22	-7	0
2.2.2.4 外汇储备	3 423	4 487	-930	-182	198
2.2.2.5 其他储备资产	0	0	0	0	0
3. 净误差与遗漏	-2 130	-2 295	-2 130	-1 787	-1 981

备注：

1. 上表计数采用四舍五入原则。
2. 根据《国际收支和国际投资头寸手册》(第六版)编制，资本和金融账户中包含储备资产。
3. "贷方"按正值列示，"借方"按负值列示，差额等于"贷方"加上"借方"。本表除标注"贷方"和"借方"的项目外，其他项目均指差额。
4. 金融账户下，对外金融资产的净增加用负值列示，净减少用正值列示。对外负债的净增加用正值列示，净减少用负值列示。

资料来源：中国外汇管理局官网。

由表3-4至表3-9可以看出，中国的国际收支变化大致可分为下述几个阶段：

(一) 1982—1984年为国际收支小幅顺差阶段

这一时期经常账户每年都有较大数额的顺差，如1982年为57亿美元、1983年为42亿美元、1984年则为20亿美元。同期，资本和金融账户下的非储备性质的金融账户的余额为：1982年净流出17亿美元，1983年和1984年分别为净流出14亿美元和38亿美元。这一时期的资本和金融账户的规模在整个国际收支中的比重还相当小。因而，1982年和1983年的经常账户顺差额足够抵销同期资本和金融账户的逆差额，使整个国际收支最终表现为顺差。中国的外汇储备也就有所增加。

(二) 1985—1989年为国际收支顺差与逆差共存阶段

这一时期，从经常账户来看，除了1987年为顺差以外，其余年份均为逆差，如1985年为-114亿美元、1986年为-70亿美元、1988年为-38亿美元、1989年为-43亿美元。这些年份发生经常账户逆差的重要因素是贸易收支的逆差。而实际上1987年的贸易收支为顺差3亿美元。二次收入净收入冲销了初次收入的逆差，使经常账户呈现顺差。从资本和金融账户的非储备性质的金融账户余额来看，每年都为顺差，即表现为资本的净流入，如1985年为85亿美元、1986年为65亿美元、1987年为27亿美元、1988年为53亿美元、1989年为64亿美元。因为1988年、1989年资本和金融账户的净流入数额抵销了经常账户的逆差以外还有余，这样，1987年、1988年和1989年都为国际收支顺差，外汇储备也相应增加。而1985年和1986年的资本净流入数额却未能抵销同年的经常账户的逆差，因而这些年份的国际收支都为逆差，外汇储备也相应减少。

(三) 1990—1997年为国际收支基本顺差阶段

这一时期，从经常账户来看，除了1993年为逆差以外，其余年份均为顺差；从资本和金融账户中的非储备性质的金融账户来看，除了1990年和1992年有逆差以外，其余年份则均为顺差。但 1993 年经常账户虽有 –119 亿美元的逆差，资本和金融账户的非储备性质的金融账户却有 235 亿美元的顺差，导致当年外汇储备的相应增加。所以这一时期除 1992 年之外均实现国际收支的顺差。

一般来说，国际收支为顺差，当年的外汇储备也相应有所增加。但 1992 年虽说国际收支为顺差，当年的外汇储备却没有增加，反而有所减少。这主要是因为当年的错误与遗漏账户数额较大，有 –83 亿美元，这样，资本和金融账户中的非储备性质的金融账户有 –3 亿美元的逆差，经常账户有 64 亿美元的逆差，因而虽说国际收支只有 61 亿美元的顺差，但却冲销不了错误与遗漏账户的数额，所以当年外汇储备相应减少了 21 亿美元。

另外需要说明的是，中国在 1992 年 8 月以前公布的外汇储备都是由两部分组成的：一部分是官方即中央银行持有的外汇储备；另一部分则是中国银行的外汇结余。这后一部分属于商业银行的外汇结存，实际上是商业银行的对外负债，并不是官方可以无条件获得和使用的，因而不符合国际惯例。从 1992 年 8 月起改变了原有的做法，取消了后一部分，因而这时开始的外汇储备才与国际通行做法一致，即为官方真正持有的和可以自由动用的货币资产。

（四）1998—2007 年为国际收支大幅顺差阶段

这一时期，我国的国际收支情况经历了两个阶段性的变化：一是东南亚金融危机，当时周边国家货币相继贬值，导致人民币实际汇率升值和国际竞争力的减弱，从而使当时国际收支的顺差额大幅减少。金融危机对中国涉外经济有负面影响，由于 J 曲线效应在 1998 年初开始显现，其中经常账户的顺差从 1997 年的 370 亿美元降至 1998 年的 315 亿美元，到 1999 年更是跌至 211 亿美元，降幅分别达到 15% 和 43%。同时由于存在人民币贬值预期，导致一部分资本外逃。1998 年金融账户出现了 52 亿美元的逆差。1998 年和 1999 年的外汇储备增加额分别从 1997 年的 357 亿美元减少到 64 亿美元和 85 亿美元。二是 2001 年以来，随着对外开放的力度不断加大、贸易环境得以改善，同时金融资本账户管制逐步放松，我国的国际收支中经常账户和金融账户的双顺差不断扩大，其中经常账户、金融账户的顺差分别从 2000 年的 204 亿美元和 20 亿美元增加到 2002 年的 354 亿美元和 323 亿美元。2007 年，国际收支总差额达到 4 607 亿美元，其中经常项目顺差 3 532 亿美元，金融与资本项目顺差 911 亿美元。三是外汇储备的增加额与总额连年攀升。外汇储备增加额从 2000 年的 105 亿美元提高到 2001 年和 2002 年的 473 亿美元和 755 亿美元。更值得一提的是，2002 年国际收支平衡表中的错误与遗漏项目出现了自 1990 年以来的正数，反映了近年来国际投资者对中国商品、金融市场的看好，并产生的人民币升值的预期。

（五）2008—2014 年为国际收支顺差额基本稳定阶段

从 2008 年起，中国国际收支出现了一些新的特点。其一，除了 2012 年和 2014 年以外，国际收支的顺差基本稳定在 4 000 亿~5 000 亿美元之间，不再有高速增长的势头。其二，经常项目的顺差额在逐年减少，从 2008 年的 4 206 亿美元减至 2014 年的 2 360 亿美元，这既和同期人民币持续升值有关，也和中国出口商品缺乏核心竞争力有关。其三，资本与金融项目中的非储备性质的金融账户顺差额在逐年增加，从 2008 年的 371 亿美元大幅增加到 2013 年的 3 430 亿美元，顺差额已超过经常项目。这主要和同期美国、欧洲、日本的经济不振而中国依然是全球经济增长最快的地区之一有关。但随着美国经济开始走强,资本回流美国,人民币不再有升值的预期,2014年资本与金融项目的非储备性质的金融账户顺差额回落至514亿美元。

(六) 2015—2019年为市场主导的再均衡调整阶段

2015年及以后,我国经常账户顺差规模不断收窄,非储备性质金融账户运行平稳。2014—2016年,我国国际收支结构转变为经常账户顺差、资本和金融账户逆差的"一顺一逆"结构;2017年后我国资本和金融账户又恢复顺差。经常账户顺差规模和占比均呈持续下降趋势,经常账户顺差持续处于合理区间。2015—2018年,我国经常账户顺差逐年递减,由2015年的3 042亿美元回落至2018年的255亿美元,2019年回升至1 413亿美元,经常账户顺差占GDP比率分别为2.8%、1.8%、1.6%、0.2%、1.0%,即自2016年以来顺差规模与GDP之比维持在2%以下,2019年这一比值为1.0%。2018年第一季度出现了自2001年第三季度以来的首次经常账户逆差。非储备性质金融账户运行平稳,近三年来持续呈现小幅顺差态势。2015—2019年,我国非储备性质金融账户占GDP比率分别为-3.9%、-3.7%、0.9%、1.2%、0.3%。这种变化体现了资本与金融项目内部主导力量的多元化。外汇储备规模保持稳定,2018年以来外汇储备余额始终保持在3.1万亿美元左右。2015年至2019年我国国际收支综合差额顺差与逆差交替并存的局面。

从上述这些年的国际收支变动情况来看,我国的国际收支发展经历了"小额顺差→顺差与逆差并存→更大顺差→顺差额基本稳定→顺差与逆差交替并存"这样一个过程。同时在这一过程中,中国的国际收支规模也不断扩大,以贸易收支来说,1982年的贸易收支总额仅为304亿美元(其中进口为178亿美元,出口为226亿美元),1997年贸易收支总额增加到2 302亿美元,而2002年又增加到6 286亿美元,2007年达到22 081亿美元,而2014年已为47 045亿美元,而2019年更是达到51 136亿美元。

二、中国国际收支变动的因素分析

(一) 国际收支的变动与经济周期有关

从1978年我国实行经济改革开放以来,中国的经济发展也呈现出波浪形前进的历程:①1978—1982年,我国在结束"文化大革命"的动乱之后,经济得到了迅速的恢复和发展,国民收入的年增长率保持在8%~11%。在此期间,国际收支也主要取决于贸易收支,而贸易收支在这段时期的变化比较平和。②1983—1991年,中国的经济逐步从过热到实行治理。在1983—1988年的6年中,国民收入的年增长率维持在18%左右。正是国内的经济过热,导致了国际收支的经常账户出现3年的逆差,贸易收支则出现4年的逆差。另外,经济过热又导致了大量向国外举债,这样,资本账户下的大量资本流入就弥补了贸易收支的逆差。1989—1991年,中国对过热的经济实行了紧缩政策,总支出得以压缩,国民收入年增长率也回落到12%左右。与此同时,国际收支中的经常账户及贸易收支转为顺差,资本账户下的资本净流入也逐年减少。③1992年以来,中国经济又进入高速发展时期,但这一次是在成功地控制了通货膨胀的基础上实现的经济快速增长。在这一时期,除了1993年的经常账户为逆差外,其余年份均为顺差;同时资本账户下长期资本流入(主要为直接投资)的规模也越来越大。④2001年起,我国更是对外进行制度性改革,加大金融、贸易开放力度,同时在扭转国内通货紧缩局面的条件下,取得了更大的经常账户和资本账户的双顺差。⑤2008年以后由美国发生的金融危机引致全球经济低迷,而中国虽受也到影响,却还是经济增长率最高的国家之一,国际收支依然保持较大的顺差。

(二) 国际收支的变动与经济体制改革有关

从1978年到20世纪末中国的经济体制有过两次大的变革:一次是1978年中共十一届三中全会,决定把工作中心的重点转到经济建设上来,其后进行经济体制的改革。另一次就是1992年中国政府明确宣布经济体制的改革要向市场经济的方向迈进。在中国的国际收支变动中,1992年也就成为一个重要的分界线。从1992年开始,无论是贸易收支、经常账户,还是资本账户、外汇储备都比以前有了大规模的增加。例如,1991年吸引的直接投资为44亿美元,而从1992—1997年每年分别为112亿美元、275亿美元、338亿美元、358亿美元、402亿美元和442亿美元。进入21世纪后,我国更是加大了对外开放的力度,融入世界经济一体化的进程中,其中加入世界贸易组织,逐步放松金融、资本流动管制的措施,都使国外直接投资大幅增长。例如:在2002年外来直接投资为527亿美元,2019年已达到1 400亿美元。

(三) 国际收支的变动与人民币汇率的安排有关

①从1985年起,人民币汇率相继实行了几次大幅度贬值。通过这几次调整,人民币汇率一直被高估的问题在一定程度上得到了解决。受人民币贬值的影响,出口迅速增加。从1985年的258亿美元增加到1991年的555亿美元,翻了一番有余。②1994年1月1日人民币汇率实行并轨(官价向调剂市场价靠拢),即由1美元兑换5.8人民币元变为兑换8.7人民币元,这一变化大大刺激了出口,1994年的出口额比1993年增加了303亿美元,1996年的出口额又比1994年增加了502亿美元,而1998年又比1996年的出口额增加了340亿美元。与此同时,进口也有了较大幅度的增加,只是增幅小于出口。受东南亚金融危机的影响,从1998年起进口的增幅已大大高于出口。③2002—2005年,我国的名义汇率保持稳定,而由于劳动力成本下降、通货紧缩的滞后影响等原因造成物价下降引发的实际汇率贬值,使国外消费者增加了对我国商品、劳务的需求,而国际资本持续、大幅度流入,更使经常账户和资本账户的顺差不断增加。④自2005年人民币汇率形成机制改革后,人民币不断小步升值,至2019年人民币名义和实际有效汇率累计分别升值32.3%和41.6%。由于人民币汇率出口弹性非常小,汇率调整没有给出口带来太大的打击,这与中国的来料加工装配贸易和进料加工贸易在中国出口的比重较高有关。来料加工装配贸易只赚取固定的工缴费,与汇率的变动基本没有关系,进料加工贸易的情况也相类似。但对人民币升值的持续预期,外来投资大幅度增加,总体国际收支仍为顺差,其集中体现为外汇储备大量增加。截至2019年末,我国外汇储备余额达31 079亿美元。

(四) 与经济发展和经济结构优化调整有关

随着我国进入了经济发展新阶段,我国国际收支结构也进入了新阶段。在经历了长期的经济高速增长后,我国进入了经济高质量低速度发展的"新常态"。第一,生产要素的成本上升、经济结构的变化使得我国对外资不再具有以往的吸引力。人力资源成本的上升也使得许多企业为了节约成本选择关闭在华工厂转而更倾向于在东南亚地区投资设厂，由此货物贸易顺差减小、直接投资由顺转逆。第二，随着国内居民收入水平、生活水平的提高，人们不仅需要好的产品，还需要好的服务，我国服务贸易消费需求旺盛。这进一步加大了服务贸易逆差。虽然近几年我国经常差额顺差有收缩的趋势，经常性账户顺差、非储备性金融账户差额回落至较低水平，外需依赖降低、内需有所增加，均体现出我国在获得经济内外均衡方面取得了一定成果，但是近三年仍持续着国际收支"双顺差"的失衡格局。这意味资源的输出相对过多带来的损失，国外资本的大量流入将抢占国内资本的投资机会。2019年，全球经济增长趋缓，面临下行风险，不确定因素增多，主要发达经济体和部分新兴市场经济体货币政策总体宽松。中国经济运行继续保持在合理区间，延续总体平稳、稳中有进的发展趋势。我国国际收支能够保持基本平衡，充分说明我国经济内外部平衡和稳定的基础稳固，不会随着市场环境的短期波动而轻易发生改变。

2020年，新冠肺炎疫情在全球大范围传播，世界经济陷入严重衰退，全球金融市场动荡不安。我国统筹推进疫情防控和经济社会发展，2020年上半年，我国国际收支保持基本平衡。经常账户顺差765亿美元，与GDP之比为1.2%，继续处于合理区间，在疫情冲击背景下表现出较强的韧性和稳定性。其中，货物贸易顺差同比增加，服务贸易逆差显著收窄，跨境资本流动平稳运行，外汇储备规模保持基本稳定。2020年6月末，我国对外净资产2.2万亿美元，较上年末增长3.6%。2020年下半年，全球疫情和经济形势依然复杂严峻，但我国经济稳步恢复，改革开放继续深化，加快形成国内国际双循环新发展格局，仍是国际收支基本平衡的坚实基础。预计我国经常账户继续保持基本平衡格局，跨境资本流动将以平稳运行为主，外汇储备维持总体稳定。

综上所述，由于国际收支失衡是多重因素的综合作用结果，其调节必然是通过自动调节机制（市场机制）、政策调节机制和国际协调机制三种力量同时进行，才有可能实现预期目的。尤其是不同国家发生失衡的原因不同，加之各种调节机制和政策各有利弊和适用条件，因此，国际收支调节政策选择的核心思想是：根据失衡的具体情况，相机抉择，搭配使用不同的调节机制和政策工具，以最小的经济与社会代价，达到内外平衡，即实现国际收支均衡。

本章小结

国际收支是一国一定时期对外活动的综合反映，而国际收支平衡表则是反映这一活动的系统报表。国际收支平衡表在账面上总是平衡的，但是其内涵上总是不平衡的，它是内外经济相互作用的结果。

通常发生国际收支不平衡的因素包括周期性、结构性、货币性和收入性因素。由于一国的国际储备总是有限的，而国际收支持续性、巨额的失衡对一国内外经济都会带来不利影响，因而对国际收支失衡的调节是十分必要的。国际收支的调节可分为市场自动调节机制、人为的政策调节机制以及国际协调。自动调节机制包括汇率、利率、收入、物价等调节机制，政策调节机制包括外汇缓冲政策、支出变更政策、支出转换政策、供给政策等，国际协调机制是指各国国际收支调节政策的相互配合。

国际收支调节政策选择时需要兼顾内外均衡、国际收支失衡的性质、国际经济环境以及顺势而为原则，而保持内部经济的持续稳定增长是贯彻一切调节措施的主线和基础。由于不同国家发生失衡的原因各异，加之各种调节机制和政策各有利弊和适用条件，因此，国际收支调节政策选择的核心思想是相机抉择，合理进行政策（机制）搭配。

我国的国际收支发展经历了"小额顺差—顺差与逆差并存—更大顺差—顺差额基本稳定—顺差与逆差交替并存"这样一个过程。同时在这一过程中，中国的国际收支规模也不断扩大。中国国际收支的变动与经济周期、经济体制改革、人民币汇率的安排、经济发展和经济结构优化调整有关。2020年，新冠肺炎疫情冲击全球经济，我国统筹推进疫情防控和经济社会发展，中国经济表现出较强的韧性和稳定性。2020年上半年，我国国际收支保持基本平衡。展望未来，2020年下半年，全球疫情和经济形势依然复杂严峻，但我国经济稳步恢复，改革开放继续深化，加快形成国内国际双循环新发展格局，仍是国际收支基本平衡的坚实基础。

思考题

1. 国际收支平衡表的记账原则、账户设置以及作用有哪些？
2. 从内外均衡的角度看，国际收支失衡的含义是什么？原因有哪些？
3. 结合调节机制和政策工具的利弊，以一个对外开放、以资源出口为主业、金融市场开放的小国处于国际收支逆差为例，讨论如何调节其国际收支失衡？

关注"中财资源库"公众号获取思考题参考答案
（公众号内点击"找答案—本科"）

第四章 国际储备

国际储备与一国的国际收支、货币汇率等方面均有着千丝万缕的联系，它不仅关系各国调节国际收支和稳定汇率的能力，而且会影响世界物价水平和国际贸易的发展。国际储备数量的多寡、结构体系是否合理、管理是否科学，对国家的金融稳定会产生重大影响，由此备受各国政府和国际金融组织的普遍重视。现行以美元主导的国际储备货币体系存在着较大缺陷和系统性风险，如何稳定和完善国际储备货币体系是全球探讨分析的焦点。

【知识目标】

掌握国际储备的概念、内容、特点；
掌握国际储备的构成及历史演变。

【能力目标】

掌握国际储备资产管理的基本方法、基本策略。

【价值引领目标】

通过我国国际储备增长的态势体会我国经济实力的壮大，树立国际储备作为国有资产保值增值的理念。

【导入材料】

全球外汇储备迅速增长，在1998年，全球外汇储备只有16 000亿美元，少于2008年我国一个国家持有的外汇储备数量。2007年，全球外汇储备达到64 000亿美元，比9年前翻了4倍，其中发展中国家更是增加了5倍，而中国增长速度更是空前的。截至2012年四季度末，全球外汇储备达到 109 360 亿美元，其中发展中国家为 72 450 亿美元，而中国为 33 115.89（亿美元）。

以 2013 年 9 月末为准，中国外汇储备额为 36 626.62 亿美元。中国的外汇储备额在 1996 年 11 月首次超过了 1 000 亿美元，在 2006 年 10 月突破了 1 万亿美元，2009 年 6 月超过了 2 万亿美元，之后又在不到一年半的时间（2011 年 6 月）内增加到了 3 万亿美元。中国在 2006 年 2 月超过日本成为世界最大的外汇储备国，据国际货币基金组织 2018 年第一季度数据，中国以近 3.2 万亿美元的外汇储备稳居榜首，其次是日本（1.2 亿美元）。值得一提的是，中国香港地区以 4 375 亿美元，位居第五。

请思考：全球外汇储备迅速增长的原因是什么？中国外汇储备持续高增长的原因何在？中国适度储备量应该是多少？

第一节 国际储备的含义与性质

一、国际储备的含义

国际储备是指一国货币当局为弥补国际收支逆差和维持本国货币汇率以及应付紧急支付而持有的为各国普遍接受的资产。世界银行对国际储备下的定义是：国家货币当局占有的那些在国际收支出现逆差时可以直接或通过有保障的机制兑换成其他资产的稳定该国汇率的资产。

作为国际储备的资产，必须具备一些基本条件。

（一）必须具有流动性

作为国际储备资产，必须可以在国际自由调拨、自由流动，而不会受到限制。若以一国的货币作为国际储备资产，则该货币发行国的政府必须不限制该国货币的外流。

（二）必须被国际普遍接受

作为国际储备资产，必须可以在国际相互转换和兑换。即使一种货币的发行国政府允许本国货币外流，该货币还必须得到世界上大多数（而不是部分）国家认可它，否则还是难以成为国际储备资产。因此，现今意义上的国际储备资产，实际上是指绝大多数国家共同认可的资产。

（三）必须具有无偿占有性

作为国际储备资产的产权，必须为该国政府所拥有，是该国对外债权的净增加额，而不是对外负债的增加，即无偿占有权。同理，民间企业和居民自己拥有的黄金和外汇资产是不能被认作是该国政府的官方储备资产的，因为这类资产的获取是有偿的。

二、国际储备与国际清偿能力

各国间经济交易会导致不同国家之间的支付行为,当一国的国际收入不足抵付支出时,就有必要融通外汇资金来弥补。融通外汇资金的基本方式有两种:一种是动用该国预先存有的一笔国际储备资产;另一种是临时向外告贷。这两种融通外汇资金的能力,可称作国际清偿能力。因而,国际清偿能力也就是官方用于国际交易所动用的外汇资源总和。它除了表示一国金融实力外,还可在一定程度上综合地反映一国的国际经济地位和金融资信。因此可以说,国际储备只是国际清偿能力的一部分,是狭义的国际清偿能力。

国际清偿能力(International Liquidity)是指一国的对外支付能力,即一国政府无须采用任何影响本国经济正常运行的特别调节措施就能平衡国际收支逆差、维持汇率稳定的能力。

具体而言,国际清偿力是由自有国际储备、借入储备及诱导性储备资产构成(见表4-1)。自有国际储备包括官方直接掌握的黄金、外汇及在 IMF 的储备头寸和特别提款权。借入储备主要包括备用信贷、互惠信贷和支付协议等。其中,备用信贷是指成员国在国际收支发生困难或预计要发生困难时,与基金组织签订的一种备用借款协议。互惠信贷和支付协议是指两个国家签订的使用对方货币的协议,当其中一国发生国际收支困难时,可按协议规定的高低限额和最长使用期限,自动地使用对方的货币,然后在规定的期限内偿还。互惠信贷和支付协议是双边的,而备用信贷是多边的。诱导性储备是指在离岸金融市场或欧洲货币市场上的资产。这些资产的所有权非政府所有,但因其具有高流动性、投机性和政策性,一国政府可以通过政策的、新闻的、道义的手段来诱导其流动方向,从而间接达到调节国际收支的目的。所以这些资产又可称为本国商业银行的对外短期可兑换货币资产。

表 4-1　　　　　　　　　　　国际清偿能力的构成

国际清偿力	自有储备	黄金储备	国际储备
		外汇储备	
		在 IMF 的储备头寸	
		在 IMF 的特别提款权	
	借入储备	备用储备	
		互惠信贷	
		支付协议	
		其他类似的安排	
	诱导性储备	商业银行的对外短期可兑换货币资产	

国际清偿力与国际储备都是一国对外的支付能力和金融实力的标志,两者既相联系又相区别:第一,国际清偿力的概念涵盖了国际储备,国际储备是国际清偿能力的核心部分;第二,国际储备强调现实持有性和无条件性,而国际清偿力强调可能性和条件性。

三、国际储备的来源

从一国的角度来看,该国国际储备资产的来源,主要通过以下几个方面的途径获得。

(一) 国际收支顺差

一国国际收支出现顺差（或逆差），既意味着该国国际储备存量的增加（或减少），又表示该国国际储备流量的减少（或增加）。两者的关系可用国际收支恒等式来进行表示。假定错误与遗漏一项为零，则：

国际储备变动额 = 经常项目差额 + 资本项目差额

国际收支经常项目若顺差，可用资本项目逆差来抵减；反之，则用资本项目顺差，即长短资本流入来抵补。经过抵补后国际收支差额，或者因经常项目均顺差或逆差而累积的国际收支盈余（或赤字）情况，一般反映在国际储备的增加（或减少）上面。

(二) 国际信贷中的债权

国际信贷通过国际收支发生额引起国际储备的变动。一方面，反映在借款国的国际收支平衡表上，是国际清偿能力的增加。一国从国际上取得政府贷款或国际金融机构贷款，以及中央银行的互惠信贷等均可补充其对外清偿能力。随着国际资本市场的发展和扩大，国际资金移动更为便利，给一国国际清偿能力赋予了更大的弹性。不过这种国际债务的增加，并不能理解为是国际储备的增加。另一方面，反映在贷款国的国际收支平衡表上的直接结果是国际储备的减少。但是，当贷款国的对外债权到期时，若能支付对第三国的债务，那它本身就是一种潜在的国际储备。

(三) 干预外汇市场所得外汇

若一国存在着一个公开交易的外汇市场，且该国中央银行会对过大的汇率波动通过直接买卖外汇进行干预，于是，在间接标价法下，当该国货币汇率下跌过深，央行就会卖出外汇进行干预；而当该国货币汇率上升过猛，央行在担心将给出口贸易带来不利影响时，就会抛出本币而买进外汇，这时所得外汇就可列入该国的国际储备。

这些年来，西方主要工业国家为加强国际货币合作与协调，经常联手干预汇率波动，从而通过该渠道增减外汇储备的机会增多。

(四) 黄金存量

黄金储备是指一国货币当局持有的货币黄金。一国官方黄金的增加有两条途径：一是在国内收购并由本国中央银行储藏；二是进入国际黄金市场购买。虽说在现今的国际货币体系下，黄金已不是法定的国际储备资产，但各国政府出于习惯以及应付紧急支付的需要，仍然把黄金作为储备资产来看待。

(五) 分配的特别提款权

特别提款权是国际货币基金组织创设并分配给其会员国的一种间接的国际流通手段，价值比较稳定，但其分配数量有限。

(六) 在国际货币基金组织的头寸

储备头寸，既是一国国际储备的来源之一，又是国际资产的一个投向。由于储备头寸使用的限制条件较多，因而作为国际储备的供给渠道并不便利。

四、国际储备的作用

国际储备，一般可以分为交易性储备（Transactions Balances）和预防性储备（Precautionary Balance）。交易性储备用于日常干预外汇行市；预防性储备用于保证国际支付能力。此外，国际储备还能起间接支持本国经济发展战略以及增强资信的作用。

（一）干预外汇行市

各国中央银行持有的外汇储备可以表明一国干预外汇市场和维持汇价的能力，所以它对稳定汇率有一定的作用。因为当一国货币的汇率发生剧烈波动而与其经济政策或经济目标相左时，该国中央银行就可动用外汇储备支持或稳定本国货币汇率。

但是，交易性储备用于日常干预外汇市场。首先，要以充分发达的外汇市场和本国货币自由兑换为条件。其次，在什么情况下干预外汇市场，各国也有不同的尺度。这是因为各国政府的政策偏好不同，对外汇市场日常汇率波动所容忍的幅度也不同。如果一国政府对外汇市场很少干预，那么交易性储备与预防性储备的界限就模糊了。实际上，在引起汇率波动的实质因素没有发生变化以前，干预市场只能在短期内对汇率产生有限的影响。

（二）保持国际支付能力

预防性储备在一国发生国际支付困难时，可起到缓冲作用，使其国内的经济在一定程度上免受国际收支变化的冲击；同时，还可使该国赢得时间，能有步骤地进行国际收支调整。当一国由于受外部冲击的影响，导致出口减少或出口价格下降引起的临时性国际收支逆差，就可以动用国际储备来弥补，而无须采取压缩进口等限制性措施。如果一国国际收支发生根本性的不平衡而需要调整时，国际储备可以缓和调整过程或将调整措施分散在一个适当的时期，以维护其国内经济的稳定与发展，不必立即采取紧缩性的国内经济政策。

需要说明的是，当外部冲击来临时，到底对本国国际收支的影响是暂时性的、短期的，还是根本性的、长期的，事前很难确定。东南亚金融危机爆发的初期，不少国家的政府都以为是短期的、暂时性的，因而只进行市场干预，没有及时进行政策调整，最后，外汇储备严重流失，损失惨重。

（三）有条件通过汇率政策支持本国经济发展战略

一国持有比较充分的国际储备，政府就有相应的实力维持其对本币的高估或低估，以配合该国的经济发展战略。一般来说，实行进口替代战略的国家倾向于高估本币，使得用本国货币表示的机器设备、中间产品和原料的进口价格变得便宜，这实际上是对进口部门的一种补贴，有助于该国进口替代工业的建立和发展。而实行出口导向战略的国家，则倾向于低估本币，这样就可以保护以至人为地提高本国出口商品的竞争能力。

若是其货币属可自由兑换的国家持有比较充足的国际储备，就能在心理上和客观上稳固本国货币在国际的信誉，支持本币的国际地位。

（四）增强本国的资信

国际储备是一国向外借款和对外偿债能力的保证。一国拥有的国际储备，是国际金融机构安排贷款时评估国家风险的指标之一。因而一国若是有充足的国际储备，就可增强该国的资信，鼓励国外资金的流入，促进该国经济的发展。

第二节 国际储备的构成

国际储备的构成是指用于充当国际储备资产的资产种类。在不同历史阶段,国际储备的构成有所不同。布雷顿森林体系下,美元和黄金是最主要的国际储备资产。布雷顿森林体系崩溃之后,逐渐形成现今的四种国际储备构成形式。根据国际货币基金组织(IMF)的表述,一国的国际储备应主要包括黄金储备、外汇储备、会员国在国际货币基金组织的储备头寸和基金组织分配给会员国尚未动用的特别提款权四个部分。

一、黄金储备

黄金储备(Gold Reserve)是指一国货币当局所持有的作为金融资产的货币黄金。需要明确的是,除货币当局以外的经济实体所拥有的黄金一般视为非货币黄金,不能作为黄金储备。而且并非一国货币当局所持有的全部黄金都可以充当国际储备资产,因为某些国家往往规定以黄金作为国内货币发行准备。因此,充当国际储备资产的黄金储备只是货币当局持有的全部黄金储备中扣除充当国内发行准备后的剩余部分。

黄金作为国际储备资产已有较长的历史。在国际金本位制下,黄金储备是国际储备的典型形式。在布雷顿森林体系时期,黄金是重要的国际储备资产和国际支付与清算手段。但是第二次世界大战后,黄金世界储备总量以及在国际储备中所占的比重都呈现不断下降的趋势。

表4-2显示的是牙买加国际货币体系建立后至今的世界黄金储备量变动情况。从绝对数量上讲,世界黄金储备总量确实不断减少。1950年,黄金占国际储备的69.1%,居于主导地位。世界黄金协会(World Gold Council)的数据显示,2013年年底黄金在国际储备中的份额仅为8%左右。份额下降的原因主要体现在以下几点:①世界黄金的产量增长有限,无法满足储备和各方面的需要;②黄金储备的流动性有所欠缺,黄金非货币化条款使黄金成为与普通商品一样的商品,其货币职能逐渐退化,不再具有直接的国际支付手段和购买手段的能力,这也削弱了黄金的储备地位;③黄金市场价格波动频繁,使得货币当局既不敢轻易增加黄金储备也不敢减少黄金储备,从而导致黄金储备的支付功能日渐丧失;④黄金自身不会增值,持有黄金需支付储藏和保险等费用,机会成本较高。

表4-2 世界黄金储备量变化情况表 单位:吨

年份	1977	1979	1981	1983	1985	1987	1988	1989	1990	1991	1992
储备量	36 493	35 694	35 830	35 640	35 687	35 612	35 791	35 605	35 582	35 545	35 187
年份	1993	1994	1995	1996	1997	1998	1999	2000	2001	2002	2003
储备量	34 878	34 711	34 691	34 558	33 945	33 536	33 524	33 060	32 781	32 413	31 858

续表

年份	2004	2005	2006	2007	2008	2009	2010	2011	2012	2013	2014
储备量	31 342	30 742	30 379	29 874	39 697	30 117	30 853	31 222	31 703	31 889	32 099
年份	2015	2016	2017	2018	2019						
储备量	32 659	33 181	33 604	33 763	34 500						

资料来源：世界黄金协会。

但从另一个角度看，截至 2014 年年底，各国所保有的黄金储备接近 3.21 万吨。黄金作为储备资产仍然具有以下优势：①黄金本身是一种价值实体，具有体积小、价值大、易分割和久藏不坏的特点，是社会财富的象征；②黄金无国籍，黄金储备完全属于国家主权范围，可以自动控制，不受任何超国家权力的干预；③其他货币储备具有"内在的不稳定性"，须受承诺国家或金融机构的信用和偿付能力的影响，债权国家处于被动地位，远不如黄金可靠。表 4-2 显示，2008 年金融危机，黄金的保值和避险特征使得全球央行大量增持黄金。所以，尽管黄金作为货币的职能已大大降低了，但黄金仍是一国最后的支付手段，它对于稳定国家的金融安全、提高国际资信等方面有着特殊的作用，其作为国际储备的历史使命还会有相当长的一个时期。

【延伸阅读 4-1】巴菲特为何不爱黄金

二、外汇储备

外汇储备（Foreign Exchange Reserve）是指各国货币当局所持有的以储备货币表示的流动资产，其形式表现为现钞、银行存款、政府证券、中长期债券、货币市场工具、外汇衍生品合约等。它占国际储备的绝大部分，已经成为目前国际储备中最主要、最活跃的部分。全球外汇储备状况见表 4-3。

表 4-3　　　　　　　　　　　全球外汇储备表　　　　　　　　　　　单位：万亿美元

年份	1990	1995	2000	2005	2010	2011	2012	2013	2014
外汇储备	0.91	1.39	1.94	4.32	9.26	10.2	10.95	11.69	11.6
年份	2015	2016	2017	2018	2019				
外汇储备	10.92	10.79	11.31	11.51	11.83				

资料来源：国际货币基金组织"外汇储备货币构成"（COFER）数据库。

与黄金储备相比，外汇储备的优势是：①外汇储备供应的增长不受生产条件的限制，容易满足国际经济发展的需要；②外汇储备具有较强的流动性；③外汇储备的机会成本较低。其缺陷主要在于：①外汇储备的使用受到货币主权发行国主权的限制；②外汇储备的价值不稳定，在浮动汇率制条件下尤其突出；③外汇储备的供应缺乏约束和保障，容易产生供应过多或不足的问题。

储备货币（Reserve Currency）是指被各国广泛用作外汇储备的货币，如美元、欧元、英镑和日元等。一国货币要成为储备货币，必须具有以下几个条件：①必须是可兑换货币，即能自由兑换成其他货币；②币值稳定，其购买力具有稳定性；③在国际货币体系中占重要地位，具有干预货币能力，能在国际外汇市场上发挥其干预和稳定市场的作用。第一次世界大战以前，英镑曾作为最主要的储备货币。第二次世界大战后，由于布雷顿森林体系的建立，美元成为唯一可兑换黄金的货币，因此，被最广泛地用作为储备货币。20世纪70年代以后，随着美国经济实力相对削弱和严重的国际收支逆差，德国和日本的经济实力相对增强，美元在国际货币体系中的地位逐步削弱，而马克和日元的地位开始上升，出现了国际储备货币多元化的趋势。根据IMF公布的标准，1994年以前，多样化的储备货币主要包括美元、德国马克、日元、英镑、法国法郎、瑞士法郎和荷兰盾七种，而从1994年起，IMF将"欧洲货币单位（ECU，欧元的前身）"列为国际储备货币。1999年1月1日起，欧元（EURO）取代欧洲货币单位成为一种新的储备货币。欧元的引入较大程度上改变了全球的外汇储备状况。但从目前来看，美元仍是最重要的储备货币。

三、国际货币基金组织中的储备头寸

储备头寸（Reserve Position）是指国际货币基金组织的成员在基金组织中所存放并可调用的头寸。它包括会员向基金组织所缴份额中的外汇部分与基金用去的本国或地区货币持有量部分以及会员对基金组织的贷款。根据《国际货币基金协定》原来的规定，会员份额的25%需用黄金缴付，因此在这25%额度范围内的贷款也叫黄金份额贷款。会员申请这一部分贷款，实际上就是会员原来认缴的黄金部分。在第二次修正案于1978年4月1日生效后，会员的25%可不以黄金缴付，而用特别提款权或指定的外汇代替，所以这部分贷款现在叫做储备部分贷款。这部分贷款有十足的保证，会员可以自由动用，不需特殊批准，即贷款是无条件的，不付利息。

会员份额的另外75%用本国或地区货币缴付。当基金组织持有该国或地区的货币，由于他国或地区购买的关系而降到份额的75%以下时，即属超黄金部分提款。会员可以自己动用一国未使用的黄金和超黄金部分提款权，就是它在基金组织普通账户的储备头寸。

基金组织对一国或地区贷款是通过向其提供另一国或地区的货币来实现的，其结果是前者（国际收支逆差国或地区）构成对基金组织的债务，而后者（顺差国或地区）则形成对基金组织的债权。成员如要使用其在基金组织的储备头寸，只需向基金组织要求现汇，基金组织通过提供另一货币予以满足。这将增加该国或地区的储备头寸，或减少其净负债程度。

在基金组织中的储备头寸份额由各成员根据自身的经济实力自行认购，而份额的大小将决定其在基金组织中投票权力的大小。现在西方七国，即美国、日本、英国、德国、法国、意大利、加拿大拥有的份额占基金总额的65%，其中美国一家占总额的18%，而要通过或者反对一项议案必须达到80%份额的投票。因此，可以说国际货币基金组织完全由西方工业发达国家所控制，而美国又处于举足轻重的地位。

总体而言，普通提款权占IMF成员国国际储备总额的比重较小。一国持有的普通提款权与其份额相关。发展中国家由于份额很少，所持有的储备头寸远远低于发达国家（见表4-4）。

表 4-4　　　　　　　　成员国（地区）在 IMF 的储备头寸　　　　　　单位：十亿 SDR

年份	所有成员国及地区	发达国家及地区	发展中国家及地区
1992	33.9	29.5	4.4
1995	36.7	31.6	5.1
1998	60.6	53.9	6.7
2000	47.4	39.7	7.7
2001	56.9	47	9.9
2003	66.5	52.6	13.9
2007	55.6	40.4	15.2
2010	48.8	34.5	14.3
2011	98.2	73.9	24.3
2012	103.2	77.6	25.6
2013	97.5	73.2	24.3
2014	81.7	60.6	21.1
2015	85.7	62.4	23.3
2016	88.4	64.2	24.2
2017	84.3	58.7	25.6
2018	90.6	67	23.6
2019	91.5	68.8	22.7

资料来源：国际货币基金组织出版的《国际金融统计》。

四、特别提款权

特别提款权（Special Drawing Rights，简称 SDRs），是国际货币基金组织创设的一种记账单位，它既不是真正的货币，也不能兑换黄金，而是由国际货币基金组织分配给会员国的一种使用资金的权利，作为它们原有提款权，即普通提款权的补充。

特别提款权于 1970 年 1 月正式开始发行，基金组织的会员可自愿参加提款权的分配，也可不参加，参加后也可退出。

（一）特别提款权的特征

特别提款权不同于其他储备资产的特点如下。

（1）它是一种"有名无实"的储备资产。特别提款权不像黄金自身具有价值，也不像美元以一国经济实力为后盾，而是一种以数字表示的记账单位。

（2）它是一种人为的资产，是一种额外的资金来源。特别提款权不是通过贸易盈余、投资和贷款收入得来的，而是基金组织按份额比例分配给成员国的。它不同于储备头寸，并没有预先缴纳共同基金，接受者也无须付出什么代价或抵押，也不要偿还。因而，对分配到特别提款权的会员国来说，它确实是一种额外的资金来源。

（3）它用"一篮子货币"定值，比较稳定。特别提款权的价值，最初是以黄金表示的，1 特别提款权相当于 0.888671 克纯金，正好等于 1 美元。1971 年，美国政府正式宣布停止美元兑换黄金，特别提款权与美元之间的比价发生了变化，1 特别提款权等于 1.08571 美元。由于黄金的非货币化，从 1974 年 7 月起，特别提款权的价值改由 16 种货币加权平均计算。从 1981 年 1 月 1 日起，又改按 5 种货币计值，即美元、德国马克、法国法郎、日元和英镑。而欧元出现后又改为以美元、欧元、日元和英镑 4 种货币计值。近两年随着人民币国际化步伐加快，2015 年 12 月 1 日凌晨举行的国际货币基金组织执行董事会议，一致投票通过人民币加入特别提款权货币篮子，并以 10.92% 的权重超越日元和英镑，连同美元、欧元，组成新篮子五种货币中的一员。人民币"入篮"于 2016 年 10 月 1 日起生效。

目前特别提款权的货币组成见表 4-5。

表 4-5　　　　　　　　　　特别提款权的计算权数变化对照表

年份	美元	德国马克	法国法郎	英镑	日元
1981	42%	19%	13%	13%	13%
1986	42%	19%	12%	12%	15%
1991	40%	21%	11%	11%	17%
1996	39%	21%	11%	11%	18%

年份	美元	欧元	英镑	日元
2001	45%	29%	11%	15%
2006	44%	34%	11%	11%
2011	41.90%	37.40%	11.30%	9.40%

年份	美元	欧元	人民币	英镑	日元
2016	41.73%	30.93%	10.92%	8.09%	8.33%

资料来源：国际货币基金组织出版的《国际金融统计》。

（二）特别提款权的作用

特别提款权作为储备资产的作用在于：①会员可以动用它向基金组织指定的会员换取外汇；②可用它偿还国际货币基金组织的贷款和支付应付基金组织的利息费用；③也可经过协议，用它换回其他国家和地区持有的本国货币。但是，特别提款权不能用于贸易和非贸易支付。也就是说，不能作为国际流通手段和支付手段。此外，私人企业不能持有和使用特别提款权，只能在成员间发挥其计价结算作用，用于互相划账。

（三）特别提款权的分配方法

特别提款权是根据成员在基金组织中缴纳的基金份额按比例分配的。原来缴纳的基金份额越大，分配到的特别提款权也就越多。这样，由于发达国家和地区认购的基金份额多，就占有了大部分的特别提款权，而最需要资金的发展中国家和地区却所得甚少。

由于特别提款权发行量少，又限制用途，因此它不能代替外汇，而只能作为外汇的补充。

（四）与普通提款权相比，特别提款权的不同

（1）特别提款权是 IMF 根据份额分给会员的一种资产，会员可自由支配和使用；普通提款权是 IMF 根据会员缴纳份额给予提款的权力，最大额度不超过所交份额的 125%，其信用部分不能自由提取。

（2）使用特别提款权等于在行使使用资金的权力，是种支出，是资产的减少；使用普通提款权等于在使用信贷的权力，是种借入，是负债的增加。

（3）使用特别提款权后不用偿还；使用普通提款权后，通常3~5年后须偿还。

从总量看，特别提款权在国际储备中所占比重还相当低。从其世界分布来看，特别提款权存在着分配极不平衡的状况（见表4-6）。发达国家和地区持有的SDR数量过剩，而发展中国家和地区持有的SDR严重不足。此外，缺乏内在价值、创设的数量有限、只能在官方之间使用等特性也限制了SDR的发展，由此可以预计在未来相当长时期内，特别提款权不可能成为主要国际储备资产。

表4-6　　　　　　　　　IMF成员国（地区）持有的SDR　　　　　单位：十亿SDR

年份	所有成员国及地区	发达国家及地区	发展中国家及地区
2002	196.727	157.919	38.808
2003	199.146	153.059	46.026
2005	200.555	124.308	76.166
2007	183.352	134.998	48.272
2010	204.286	134.234	70.049
2013	204.177	138.612	65.565
2016	204.845	140.422	64.423
2019	205.134	139.455	65.668

资料来源：国际货币基金组织出版的《国际金融统计》。

从表4-7中可以发现，外汇储备占国际储备资产的比重最大；相反，黄金储备受黄金非货币化的影响，其比重不断下降，而储备头寸和特别提款权的变化却不大。

表4-7　　　　　　　　　世界官方国际储备资产的构成

年份	2005	2007	2010	2013	2016	2019
外汇储备	97.27	98.4	95.43	95.17	95.41	95.74
储备头寸	0.92	0.32	0.77	1.42	1.38	1.24
特别提款权	0.69	0.5	3.24	2.91	2.74	2.57
黄金储备	1.12	0.78	0.55	0.5	0.47	0.45

第三节　国际储备体系多元化

一、国际储备体系的演变

（一）国际储备体系的发展变化

国际储备体系是指在一种国际货币制度下，国际储备货币或资产的构成与集合的法律制度安排，其核心问题是中心储备货币或资产的确定，以及与其他货币或资产之间的相互关系。

国际储备体系的演变，就是中心货币或资产在国际经济交往中的延伸与变迁。其演变过程如下。①第一次世界大战前单元化的储备体系，即黄金—英镑储备体系，以英镑为中心，黄金在国际流通和被广泛储备，在该阶段，黄金是最主要的储备资产。②两次世界大战之间过渡性的储备体系，外汇储备出现多元化发展的趋势，当时充当国际储备货币的有英镑、美元、法郎等，以英镑为主，但美元已呈现出逐步取代英镑之势。③第二次世界大战后至20世纪70年代初以美元为中心的储备体系，又称美元—黄金储备体系，随着布雷顿森林体系的建立，形成了以美元为中心的货币制度，在各国国际储备中，黄金储备逐渐下降，而美元超过黄金成为最重要的国际储备资产。④20世纪70年代后至今的多元化国际储备货币体系。国际储备多元化是指国际储备构成要素的多样化和国际储备货币多样化的发展趋势。黄金、外汇、特别提款权和储备头寸共同构成储备资产。欧元的启动也打破了某一货币一统天下的局面，国际储备受多种硬货币支配，但美元仍是当今世界最主要的储备货币。

在国际经济和金融关系的变化中，国际储备体系的变化大体经历了三个发展阶段。

1. 黄金—英镑储备体系

在资本主义前期，国际商品交换中的主要流通手段和支付手段是黄金，因此，黄金是国际储备的最初形式。但随着国际贸易的不断发展，黄金的生产赶不上需要。而英国作为当时世界上经济和贸易的强国，使英国处于国际贸易和金融的中心地位。在国际贸易结算中，英镑和以英镑表示的票据成为各国间的流通手段和支付手段。这样，就由黄金发展为黄金—英镑储备体系。

2. 美元—黄金储备体系

第二次世界大战之后，由于英国、美国经济实力对比的变化，美元作为储备货币的地位已远远超过了英国，美元与黄金共同作为国际货币体系的基础，国际储备的主要形式发展为美元—黄金储备阶段。

3. 多种货币储备体系

20世纪70年代初，由于日本、西欧与美国经济实力对比的变化，而美元连连贬值，致使许多国家的美元外汇储备资产受到重大损失。为了避免美元汇率下跌造成更大的损失，一些国家开始调整外汇储备中的货币构成，将部分美元兑换成德国马克、瑞士法郎、日元、法国法郎、荷兰盾等货币。这样，国际储备体系开始向多种货币储备发展。

（二）储备货币从单一化向多元化转变的原因

国际储备多元化产生的原因是多方面的，主要体现在以下几点。

（1）储备货币职能的矛盾——"特里芬难题"的出现。储备货币具有双重的职能，它既是一种国家货币，又是一种国际货币。作为国家货币，为适应本国宏观经济的政策目标，促进本国经济增长，要求货币发行国维持货币稳定和坚挺，避免赤字发行。作为国际货币，一方面，为满足世界各国对储备货币的需求，货币发行国会通过国际收支逆差发行储备货币，但逆差的出现会削弱储备货币的信心和地位，诱发储备货币危机；另一方面，为维持储备货币的信誉，货币发行国需要保证国际收支顺差，而顺差会断绝储备货币的供给，导致世界储备的短缺，最终使国际清偿力受到影响。这就是由美国经济学家罗伯特·特里芬提出的

"特里芬难题"。这一矛盾是理论上一国货币无法独占国际储备货币地位的根本原因。

（2）美国和其他国家相对经济地位的变化。一国在选择储备货币时，一般都要权衡货币汇价和利息的关系，并且总是希望储备资产的收益大而风险小。20世纪60年代由于美国经济衰落，经济实力相对下落，美元在国际储备体系中的地位不断下降。为减少外汇风险，保持外汇储备的价值，许多国家逐步采用了分散储备资产的方式。德国、日本经济的逐步恢复及上升，使得德国马克和日元的地位不断提高，一度形成了以美元为主、德国马克和日元并行的国际储备货币格局。随着1999年欧元的启动，以及当时日本经济的持续疲弱不振，欧元地位上升，20世纪90年代末期外汇储备货币的竞争主要表现为美元和欧元的竞争。

（3）固定汇率制的垮台。1971年8月，美元停止按固定价格兑换黄金及美元危机的爆发，导致了固定汇率制度的垮台。1973年起，浮动汇率制取而代之，成为国际汇率制度的主体。在浮动汇率制下、汇率剧烈波动，且波幅很大。20世纪70年代初，美元的两次贬值更使许多国家的美元储备遭受大量损失。为此，各国开始抛售一部分美元，换成其他硬通货。

（4）国际货币基金组织创设的"篮子货币"。为了缓和美元危机，弥补国际清偿能力的不足，国际货币基金组织于1970年创设了特别提款权，并分配给各成员国。1979年，欧洲共同体为了推进欧洲货币一体化进程创设了"欧洲货币单位"。这些"货币篮子"的出现，使国际储备资产更加多样化。

此外，世界经济贸易的发展对国际储备资产的需求、国际金融市场的发展使得主要货币在国际流动的便利，也为多元化国际储备体系的形成创造了条件。

二、国际储备结构的变化

随着国际经济的发展，全球国际储备规模迅速扩张，尤其是储备结构发生深刻变化。主要表现在以下几个方面。

（一）国际储备结构整体的变化

第二次世界大战以来，全球储备资产的整体结构发生显著的变化，最主要的表现形式是外汇储备份额的大幅增长和黄金储备份额的大幅下降。根据国际货币基金组织的数据，1950年全球官方黄金储备所占比重为69%，外汇储备占比27.6%。2008年，虽然黄金价格的上涨扩大了黄金储备的价值量规模，但2013年数据显示，全球黄金储备占国际储备的份额收缩到8%。特别提款权和普通提款权的规模没有太大变化，其份额被压缩到1%以下，因此，目前全球国际储备中，绝大部分属于外汇储备。由于普通提款权和特别提款权的数量并不能由政府决定，所以无法在储备资产中占据主导地位。从世界范围看，外汇储备是主体，其实际使用的频率最高，规模最大。

（二）黄金储备结构的变化

按照世界黄金协会的统计，世界官方黄金储备的主体有三类：①以美欧国际为主体的发达国家政府；②以"金砖五国"为代表的发展中国家政府；③国际货币基金组织、世界银行、国际清算银行等国际金融机构。

表4-8中的数据显示，全球黄金储备主要集中于发达国家，发展中国家的黄金储备份

有所增长，但仍徘徊在21%左右。表4-9进一步显示，黄金储备在1 000吨以上的发达国家主要是美国、德国、法国、意大利、瑞士等，其中美国的黄金储备占国际储备份额高达73.6%。发展中经济体仅俄罗斯、中国黄金储备超过1 000吨。黄金占储备份额数据显示，金砖国家中，中国的比例偏低，仅为1.6%。

表4-8　　　　　　　　　　2005—2019年全球黄金储备的结构变化

年份	2005	2008	2011	2014	2017	2018	2019
发达国家	73.29	71.99	71	70.28	69.28	69.93	68.6
发展中国家	15.64	16.77	18.25	19.16	20.19	21.16	21.7
国际金融机构	11.07	11.24	10.75	10.56	10.53	9.91	9.7
世界总计	100	100	100	100	100	100	100

资料来源：国际货币基金组织出版的《国际金融统计》。

表4-9　　　　　　　世界主要国家和机构黄金储备情况表（2019年12月）

排名	国家/机构	数量（吨）	黄金占储备份（%）
1	美国	8 133.5	77
2	德国	3 366.5	73.2
3	国际货币基金组织	2 814	—
4	意大利	2 451.8	68.4
5	法国	2 436	62.8
6	俄罗斯	2 252.1	20.2
7	中国	1 948.3	2.9
8	瑞士	1 040	6
9	日本	765.2	2.8
10	印度	618.2	7
11	荷兰	612.5	68.3
31	南非	125.3	11.2
43	巴西	67.4	0.9

资料来源：国际货币基金组织出版的《国际金融统计》。

【知识链接4-1】各国为什么要储备黄金？

（三）外汇储备结构的变化

在金本位制下，外汇储备处于极其次要的地位。在以后的年代里，外汇储备占国际储备总额的比重迅速提高，已经逐渐上升为最主要形式的国际储备资产。表4-10和表4-11分别说明了2001年至2014年发达国家外汇储备占比变化及2013年世界前五大外汇储备经济体和近年来主要国际储备货币占比。

表 4-10 2001—2019 年世界主要储备货币占比　　　　　　　　　　　单位：%

年份	2001	2005	2008	2012	2015	2016	2017	2018	2019
美元	70.7	66.4	64	62.2	61.5	62.3	61.3	60.8	62.9
欧元	19.8	24.3	26.5	27.8	26.3	24.8	24.2	24.6	22.1
日元	5.2	3.7	3.3	2.9	3.7	3.6	4.1	3.8	3.96
英镑	2.7	3.6	4.1	4.24	3.9	3.8	4	4	3.8

资料来源：根据国际货币基金组织"外汇储备货币构成"（COFER）数据库整理。

表 4-11 世界前十大外汇储备经济体情况表（2019 年）

全球排名	经济体	外汇储备总值（十亿美元）	占全球外汇储备份额（%）	全球排名	经济体	外汇储备总值（十亿美元）	占全球外汇储备份额（%）
1	中国内地	3839.55	31.66	6	中国台湾	416.81	3.44
2	日本	1237.22	10.2	7	巴西	356.21	2.94
3	沙特	725.29	5.98	8	韩国	341.65	2.85
4	瑞士	495.96	4.09	9	中国香港	311.1	2.57
5	俄罗斯	469.6	3.87	10	印度	276.49	2.28

资料来源：国际货币基金组织。

从全球外汇储备分布结构看，有着如下明显特征。

（1）发展中经济体的外汇储备规模和增长速度超过发达国家。从 1990 年开始，发展中国家的外汇储备增长明显快于发达国家。1995 年开始，在全球的外汇储备分布中，发展中国家持有的外汇储备占全球储备总额的比重开始超过发达国家。从表 4-10 看，2013 年前十大外汇储备经济体中，发展中经济体占了多数席位。

（2）发展中国家的外汇储备增长主要集中于亚洲国家。在发展中国家新增的外汇储备中，亚洲国家或地区的储备增长引人注目。除中国和日本，中国台湾、印度、中国香港、韩国电跻身于世界十大外汇储备持有者之列。这种中央银行储备资产在全球范围内积累的地域集中度是前所未有的。

（3）美元的霸权地位并没有限本扭转。表 4-9 显示的全球外汇储备币种结构的变化说明，美元份额虽然有所下降，但其仍是最主要的储备货币。国际储备货币表现为以美元和欧元相抗衡为主的多元化竞争格局，另外日元国际化并不很成功。

（四）特别提款权和普通提款权结构的变化

自 1970 年起首次"发行"SDR 以来，迄今为止，国际货币基金组织共进行三次特别提款权的分配。第一次（1970—1972 年）共分配 93.148 亿美元特别提款权。第二次（1979—1981 年）共分配 121.182 亿美元特别提款权。2009 年 8 月 28 日，为应对国际金融危机，提高全球流动性，IMF 宣布 2 500 亿美元特别提款权分配方案生效。在新配置的额度中，约 1 100 亿美元将配置给新兴经济体和发展中国家和地区，其中 200 亿美元将配置给低收入国家和地区。美国获约 427 亿美元，居所有成员国之首，日本紧随其后，获约 153 亿美元，德国获约 149 亿美元，英国和法国各自获得约 123 亿美元。中国按份额比例获得相当于约 93 亿美元的 SDR，在"金砖国家"中位居首位。在同属"金砖国家"的另外三个国家中，俄罗斯获得约 67 亿美元的 SDR，印度获得约 47 亿美元，巴西获得约 34 亿美元。

在当代国际储备中，特别提款权和普通提款权规模都很小，结构也不合理，严重影响了国际社会赋予它们的职能的实现。特别提款权和与特别提款权挂钩的投票权过分集中于美国和其他极少数发达国家，导致新兴市场经济体在国际货币基金组织没有足够话语权。虽然 2008 年新的特别提款权分配方案生效，但由于各成员的特别提款权份额未变，中国等发展中国家和地区的投票权并不会因此增加。

【知识链接 4-2】人民币正式纳入 SDR 货币篮子

三、多元化国际储备体系建立的影响

在当前的国际金融环境下，多元化的国际储备体系显示出一系列优缺点。其有利方面主要表现为：①对非储备货币发行国来说，多元化国际储备体系打破了美元一统天下的局面，摆脱对美元的过分依赖，减少了各国经济因美国经济变化而带来的影响；②多元化国际储备体系缓和了国际储备资产供不应求的矛盾，能够满足各国多样化的需求和灵活调节储备资产的需要；③多元化国际储备体系有利于防范汇率风险，避免了在单一储备体制下，外汇贬值造成的储备损失，各国可选择外汇储备货币，根据外汇市场变化适当调整外汇储备的货币结构，从而达到防范或减轻外汇风险的目的。对储备货币发行国来说，多元化国际储备体系化解了"特里芬难题"，改变了储备货币职能的两难矛盾；多元化国际储备体系使各货币发行国可以进行公平竞争，避免了国际金融秩序被一国或几国操纵的情况，使国际金融具有较强的独立性，有助于促进国际合作与协调。

当然，多元化国际储备体系也存在着以下弊端。首先，多元化国际储备体系降低了国际货币制度的稳定程度。可以调换的资金增多，使得国际货币制度的稳定性须依赖几个储备中心的经济和政治稳定，而当今储备多元化的有效协调和约束机制的缺失，加深了国际货币制度的不稳定性。其次，加剧了外汇市场的动荡，各国金融当局根据储备货币的外汇风险和利息收益在国际金融市场上不断调整币种结构，从而加剧了汇率的波动。如 1995 年日元大幅度升值，曾突破 1 美元兑 80 日元大关，波幅如此之大，一个重要的原因就是各国政府尤其是亚洲国家和地区大量抛售美元、抢购日元，改变了国际储备结构。同时，货币当局的巨额吞吐某种货币会引起较大不稳定性，同时也诱使外汇投机者闻风而动，追随货币当局买卖货币。再次，多元化国际储备体系也不利于经济的稳定发展。汇率的不断变化导致软、硬货币经常易位。货币当局通过买卖本币和外币进行干预，会造成膨胀性或紧缩性的经济影响，破坏一国经济的稳定与发展。最后，国际储备资产分散化，还在一定程度上加剧了世界性通货膨胀。一些硬通货和传统的储备资产一起被广泛地用作国际储备，国际流通手段正以一种无计划的方式不断增长，加剧了世界性通货膨胀。

第四节 国际储备的管理

一国国际储备资产的管理,主要涉及对该国储备规模的确定、储备货币币种的选择与比重的确定以及储备资产的运用等方面。

一、国际储备规模的确定

一国国际储备不足,会被认为资信不佳而影响吸纳外资和汇率稳定,同时又潜伏着国际支付危机;而储备过多,又减少了必要的进口或投资,会影响该国的经济发展。因而,各国都面临确定本国适当储备规模的问题。

要想确立适当的储备规模,首先要分析有哪些因素会影响该国的国际储备需求。一般认为,应考虑国际收支的稳定性、进口的数量与进口倾向及成本与收益的比较。

(一)国际收支

国际收支在决定储备需求中起重要作用。一般来说,国际收支越不稳定,所需要持有的储备水平就越高。

当一个国家因出口下降、进口支出增加或其他原因引起国际收支赤字时,就有可能需要实行紧缩经济、本币贬值等措施,以减少进口和增加出口,达到改善国际收支的目的。而若一个国家的货币当局持有足够的储备资产,就可以不必在短期内采取收入紧缩政策来调节国际收支。用国际储备弥补国际收支赤字,避免收入紧缩政策造成的国民收入下降、失业增加的后果,这便是持有国际储备所能得到的利益。

随着当今世界经济一体化和金融自由化的深入,越来越多的国家对外实行经济开放,并允许资本自由往来,而资本项目下的资本流动过于频繁且数量巨大,也必然会影响国际收支的稳定。从某种角度来说,由资本项目变动引起国际收支的变动将比经常项目变动对国际收支的影响更不可预测,因而更需要持有足够的储备来应付这种风险。发生在1997年夏天的东南亚金融危机,其直接导火线就是由于国际游资的冲击而出现的资本大规模转移。因为多数发生国政府的储备短缺,干预力不从心。在这场金融风暴中,同样受到国际游资冲击并围剿的我国香港,因外汇储备相对较为充足而有实力与国际金融大鳄一决雌雄。

因此,对经济开放且资本项目不再管制的国家来说,要设法稳定国际收支,需持有更多的储备资产。

(二)进口数量与进口倾向

一般认为,在世界贸易增长的同时,各国对储备资产的需求也会随之增长,因为任何一个国家为应付其进口的增加,必须加大其持有的储备资产,因此,可以用储备与进口的比率来衡量一个国家的储备水平。美国特里芬教授在分析了有关统计资料后,发现了1957年的货币黄金和进口的比率与 1913 年和 1928 年的这个比率相同,大约为 35%—36%,因而认为,一国的国际储备规模与它的贸易进口额保持一定的比例关系,这个比例以 40% 为标准,以 20% 为最低限。

储备与进口的比例为人们衡量一个国家的储备规模确定了较为明确、易行的标准,直到现在仍为人们所用。对这个标准也有不少异议,因为影响储备需求的因素除了进口之外,还有国际收支中的其他各个项目,比如进口的增加可以由出口的增加来抵销。只有当进口的增加是引起国际收支赤字的原因时,这个标准才有一定的价值。

也有人认为,储备需求与国际收支的实际调节代价关系密切,而实际进口倾向在收入紧缩的调节中起着重要作用,因此与储备需求有关系。

从理论上说,在国民收入减少的数量既定情况下,如果边际进口倾向较大,那么所引起的进口的减少就比较多,对国际收支赤字的调节作用就较大,调节的代价就较低。由于储备需求与国际收支的调节代价成正比,那么它与边际进口倾向就成反比的关系。

但是,有些验证的结果却表明,两者的关系是成正比的。这又该如何解释呢?

其实,储备需求与进口倾向的反比关系,是假定国际收支赤字系由出口收入的减少所造成的。出口收入的减少导致国民收入的下降,收入的减少又导致消费的减少,包括对进口商品的消费和国内产品的消费。这样,边际进口倾向越大,造成对进口产品消费的减少就越多,进口支出减少就越多,对国际收支的调节作用就越大。因而,就同等规模的国际收支赤字来说,需要持有的储备就少一些。但是,如果假定国际收支赤字的原因不是出口收入的减少,而是国内需求的膨胀造成进口的增加,情况就正好相反了,这时,边际进口倾向越大,国内需求的膨胀造成的进口就越多,国际收支赤字就越大,需要持有的储备就越多,储备需求与进口倾向的关系就是正比的。

然而,不管一国储备规模与进口倾向是正比还是反比,都说明了边际进口倾向会影响一国的储备需求水平。同样需要说明的是,进口数量和进口倾向都是间接地通过国际收支差额影响一国储备需求水平的;直接影响一国储备需求数量的,还是国际收支差额引起的国际支付的需要。

(三) 持有储备的机会成本

一国持有国际储备资产也是要付出代价的,这种代价主要表现在:如果货币当局不持有储备,就可以把这些储备资产用来进口商品、劳务,从而为国内经济增长和消费增加新的实际资源,增加国内的就业和国民收入,这便是持有储备的机会成本。储备需求与持有储备的机会成本成反比。也就是说,持有储备的机会成本越高,储备需求就越少。

根据边际分析方法,当一个国家的货币当局持有的储备增加时,其边际利益是递减的,即一个国家持有的储备如果超过短期国际收支调节的需要,其边际利益就是负数。而对于持有储备的边际机会成本来说,则是递增的,因为储备越多,进口减少越多,经济中可利用的实际资源便缺乏,其边际生产力越高。

综上所述,考虑到持有储备的利益—应付进口增加、国际收支赤字的需要,就必须扩大储备的规模而考虑到持有储备的机会成本—牺牲一定程度的经济增长,又必须尽量缩小储备的规模。这样,一个国家的货币当局在决定持有多少储备时,便要对持有储备的边际利益和边际成本进行估量。如果边际利益大于边际成本,就应该增加储备;反之,则减少储备。当持有一定数量储备的边际利益等于边际成本时,这时所持有的储备数量便是适度的储备规模。

需要说明的是,根据持有储备的利益和成本决定储备需求规模的这种方法,虽然在理论上完全可以自圆其说,但在实际经济生活中,对各国并不具有普遍的指导意义。因为一国在出现国际收支逆差时,还可以采取其他一些手段来调节国际收支,如从国际货币基金、世界银行等一些国际金融机构获得贷款。特别是发展中国家较多采用外汇管制、对进口商品征收高关税或实行进口定额限制、发放许可证等手段,直接控制外汇的使用和进口规模,这就会减少对国际储备的需求。同样,一个国家如果较为关心对外收支平衡,就需要较多的储备,相反则需要较少的储备。此外,较多运用汇率政策的国家相对于比较少运用汇率政策的国家需要较少的储备。

因此,一国在确定本国适度储备规模时,既可借鉴持有储备的利益—成本方法,又要根据本国的具体国情,从而选择合适的方案。

二、储备货币构成的确定

储备货币构成的确定是指储备货币币种与比重的确定。随着储备货币的多元化,它对各国货币当局或中央银行变得更为突出和重要了。

(一) 对现行国际储备体系的评价

布雷顿森林货币体系解体以后,储备货币走向多元化或分散化有它一定的必然性或合理性,至少各国政府在调控本国内部经济与外部经济时,有了更大的自由空间。这是因为:

(1) 多种储备货币并存,可使各国货币当局在选择储备货币时摆脱对美元的过分依赖。

(2) 多种储备货币并存,当其中一种货币汇率下跌时,各国就可以自行调节,而不至于白白遭受损失。

(3) 多种储备货币并存,使国际金融不再受美国一国经济状况或经济政策有意或者无意的操纵,可以促进国际合作与协调。

但现行的多种货币储备体系也有缺陷,它具有内在的不稳定性:①储备货币多元化以后,国际货币体系的稳定,将依赖几个储备货币发行国的经济和政治的同时稳定,因而更加脆弱。②在没有一种稳定的国际通货的情形下,大量资金会没有止境地从一种货币涌向另一种货币以保值或投机,这种资金流动往往给各国经济带来巨大的困难。③在多种货币储备体系下,各国有关货币数量和利息水平的金融政策更加难以贯彻。因为大量资金进进出出,会削弱本国政策效应。④储备货币分散化以后,既加剧了外汇市场的动荡,也对世界通货膨胀产生了严重影响。

尽管经济学家们对现行储备体系褒贬不一,但储备分散化已成了不可逆转之势。这是因为:①冷战结束以后,世界已向多极化发展,经济的区域化也已更加明显,而不同的区域所使用的结算货币自有不同。②欧元的流通使用,不仅直接导致欧盟国家以欧元作为主要储备货币,也会引起与欧盟有贸易和投资往来的国家改变原有的储备货币的结构。③日本的经济虽说眼下不太景气,但就长期来看,日元仍然是一种具有竞争力的货币。

21世纪的国际货币竞争格局不管是美元与欧元楚汉两家争雄,还是美元、欧元与日元三国鼎立,美元独霸天下成为唯一的储备货币这种机会已不会卷土重来。因而,选择储备货币,确定不同币种的比重仍将是各国货币当局的重要工作。

(二) 确定外汇储备结构的原则

储备货币多元化以后,增加了各国金融当局的管理难度,要求各国在储备货币的构成方面作出合适的安排。这其中的关键是要遵循两条原则:一是及时把握储备货币发行国的各种动向;二是根据本国的国情进行决策。

把握储备货币发行国的动向是指:①把握这些国家的经济和金融状况,以对各种储备货币汇价变动的中长期趋势作出正确的预测。②注意这些国家的经济政策和利率动向,并关注其偶发的政治、经济或军事事件,以避免某些储备货币的短期贬值风险。

依据本国的国情进行决策是指:①根据本国对外贸易的结构以及国际贸易和其他金融支付,对储备货币的要求作出选择。②根据本国在外汇市场上为支持本币、实行干预时所需要的各种储备货币程度,以确定各种储备货币的恰当存量。

三、外汇储备资产的运用

从外汇资产管理的角度出发,外汇储备资产除安全性以外,还要兼顾流动性和盈利性两方面的要求。

从流动性方面来讲,最好将储备资产存放于国外银行的活期存款账户,以备随时国际支付。但活期账户存款一般不付息或是付息很少,达不到盈利要求。若从盈利性方面来讲,最好将储备资产全用在收益较高的证券投资上,而这样流动性就差了。因此,在外汇储备存量一定时,在流动性和盈利性之间就有一个如何进行权衡的问题。如图4-1所示。

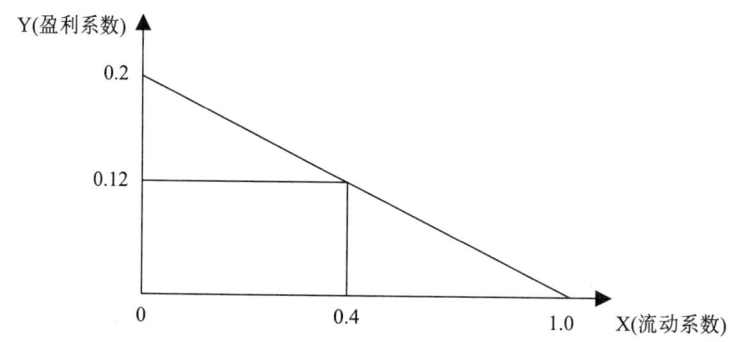

图4-1 权衡流动性与盈利性的模型

图4-1中,X轴为流动性系数,其最大值为1,即表明外汇储备有绝对流动性,能保证一国的国际支付能力可随时调用。越往左移数值越小,即流动性越差。Y轴为盈利性系数,最大值根据国际金融最高证券投资收益率20%,即拟订为0.20。越往下数值越小,即盈利率越低。

由图4-1可知,Y轴和X轴的组合轨迹是向右下方倾斜,其斜率为负值,它表明流动性与盈利性呈反比关系。在绝对流动性1和最高盈利率0.20之间有若干种组合,它们是在不同程度地兼顾流动性与盈利率条件下得到的。当盈利率为0.12时,流动性系数达到0.4,这说明外汇储备的40%用于第一线储备,可随时调用;而60%的外汇储备作为证券投资的第二线储备,虽相对不易调用,但可获得相当年率12%的收益。

一个国家究竟采用哪种组合,还得参照具体情况而定,如该国生产季节性对进口的影响,国际证券市场的发达程度,证券投资的选择对象、比例,该国的自信等等。

【延伸阅读4-2】外汇储备与亚洲金融危机

第五节 中国的国际储备及管理

一、中国国际储备的构成及特点

作为IMF的创始成员国,我国的国际储备同样由黄金储备、外汇储备、在IMF的储备头寸以及特别提款权四部分组成。改革开放前,我国实行计划经济体制,没有建立与国际经济接轨的国际储备制度。1980年我国恢复IMF的合法席位后,开始正式公布国际储备各个组成部分的情况。2017年,我国黄金储备达1 842.6吨,外汇储备余额达31 399亿美元。就规模而言,我国的国际储备高居全球第一,占世界的份额接近30%。

我国的国际储备具体情况如表4-12所示。

表4-12 我国的国际储备构成

年份	黄金储备(万盎司)	外汇储备(亿美元)	储备头寸(亿美元)	特别提款权(亿美元)
1979	1 280	21.54	—	—
1980	1 280	22.62	—	—
1990	1 267	285.94	—	—
1996	1 267	1 050	14	6.1
1999	1 267	1 546.75	23.1	7.4
2000	1 267	1 655.74	19.05	7.98
2001	1 608	2 121.65	25.9	8.51
2004	1 929	6 099.32	33	12
2005	1 929	8 188.72	14	12
2006	1 929	10 663.44	11	11
2007	1 929	15 282.49	8	12
2008	1 929	19 460.3	20	12
2009	3 389	23 991.52	44	125
2013	3 389	28 473.38	63	121

续表

年份	黄金储备（万盎司）	外汇储备（亿美元）	储备头寸（亿美元）	特别提款权（亿美元）
2016	3 389	31 813.48	95	117
2017	3 389	33 115.89	83	114
2018	3 389	38 213.15	72	113
2019	3 389	38 430.18	87	114

资料来源：IMF，《中国统计年鉴》，《中国国际投资头寸表》，中国人民银行网站。

结合表 4-11，可以对我国的国际储备构成作如下分析。

（1）长期以来，我国一直奉行稳定的黄金储备政策。我国黄金储备的主要是依据国家黄金库存的增长以及对外经贸发展的需要而逐步调整的。事实上，从 1981 年至 2000 年长达 11 年的时间内，我国的黄金储备量始终保持在 1 267 万盎司的水平上。2001 年增至 1 608 万盎司，2004 年又增加 321 万盎司，达到 1 929 万盎司的储备规模，并一直保持到 2008 年。2009 年，为应对国际金融危机，以减少美元贬值和未来通货膨胀的冲击，我国大幅增加了黄金储备存量。黄金储备在应对各类危机和美元贬值中发挥了分散风险的重要作用。2015 年 7 月，中国再增加 1 942 万盎司黄金。但目前来看，我国虽然是世界第五大黄金储备国，但黄金储备只占我国国际储备的 1.6%（2015 年 8 月），与世界平均持有量 10% 相比，比例仍然较低。

（2）外汇储备是我国国际储备的最主要部分，其构成发生了变化，规模不断扩大。我国外汇储备的统计口径曾发生变化。由表 4-11 可知，1992 年以前，我国外汇储备由国家外汇库存和中国银行外汇结存两部分组成。国家外汇库存，是指国家对外贸易和非贸易外汇收支的差额累计，正差额说明外汇收入大于支出，形成外汇储备。中国银行外汇结存，是指我国从国外各条渠道中吸收的外汇资金与将这些资金运营后形成的累计差额，其实质是中国银行的营运资金，计算公式如下：

中国银行外汇结存 = 中国银行自有外汇资金 + 中国银行在国内外吸收的外币存款 + 中国银行以发行债券或其他方式在国际金融市场筹集的外汇资金 - 中国银行在国内外发放的外汇贷款和投资

随着中国银行向自主经营、自负盈亏的商业银行转变，自 1992 年起，我国对外汇储备的统计进行调整，确立了符合国际惯例的、以国家外汇库存为核心的新口径。

就总量而言，外汇储备规模增长迅速。持有量从 1979 年的 21.54 亿美元增长到 2014 年的 38 430.18 亿美元，占全球近三成的外汇储备，稳居全球第一。

1994 年以来，我国外汇储备出现了连续多年的迅速猛涨。外汇体制和人民币汇率制度的改革，国民经济的高速增长、国际收支的连年顺差、外国资本的大量流入，都推动我国外国储备规模的超常增长。

（3）我国的国际储备中，在 IMF 的储备头寸和特别提款权的比重很小。我国于 1980 年恢复在国际货币基金组织的合法席位后，我国在国际货币基金组织的储备头寸随着向基金组织缴纳份额的增加而相应增加，而特别提款权是国际货币基金组织按额比例分配给会员国的账面资产。截至 2014 年年末，我国在 IMF 的普通提款权和特别提款权分别仅有 57 亿美元、

105 亿美元，但相对于我国的整体外汇储备规模来说，这两部分权重非常低。

二、中国国际储备的管理

合理进行我国国际储备的管理，既关系到我国的储备资源能否得到有效的运用又涉及国家内部的经济稳定和外部的信誉。同其他国家一样，我国的国际储备管理也包含了国际储备规模管理和结构管理两个方面。

1. 国际储备的规模管理

巨额的国际储备显示了我国经济的快速发展和综合国力的不断提升，意味着我国有充裕的国际支付能力，在一定程度上也彰显了我国足以影响世界的经济实力。但是国际储备的持续过快增长也会给经济发展造成不利影响。以我国国际储备占比最高、最主要的外汇储备来说，外汇储备过剩（见表 4-13）为经济发展带来种种负面影响。

表 4-13　　　　中国 1998—2019 年反映外汇储备充足性的各指标值　　　单位:%

年份	1998	2001	2005	2007	2011	2013	2016	2019	合理区间
储备/进口	105.87	87.09	124.08	159.89	182.45	182.11	195.96	196.03	25—50
储备/外债余额	99.26	114.81	291.36	409.04	457.72	448.33	443.69	430.15	30—50
储备/短期外债	835.98	325.06	534.45	693.29	635.09	613.24	565.78	565.34	100
储备/GDP	14.22	16.01	36.27	45.66	44.18	40.25	41.25	38.09	10.1
储备/M2	11.48	11.49	22.34	27.91	23.64	21.35	22.12	19.96	10—20

资料来源：根据国家外汇管理局网站资料整理。

（1）加大通货膨胀和人民币汇率升值压力。外汇储备的增加，促使外汇占款形式的基础货币被动增加并通过货币乘数的作用相应增加货币供应量，随着外汇占款持续上升，可供央行进行冲销干预的空间已越来越小。这给央行带来了相当大的困扰：一是货币政策的稳健性受到挑战，货币政策面临中长期的通货膨胀压力；二是由于货币政策和汇率政策事实上的一体化，因此以汇率政策调节外部均衡，以财政和货币政策调节内部均衡的政策分配空间将可能丧失，内外部均衡难以同时达成。

中国外汇储备在贸易顺差和外商直接投资的共同推动下迅速上升，这恰恰使人民币汇率承受更大的升值压力。在现有的人民币汇率制度下，如果央行没有有效的资产来对冲过多的外汇占款，外汇储备的迅速增加则会推动人民币的不断升值。

（2）造成高额的外汇储备成本。外汇储备是一种实际资源的象征，我国持有巨额外汇储备。目前我国外汇储备主要是以活期存款和国库券等方式，放在海外生息保值、套利套汇。这种行为的实质就是国际货币流通国无偿或是低息长期使用外汇储备国资源，使我国变相地成为资本输出国。因此，过量的外汇储备规模实际上也是一种资金的闲置，即放弃了国内众多的较高投资收益，形成外汇储备的巨额机会成本，无法实现货币这种经济资源的最优配置。

（3）增加储备资产管理的难度和风险。巨额的外汇储备并不等于中国经济就高枕无忧，高额的外汇储备不仅积累了巨大的汇率风险，增加了中国配置这些资金的难度，还增加了央行和外管局对国内各个微观主体的外汇管理难度，只要稍有不慎，整个国民经济的风险将暴露于外。在现行外汇管理体制下,央行负有无限度对外汇资金回购的责任。随着外汇储备的增长,外汇占款投放量的不断加大,不仅从总量上制约了宏观调控的效力,还从结构上削弱了宏观调控的效果,使得央行调控货币政策的空间越来越小。

因此从经济长期稳定发展来看,保持我国际储备的适度规模十分必要。

2. 国际储备的结构管理

中国国际储备的结构管理主要是对黄金和外汇储备的管理。我国一直奉行稳定的黄金储备政策。而21世纪世界局势多变,美国"9·11"事件、美伊战争、全球性SARS的流行、2008年金融危机等事件,使得人们提高了对金融资产安全性的重视。黄金可成为金融资产的"避难所"。目前我国黄金占总储备的比例不到2%,因此,考虑到我国的整体经济实力和未来人民币国家化的趋势和发展方向,可以适度增加我国的黄金储备。

中国的国际储备主要由外汇储备构成,高额的外汇储备可能对中央银行货币政策的运用效果形成制约。高额储备形成的外汇压力,客观上也要求加强我国外汇储备的结构管理。我国储备结构的不合理性表现在:第一,外汇储备币种结构不合理,美元占的比例过大,而国际外汇市场的动荡,近年来美元的贬值等因素,使我国储备资产大幅缩水;第二,国际储备资产的运作缺乏流动性、营利性。

因此,我国的储备结构管理必须注意储备币种结构和储备资产结构这两个方面:首先,要保持多元化的币种储备,采用"一篮子货币"的方式,以分散汇率的压力;其次,要根据进口产品和劳务及其他支付的需要,确定币种的数量、各种货币的比例和品种。选择外汇储备资产的形式,既要考虑收益率,还要考虑灵活性、安全性和流动性。要注意汇率变化,不定期调整各种货币的比例。目前有不少国家把部分外汇储备交给有能力的国际知名投资基金管理公司进行代管。这些基金管理的收益率相对比较乐观,他们会根据市场变化,按照不同的比例进行资产组合来获得更多收益。据了解,我国有关部门也在关注和研究这种操作方式。

【延伸阅读4-3】次贷危机后我国外汇储备的现实选择

【延伸阅读4-4】世界经济去美元化趋势的解读

本章小结

国际储备是一国货币当局所持有的,能够随时用于弥补国际收支逆差、维持本国货币汇率稳定以及应付各种紧急支付的,为世界各国所普遍接受的一切资产。它必须具有流动性、普遍接受性、无偿占有性三大特征。国际储备的构成包括黄金储备、外汇储备、在国际货币基金组织的储备头寸和特别提款权。它具有弥补国际收支逆差、维持本国货币汇率稳定以及充当信用保证等作用。

国际清偿能力是指一国的对外支付能力,即一国政府无须采用任何影响本国经济正常运行的特别调节措施即能平衡国际收支逆差、维持汇率稳定的能力。国际清偿力是由自有国际储备、借入储备及诱导性储备资产构成。

国际储备多元化,是指国际储备构成要素的多样化和国际储备货币多样化的发展趋势。多元化国际储备货币的结构为国际经济提供了多种清偿货币,摆脱了布雷顿森林体系下对美元的过分依赖;多样化的汇率安排适应了多样化的、不同发展程度国家的需要,为各国维持经济发展提供了灵活性与独立性;灵活多样的调节机制,使国际收支的调节更为有效与及时。

国际储备管理包括量的管理和质的管理两个方面,前者是指对国际储备规模的管理,后者是指对国际储备结构的管理。一国的国际储备规模既不能过高,也不能过低,应找到最适度的储备量。国际储备的结构管理不仅包括国际储备资产四个组成部分的比例确定,也涵盖了各部分储备资产内部构成要素之间比例确定的问题。调节一国的国际储备结构,需遵循安全性、流动性和营利性三项基本原则。

中国的国际储备构成奉行稳定的黄金储备政策;外汇储备是国际储备的最主要部分,增长规模迅速,波动性也较明显;在 IMF 的储备头寸和特别提款权占我国国际储备的比重很小。基于巨额国际储备对经济发展造成的不利影响,保持适度的国际储备规模十分必要。我国国际储备的结构管理必须注意储备币种结构和储备资产结构这两个方面,通过坚持储备货币分散化策略和恰当确定同一货币储备的资产结构,实现储备结构的优化,促进国民经济的健康发展。

思考题

1. 简述国际储备和国际清偿能力的区别与联系。
2. 国际储备主要由哪几部分构成?
3. 简述储备货币从单一化向多元化转变的原因及其影响。
4. 影响一国国际储备适度规模的主要因素有哪些?
5. 试述国际储备结构管理的原则。
6. 在当前情况下,应如何加强中国的国际储备的管理?

关注"中财资源库"公众号获取思考题参考答案
(公众号内点击"找答案—本科")

第五章 国际货币体系

国际货币体系是国际货币运行的基本规则,对整个国际金融活动具有基本的制约作用,因而对国际的贸易结算、资本流动、国际储备安排及各国的汇率制度选择、国际收支调节等都会产生重要的影响。

【知识目标】

掌握国际货币体系的定义、类型、内容;
掌握主要货币体系之间的差异。

【能力目标】

了解未来国际货币体系的发展方向。

【价值引领目标】

领悟到人民币在全球治理中发挥的关键作用;
了解国际货币体系目前存在的问题与矛盾,深刻体会人民币在国际货币体系中应发挥的关键作用。

【导入材料】

国际货币体系改革引人关注

"伯南克先生,如果要让我买美国国债,请考虑改变对人民币一直以来的不公平待遇。人民币应该在国际货币体系发挥更重要的作用。IMF需要改革,人民币的版图不应该这么狭小。"如果在 2009 年 4 月 2 日 G20 峰会之前给美联储主席伯南克写信,中国著名的经济学家杨帆可能会这么写。而早在 2009 年 3 月 23 日,央行网站上登载了《关于改革国际货币体系的思考》一文,着重提出发挥"特别提款权"的作用,创造一种与主权国家脱钩,并能保持币值长期稳定的国际储备货币,从而避免主权信用货币作为储备货币的内在缺陷。虽然没有提到美元,但强调特别提款权意味着希望不堪重负的美元让贤,将特别提款权视作"为国际货币体系改革提供了一线希望"。

请思考:什么是国际货币体系?人类历史经历了哪些国际货币体系?当前的国际货币体系存在什么问题,应如何改革?

第一节 国际货币体系概述

一、国际货币体系的性质

国际货币体系也称国际货币制度。它是指支配各国货币关系的规则和机构以及国际进行各种交易支付所依据的一套安排和惯例。因为国际的贸易交往、债务清算、资本移动等活动都涉及各国货币的兑换、汇率制度的规定以及国际收支的调节和储备资产的供应等问题,这样各国按照某些共同的标准或根据某种国际协定而在上述几方面作出的安排,以及为使这些安排得到落实而建立的机构,就被称为国际货币体系。

就历史发展的实际进程来看,国际货币体系的建立有两种方式:一种是自然而然的约定俗成的过程。在长期的实践过程中,当一定的活动程序得到公认,并有越来越多的参与者愿意遵守这些程序而给予法律的约束力时,一种货币体系就算是发展起来了。国际金铸币本位制的产生就属于这种方式。由这种方式建立国际货币体系是一个随意的、不自觉的过程,因而所经过的时间也就必然比较漫长。国际货币体系产生的另一种方式是人为协商的结果,即由某一国或几国先拿出一个草案,再由其他成员国一起进行协商以达成统一的认识,最后给予确定。由这种方式创立国际货币体系也许在较短的时间内经过国际协商就可以通过,但也有可能随着时间的推移而进行不断地修正和发展,有时最后确定的形式和内容与最初设计的草案已大不相同。国际金汇兑本位制和布雷顿森林货币体系的产生和发展就属于第二种方式。

虽然国际货币体系建立的方式会有所不同,但建立的原因却是一样的,都是因为各参加国在政治上是独立的,是一个拥有主权的实体,这样任何一个国家都没有权利要求另一个国家在国际经济活动中遵守本国颁布的法律及规章制度,但没有规矩又不成方圆。另一方面,每一个主权国家在经济活动中又不得不与其他国家发生来往,它们相互之间在经济和信贷方面是相互依赖的,这就需要建立一种超国家的法律与规章制度,即被各个国家所认可和接受的游戏规则,来协调各个独立国家共同参与的国际经济活动,以促进贸易和支付过程的顺利进行。

二、国际货币体系的内容与类型

(一) 国际货币体系的主要内容

国际货币体系的内容主要涉及以下几个方面。

(1) 各国货币比价的确定。它包括货币比价确定的依据、货币比价波动的界限、货币比价的调整以及维护比价采取的措施。

(2) 货币的可兑换性，即各国政府为进行国际支付，必须确定本国货币是否能够自由兑换成其他任何国家的货币，或者具有部分兑换性。

(3) 国际储备资产的确定。这是指为满足各国政府进行国际支付的需要，必须确定世界各国普遍接受的国际储备资产的种类、结构和数量。

(4) 黄金外汇移动的自由性。即各国政府对黄金和外汇出入国境是否加以管制，是否自由移动，还是只能在一定地区范围内自由移动。

(5) 国际清算原则的确定。即各国政府确定对外清偿债权、债务时，是随时进行结算还是定期结算，是实行自由的多边结算还是实行有限制的双边结算。

(6) 国际收支调节原则的确定，即国际收支调节方式的选择、国际收支顺差国与逆差国应该承担责任的确定等。

(二) 国际货币体系的评价准则

国际货币体系主要涉及国际货币或储备资产的供应、国际汇率的规定与变动、国际收支的调节等方面的问题。因此，一个健全的国际货币体系应具备如下条件。

(1) 国际收支调节机制合理，即要求对国际收支不平衡的调节成本最小且及时进行，逆差国和顺差国要公平合理地承担调节的责任。

(2) 清偿能力适中。清偿能力即国际储备总额，应保持适当的数量，因为过多会加剧世界通货膨胀，过少又会导致世界经济紧缩。

(3) 储备资产的可信性较强，即各种储备资产的持有者愿意继续保持它，而不至于稍有经济变动，就会发生从一种储备转向另一种储备的情形。

(4) 汇率的相对稳定性。国际货币体系必须拥有一套稳定汇率的机制，以保持汇率体系的相对稳定性。

本位货币和货币制度的确定，是国际货币体系构成的最基本要素。根据本位货币的性质，可将国际货币体系分为三类：一纯粹商品本位，如金本位；二纯粹信用本位，如不兑换纸币本位；三混合本位，如金汇兑本位。而根据汇率决定的方式，则可将国际货币体系分为：一固定汇率制，二浮动汇率制，三介于前两者之间的，即可调整的钉住制、爬行钉住制以及管理浮动制等等。

第二节 国际金本位制

一、金本位制的性质和形式

金本位制是以一定成色及重量的黄金为本位货币的一种货币制度。黄金是货币体系的基础。本位货币是指以国家规定的货币金属,按照国家法律规定的货币单位铸成的一国货币制度的基础货币。

金本位制按其货币与黄金的联系程度,可分为金币本位制、金块本位制和金汇兑本位制。国际金本位制的确立,是以19世纪中后期西方国家普遍采用金本位制为标志的。大致历程如下:

(1) 英国最先从金、银复本位制过渡到金本位制。英国在17世纪和18世纪实行金、银复本位制。后来由于白银产量大量增加,银价暴跌,金、银相对价值不稳定,使货币制度陷入了极度的混乱。英国遂于1798年停止银币的铸造,并限制银币的支付额,每次以25英镑为限。1816年,英国颁布铸币条例,发行金币,规定1盎司黄金为3镑17先令10.5便士,银币处于辅币地位;1819年又颁布条例,要求英格兰银行的银行券在1821年能兑换金条,在1823年能兑换金币,并取消对金币熔化及金条出口的限制。从此,英国开始真正实行金币本位制。

(2) 德国在欧洲大陆最早实行金本位制。1871年以前,德国实行银本位制。普法战争以后,德国从法国获得50亿金法郎的战争赔款,于是发行金马克作为本位货币,放弃银本位制而采用金本位制。继德国之后,丹麦、瑞典和挪威、荷兰相继也实行了金本位制。法国、比利时、瑞士、意大利等拉丁货币联盟国家,则在1878年完全停止银币的铸造,逐渐过渡到金本位制度。

(3) 19世纪末,美国和其他资本主义国家也开始实行金本位制。美国1792年建立金、银复本位制,1873年颁布法令禁止银币铸造,并限制银元的支付额不得超过5美元。1900年完全实行金本位制。同时,沙皇俄国和日本也分别于1897年和1900年实行金本位制。

如上所述,这种以各国普遍采用金本位制为基础的国际货币体系,就是国际金本位制度。由于当时英国在世界经济中的突出地位,它实际上是一个以英镑为中心、以黄金为基础的国际金本位制度(表5-1列出了部分国家开始实行金本位制度的时间)。

表5-1 部分国家开始实行金本位制度的时间

国家	时间/年	国家	时间/年	国家	时间/年
英国	1819	比利时	1874	美国	1879
德国	1871	瑞士	1874	日本	1897
瑞典	1873	意大利	1874	俄国	1898

续表

国家	时间/年	国家	时间/年	国家	时间/年
挪威	1873	荷兰	1875	巴拿马	1904
丹麦	1873	乌拉圭	1876	墨西哥	1905

二、金本位制的主要内容和作用

传统的金本位制是金铸币本位制。金币本位制的主要内容是：①用黄金来规定货币所代表的价值，每一货币单位都有法定的含金量，各国货币按其所含黄金重量来确定彼此的比价。②金币可以自由铸造，任何人都可按本位货币的含金量将金块交给国家造币厂铸造成金币。③金币是无限法偿的货币，具有无限制支付手段的权利。④各国的货币储备都是黄金，国际结算也使用黄金，黄金可以自由输出和输入。

金币本位制具有三个基本特点：①自由铸造。由于金币可以自由铸造和熔化，就能使金币数量自发地满足流通的需要，保证了金币的币值与其所含黄金价值的一致。②自由兑换。由于金币可以自由兑换，各种价值符号（金属辅币和银行券）就能稳定地代表一定数量的黄金进行流通，从而保证币值的稳定，不致发生通货膨胀现象。③自由输出入。由于黄金可在各国之间自由转移，保证了外汇市场的相对稳定与国际金融市场的统一。

以上国际金本位制的特征，决定了它是一种相对稳定的货币制度。这种相对稳定性，在国内表现为流通中的货币对黄金不会发生贬值现象，在国外则表现为外汇汇率的相对稳定。正是由于这种稳定性，国际金本位制曾对世界经济的发展起过积极的推动作用。

（1）促进各国生产发展。由于币值比较稳定，有利于商品的流通和信用的扩大，同时，也使生产成本比较易于计算，生产的规模和固定投资的规模不会因币值变动而波动，从而促进了当时资本主义各国生产的发展。

（2）促进国际贸易发展。由于汇率的相对稳定，不存在某种支付货币大幅度贬值或升值的风险，保障了对外贸易和对外信贷的安全，促进了国际贸易的发展。

（3）自动调节国际收支。由于黄金可以自由输出入，如果一国发生国际收支逆差，因外汇供不应求引起的本币汇率下跌超过黄金输出点，就会导致黄金外流、银行准备金减少，而银行准备金的减少又会引起货币流通量的缩小，该国物价水平的下降。物价水平的下降，则使该国的出口产品竞争变得有利，而进口产品受到了限制，国际收支也随之得到改善。如果一国发生国际收支顺差，则将发生相反的情形。

（4）协调各国经济发展。实行金本位制的国家，把对外平衡（即国际收支平衡和汇率稳定）作为经济政策的首要目标，而把国内平衡（物价、就业和国民收入的稳定增长）放在次要地位，服从对外平衡的需要，因而国际金本位制使得主要资本主义国家有可能协调其经济政策。

三、金本位制的演变与崩溃

传统的国际金本位制即金币本位制，随着第一次世界大战的爆发而走上了它的末路。早在第一次世界大战前，一些国家为了集中黄金用于准备战争的军费开支，大量发行银行券，于是银行券兑换黄金越来越困难，这就破坏了金本位制下自由兑换的原则。同时，一些国家在经济危机期间，商品输出减少，资金外逃严重，引起黄金大量外流，于是下令限制黄金自由流动，这样金本位制下的黄金自由输出入的原则也遭到了破坏。由于维持金本位制的一些必要原则逐渐遭到破坏，国际货币体系的稳定性也就失去了保障。到了第一次世界大战爆发后，各国纷纷明确停止银行券兑换黄金，禁止黄金外流，金币本位制也就陷于崩溃。第一次世界大战结束以后，由于黄金产量的严重不足，黄金存量在世界各国之间的分配严重不均，许多国家也不愿意把黄金投入流通，因而国际金币本位制没能再得到恢复，代之而起的是两种变相的国际金本位制形式：金块本位制与金汇兑本位制。

（一）金块本位制

第一次世界大战以后的 1924—1928 年期间，世界经济相对稳定，一些国家虽然在名义上恢复了金本位制，但实际上都无力恢复金币本位，改行金块本位。

金块本位制的特点如下：

（1）还是以金币作为本位货币，但在国内不流通金币，只流通纸币。纸币有无限法偿权。

（2）国家不再铸造金币，也不允许公民自由筑造金币，但规定纸币的含金量，也有黄金官价。

（3）纸币不能自由兑换金块，但在国际支付或在工业上需要黄金时，可按规定的最低数量，以纸币向本国中央银行无限制兑换金块。例如，英国在 1925 年规定，每次兑换的最低限额为 400 盎司的金块，价值 1 700 英镑。

（4）国家储备金块，作为储备。当时，实行金块本位制的国家，主要有英国、法国、荷兰、比利时等。

（二）金汇兑本位制

第一次世界大战前，一些小国、弱国或殖民地就已经实行金汇兑本位制。第一次世界大战结束后，德国、奥地利、意大利等三十多国普及金汇兑本位制，将本国货币与英镑、美元或法国法郎挂钩，保持固定比价；同时，把本国的黄金外汇储备移存挂钩国家的中央银行，本国货币按固定比价兑换挂钩货币后再兑换黄金。

金汇兑本位制的特点为：

（1）国内流通纸币，纸币与规定的含金量保持等价关系。

（2）纸币兑现的对象是金块、金币或存在国外的外汇。

（3）请求兑现者无权选择金块、金币或外汇，由中央银行酌情决定。

金块本位制和金汇兑本位制都是残缺不全的货币制度，具有内在的不稳定性，具体表现为：①两种货币制度下，都没有金币流通，黄金不再起自发地调节货币流通的作用。②两种货币制度下，或是银行券兑换黄金受到最低数额的限制，或是需要先兑换成外汇才能间接兑换黄金，这些限制都削弱了货币制度的稳定性。③实行金汇兑本位制的国家，使本国货币依附于英镑、美元或者法国法郎，并把黄金储备存于伦敦、纽约和巴黎。如果英、美、法的货币制度一旦动摇，依附其国家的币值也必将随之动摇。此外，如果实行金汇兑本位制的国家大量提取外汇储备并兑换黄金，那么英、美、法国家的货币制度就受到严重威胁。

总之，金块本位制和外汇兑本位制的内在不稳定性，本身就潜藏着崩溃的可能性。

(三) 国际金本位制的崩溃

第一次世界大战以前，国际金本位制出现了崩溃的前兆，表现在以下几方面。

(1) 金本位制下黄金自由兑换的原则被破坏。一些国家为了准备战争的军费开支，大量发行银行券用于囤积黄金，银行券的兑换趋于困难。

(2) 金本位制下黄金自由输出输入的原则也遭到了破坏。许多国家处在经济危机期，商品输出减少，资金外逃，引起黄金大量外流，于是各国政府下令限制黄金自由流动。

战争爆发后，各国明确规定禁止银行券与黄金的自由兑换，禁止黄金外流，从根本上破坏了金本位制赖以存在的基础，结果导致金本位制彻底崩溃。

金块本位制和金汇兑本位制是相当不稳定的货币体系。随着世界经济的增长和维持汇率稳定的需要，黄金的供应显得愈发不足。从根本上讲，当黄金的不足发展到一定程度就会使国际金块本位制和金汇兑本位制的基础十分脆弱。1929—1933年世界经济危机中各国纷纷放弃货币与黄金的联系；1933年美国爆发货币信用危机，停止美元兑换黄金，提高了黄金的官价；1935年5月德国放弃金汇兑本位制；1936年法国、比利时、荷兰、意大利、波兰、瑞士六国黄金集团瓦解；1937年6月法国由于黄金受到冲击而外流，故法国放弃金本位制；1939年9月英国停止黄金的兑换。第二次世界大战中，西方国家从美国购买军事物资，加剧了黄金的流失，于是，在世界经济大危机中，国际金块本位制和金汇兑本位制土崩瓦解。

四、国际金本位制的优劣

(一) 国际金本位制的积极作用

(1) 金币本位制下各国货币币值比较稳定，国内生产的规模和固定投资的规模不会因币值变动而出现振荡，生产成本也比较容易计算。另外，货币币值也有利于商品的流通和信用的扩大。因此，金币本位制促进了当时资本主义各国生产的发展。

(2) 金币本位制下汇率的波动幅度被限制在黄金输送点以内，汇率相对稳定，不会出现某种货币汇率大幅度贬值或升值的风险，这就保障了对外贸易与对外信贷的安全，促进了国际贸易发展。

(3) 金币本位制下的"物价铸币流动机制"(Price - specie Flowing Mechanic)，即当国发生国际收支逆差时，外汇供不应求就会引起本币汇率下跌；由于黄金可以自由输出输入，一旦跌过黄金输出点，就会引起黄金外流使国内银根紧缩，从而又会引起货币流通量的缩小，使该国物价水平下降；国内物价水平的下降，有利于该国出口产品的竞争，同时限制该国的进口产品，从而改善国际收支。如果一国发生国际收支顺差，则将发生相反的情形。由此可见，金币本位制下，其机制本身具有自动调节国际收支的功能。

(二) 国际金本位制的缺点

国际金本位制也有缺点，主要表现在以下几个方面。

(1) 国际的清算支付完全依赖于黄金的输出输入，导致各国黄金储备不平衡。由于各资本主义国家发展的不平衡和实力差异悬殊，较发达的国家通过贸易顺差的持续积累和其他特权，不断地积累黄金。到1913年，英国、美国、法国、德国、俄国五个国家的黄金存量达到了世界黄金存量的2/3，使得其他国家国内的金本位制难以继续维持。

(2) 货币数量的增长主要依赖于黄金产量的增长。世界经济的发展要求世界货币的数量也相应增长,然而,世界黄金产量跟不上世界经济的增长,使世界金本位制的物质基础不断削弱。

(3) 黄金作为货币发行准备的成本大。挖掘、库藏、运输和看守的机会成本过大。

第三节 布雷顿森林体系

一、布雷顿森林货币体系的创建

国际金本位制崩溃以后,整个西方世界的货币金融处于混乱之中,外汇管制和竞争性贬值比比皆是。在国际货币关系经历了几年无秩序状态后,各国开始探讨建立新的货币体系。

国际社会着手建立国际货币新体系始于第二次世界大战结束以前。当时,世界主要的经济政治强国英、美两国各自从自身利益出发提出了重新构建国际货币体系的方案:"凯恩斯计划"与"怀特计划"

(一) 凯恩斯计划

尽管英国战后经济实力被大大削弱,但仍竭力保持其国际地位,而且它在货币金融领域还拥有一定的实力,英镑仍是世界主要储备货币之一。为了与美国分享在国际金融领域的领导权,1943年3月,英国官方公布了当时的政府财政部顾问凯恩斯(G. Keynss)提出的"国际清算同盟方案",即"凯恩斯计划"。计划使英国政府通过"凯恩斯计划"的实施,建立了一个国际多边清算体系。"凯恩斯计划"的主要内容如下。

(1) 设立"国际清算联盟"作为世界性的中央银行。发行国际货币"班克"(Bancor),作为清算单位和国际储备。"班克"与黄金保持固定比价,联盟成员国应将黄金存入联盟换取"班克"存款,可用"班克"存款余额偿付对联盟的债务,但不能向联盟提取黄金。

(2) 各国货币直接同"班克"建立固定比价,可以适当做调整。各成员国应逐步废止各种类型的外汇管制,并有义务维持本国货币对外汇率的稳定。

(3) 各会员国在"国际清算联盟"中承担一定的份额,其承担份额的多少以战前三年进出口贸易平均额的75%来计算。份额不需要以黄金或外汇缴纳,而只是在"国际清算联盟"中开设往来账户,官方债权债务通过转账清算。国际收支顺差国将盈余存入账户,可用于进行对外投资或购买其他国家的商品,但一般不能提取现款或兑换黄金;而国际收支逆差国则用"班克"支付,可向联盟申请透支,各国透支总额为300亿美元。

(4) 联盟总部设在伦敦和纽约两地,理事会在英、美两国轮流举行。

(二) 怀特计划

与"凯恩斯计划"相对,美国政府于1943年4月发表了经济学家、时任美国财政部长助理的怀特提出的"国际稳定基金方案",即"怀特计划"。美国政府旨在通过"怀特计划"的推行，建立一个由美国政府控制的基金组织，以确定美国在战后国际金融领域的绝对统治地位。"怀特计划"的主要内容如下。

（1）设立一个"国际货币稳定基金"，资金总额为50亿美元，由各会员国用黄金、本币和政府债券缴纳，认缴份额的多少由各国黄金外汇储备和国民收入的大小决定。各会员国在基金组织中的发言权和投票权同缴纳的份额成正比。

（2）由"国际货币稳定基金"发行国际货币"尤尼它"（Unita）作为计算单位，一个单位"尤尼它"含金量为137.143格令，相当于10美元，可以在各会员国之间转移，也可以兑换成黄金。各国要规定本国货币与"尤尼它"之间的固定比价，不经基金组织同意，不得任意调整。取消外汇管制、双边结算和复汇率等歧视性措施。

（3）基金组织有权买卖黄金和成员国的货币；并有义务向会员国提供贷款，以解决国际收支不平衡的困难。

（4）基金的管理机构设立于在基金组织拥有最大份额的国家。

可以看出，"凯恩斯计划"和"怀特计划"有一些共同点：①注重经常账户下的不平衡问题的解决；②注重汇率的稳定，防止竞争性货币贬值；③注重发达国家的资金需求，不顾发展中国家的资金需要问题。但在重大问题上，两个计划的出发点迥然不同，观点上是根本对立的。"怀特计划"强调存款原则，货币体系要以黄金为基础，因为美国首先考虑的是在国际货币金融领域处于统治地位，同时避免过重的对外负担。为了避免通货膨胀，只设50亿美元的"稳定基金"。同时，"怀特计划"建议由"稳定基金"确定各国汇率。而"凯恩斯计划"则坚持透支原则，反对以黄金作为主要的储备资产。因为英国黄金缺乏，国际收支有大量逆差，"凯恩斯计划"中的"清算同盟"则能提供大量的清偿能力。同时，"凯恩斯计划"建议实行由"清算同盟"设想的弹性汇率。由此不难看出英美两国经济地位的变化以及为争夺世界金融霸权展开的斗争。

从1943年9月到1944年4月，英美两国政府代表团就国际货币计划的双边谈判展开了激烈的争论。由于当时美国在政治上和经济上的实力大大超过英国，英国政府被迫放弃"凯恩斯计划"而接受美国的"怀特计划"，同时美国也做了一些让步。

同年7月，在美国新罕布什尔州的布雷顿森林镇召开了"联合与联盟国家货币金融会议"，通过了以"怀特计划"为基础的《国际货币基金协定》和《国际复兴开发银行协定》，总称《布雷顿森林协定》。《布雷顿森林协定》（从下简称《协定》）于1945年12月正式生效，而"国际货币基金组织"和"国际复兴开发银行"的成立，标志着布雷顿森林货币体系的正式形成。至此，一个全新的国际货币体系正式建立。

二、布雷顿森林体系的内容与特征

布雷顿森林体系是一种以美元为中心的国际金汇兑本位制。这一体系的核心内容是"双挂钩"制度，即美元与黄金挂钩，各国货币与美元挂钩。布雷顿森林体系的基本内容包括以下几方面。

（一）创立永久性国际金融机构——国际货币基金组织

布雷顿森林体系建立了一个永久性的国际金融机构国际货币基金组织。它的建立旨在促进国际货币合作，维持国际金融体系的稳定，是战后国际货币体系的核心。IMF主要有以下职能：①监督，即监督成员国遵守《协定》各项条款，以维护国际金融秩序；②磋商，即定期举行世界经济形势与前景的磋商，并针对会员国出现的问题进行磋商；③资金融通，即对会员国提供信贷。IMF通过以上众多职能，维护国际金融与外汇交易的秩序，维持国际货币体系的正常运转。

（二）确定黄金—美元本位制

布雷顿森林体系以黄金为基础，以美元为主要国际储备货币。各国承认美国政府于1943年规定的35美元折合一盎司黄金的官价，美元直接同黄金挂钩，各会员国政府或中央银行可以按黄金官价用美元向美国换黄金。同时，其他各成员国根据自身状况确定其货币与美元的平价，这一平价一旦确定下来，就不得随意更改，并且成员国有义务干预市场以维持汇率稳定。这种制度安排使美元成为一种关键货币，国际储备和国际清算支付手段主要依赖美元，相当一部分国际储备以美国财政部或美联储发行的债券和美元短期存款形式持有。

（三）实行可调整的钉住汇率制

布雷顿森林体系下的汇率制度是"双挂钩制度"，即在美元与黄金挂钩的基础上，各国货币同美元挂钩。美元的法定含金量规定一美元0.888671克纯金，其他国家货币也规定各自的法定含金量。各国货币对美元的法定含金量之比，被确定为中心汇率。IMF协定规定，成员国中央银行有义务通过外汇市场交易保证汇率波动的幅度维持在平价上下1%以内，只有当成员国出现"根本性国际收支失衡"时，才可以较大幅度地调整汇率。在平价10%以内的汇率变动需通知IMF，超过10%的汇率调整则需IMF批准，所以是一种可调整的汇率制度。但是在实际运行中，成员国汇率调整的情况却很少。

（四）建立国际收支调节机制

对于会员国短期的暂时性失衡，可通过向国际货币基金组织进行资金融通加以解决；对于国际收支出现的"根本性不平衡"，IMF规定可对平价进行调整，实行法定升值或法定贬值。

针对顺差国，还制定了"稀缺货币条款"。所谓"稀缺货币"是指当一国国际收支持续盈余，并且该国货币在国际货币基金组织的库存下降到份额的75%以下时，国际货币基金组织可以将该国货币宣布为"稀缺货币"，采取临时性兑换限制，或限制进口该国商品和劳务。这一条款旨在建立顺差国和逆差国共同调节国际收支失衡的机制，但在实际操作时这一构想难以真正实现，国际收支调节的责任实际上主要是由逆差国承担的。

（五）取消外汇管制

《国际货币基金协定》规定会员国不得限制经常账户支付，不得采取歧视性货币措施，要在兑换性的基础上实行多边支付。但有三种情况例外：①允许成员国对资本项目实施外汇管制。②成员国在战后过渡时期可以延迟履行货币可兑换义务。③允许成员国对"稀缺货币"采取临时性兑换管制。

三、对布雷顿森林货币体系的评价

（一）布雷顿森林体系的优点

布雷顿森林体系为战后世界经济的发展提供了稳定的金融支柱，在战后持续二十多年的运行中，对国际贸易和世界经济的发展起到了积极的推进作用。

（1）布雷顿森林体系解决了世界黄金产量的不足。第二次世界大战后，由于黄金产量严重不足，国际储备的增长不能满足国际贸易的增长速度。确定美元为主要的储备资产弥补了国际清偿能力的不足，这在一定程度上缓解了国际储备的短缺问题，从而推动了国际贸易的发展。

（2）布雷顿森林货币体系下实行可调整的固定汇率制，汇率的波动幅度受到严格约束，只能在中心汇率的上下1%范围浮动，这种相对稳定的汇率有利于国际资本的流动和国际贸易的发展。同时，对于取消外汇管制的规定有利于各国对外开放程度的提高，并使市场机制更有效地在全球范围发挥其资源配置功能。

（3）建立了磋商和协调国际货币事务的机构——国际货币基金组织。国际货币基金组织对会员国提供各种类型的短期和中期贷款，可以暂缓会员国国际收支逆差所造成的问题，有助于世界经济的稳定和增长。国际货币基金组织在促进国际货币合作和建立多边支付体系方面也起到了积极作用。

（二）布雷顿森林体系的缺陷

布雷顿森林体系存在着内在的不稳定性，它在发挥巨大作用的同时，也引发了一些新问题，导致日后美元危机的爆发使该体系最终难逃崩溃的厄运。

（1）布雷顿森林体系以一国货币（美元）做主要国际储备资产，在本质上是无法长期稳定的。战后，美元之所以成为事实上的世界货币，是建立在美国的经济实力，尤其是它对黄金储备的垄断之上的。布雷顿森林体系之所以能够在一段时间里起积极作用，就因为维持美元地位的上述条件在那段时间里得到了维持。随着西欧、日本的复兴、美国经济实力下降，尤其美国对外负债超过黄金储备，美元的地位便不可避免地发生动摇。

美国经济学家特里芬曾经提出"美元两难"的著名论断：美元—黄金本位货币体系本身存在着不可克服的内在矛盾，即美元供应与美元信用的矛盾。由于黄金产量和美国黄金储备的增长跟不上国际经济和国际贸易发展的需要，美元处于进退两难的境地，即为满足世界经济增长和国际贸易的发展需要，美元的供应必须不断增长，这使美元同黄金的兑换性日益难以维持，一旦美国的黄金存量低于对外国中央银行的美元债务时，就会带来美元的信任危机；反之，美国要维持美元信誉，就必须减少国际收支逆差和美元的发行，而这又会减少美元的供给，导致他国国际储备的短缺，影响国际清偿能力。因此，布雷顿森林体系存在严重的内在不稳定性。

（2）固定汇率制使汇率对国际收支的调节作用失灵，造成各国内部经济不稳定。布雷顿森林体系的汇率制度是"可调整的钉住汇率"制，汇率比较固定，当国际收支出现暂时性的不平衡时一般不能调整法定汇率，因而各个依附国家为纠正对外收支失衡状况往往会引起国内经济失衡。发生国际收支逆差的国家会由于采取紧缩性货币政策而引起经济衰退，出现国际收支顺差的国家则会由于采取扩张性货币政策而导致通货膨胀。因此，各国政府面临着保持对外平衡还是牺牲国内经济稳定的"两难选择"。例如，英国在1967年国际收支经常账户逆差达11亿美元，当时英国曾实行紧缩性货币政策，提高英格兰银行贴现率，结果造成经济衰退，生产停滞，失业人数从1966年6月的26.1万人上升到1967年年初的63.1万人，增加41.8%。又如，西德的国际收支经常账户顺差在1955年为5.1亿美元，1956年增加到10.3亿美元，1957年又增为14亿美元，西德马克在国际金融市场的汇价持续坚挺。当时德意志联邦银行为了将西德马克的上涨幅度控制在规定的上限之下，便不断在西方外汇市场抛售马克，购进美元、英镑等货币来进行干预。结果西德的货币流通量在1957年增加到351亿马克，相当于83.6亿美元，发生了通货膨胀。

（3）在布雷顿货币体系中，发达国家与发展中国家之间很不平等。成员国投票权取决于所缴纳的份额，而份额取决于一国的国民生产总值、对外贸易、国际储备等的经济实力。因而，发展中国家缺乏发言权，它们的利益得不到足够的重视，国际货币体系的重大问题长期操纵在少数几个发达国家尤其是美国手中。此外，美元作为最主要的储备资产，享有其特权地位。美国可以利用美元弥补国际收支赤字，使美元持有国的实际资源向美国转移。美国可以利用美元直接对外投资，购买外国企业，操纵国际金融事务。由于各国货币钉住美元，美国的货币政策对各国经济有重大制约影响。

（4）外汇投机具有收益和风险的不对性，在特定时期会引发特大规模的外汇投机风潮。布雷顿森林体系下，各国的汇率往往与货币的实际供求情况有很大偏差。而且在现实操作中，国际货币基金组织只允许各国在国际收支逆差十分严重时实行货币贬值政策，汇率运动是单向的，故外汇投机行为几乎没有多少风险。又由于在固定汇率制下贬值幅度往往很大，故外汇投机一旦成功可获得较高的额外收益。在布雷顿森林体系时期发生的美元危机和英镑危机中，这些外汇投机行为规模巨大并最终导致其瓦解。

四、布雷顿森林体系的崩溃

美元危机是美元对外价值下降，致使美元汇率下跌，黄金价格上涨，出现了国际金融市场上大量抛售美元抢购黄金和其他硬通货的现象。布雷顿森林体系崩溃的过程就是美元危机的不断爆发、拯救、再爆发、再拯救直至崩溃的过程。

在第二次世界大战结束初期，各国的经济恢复都需要进口美国商品，但又缺乏美元用于支付。拥有美元就拥有了购买美国商品的能力，世界各国对美元的强烈需求造成了20世纪50年代的"美元荒"。为了缓解这种压力，美国、加拿大及各国际金融组织纷纷向欧洲提供贷款和援助，其中最著名的是"马歇尔计划"。通过这个计划，大量美元流入西欧各国，促使这些国家的经济逐步得到恢复。自1950年起，美国的国际收支开始出现逆差，其原因在于美国继续执行援外计划使其海外驻军费用支出庞大以及美国的低利率政策也促使资本外流。但在1958年以前，国际储备状况基本上还是短缺的，各国都乐于积累手中的美元，对美元仍有信心。

20世纪50年代末开始，随着世界经济的发展，美国经济实力相对下降，美元逐渐过剩，美国黄金储备流失、国际收支持续恶化，美国作为国际金融体系的中心虚弱不堪。终于从60年代开始，一次次爆发美元危机和美元贬值，至1973年布雷顿森林体系终于瓦解。

（1）第一次大规模的美元危机于1960年10月爆发。危机爆发前，西欧国家的经济已逐渐恢复和发展，国际收支转为顺差，持有的美元黄金储备也在增加，已出现美元相对过剩现象。各国开始用美元向美国政府兑换黄金，从而导致美国黄金外流。至1960年美国短期外债首次超过全部黄金储备，人们普遍开始对美元币值的稳定和是否能维持黄金官价产生怀疑，纷纷抛售美元，抢购美国的黄金和其他经济处在上升阶段的国家的硬通货（如马克）。伦敦市场的金价由35美元一盎司官价暴涨到41.5美元一盎司，高于黄金官价18.5%，同时西方各国外汇市场剧烈波动。

为了维持外汇市场的稳定和金价的稳定、保持美元的可兑换性和固定汇率制，美国和其他资本主义国家在国际货币基金组织的框架内进行合作，稳定国际金融市场。到1962年为止，美国分别与若干主要工业国家签订了"互惠信贷协议"（Swap Agreement），在基金组织的框架内建立了"借款总安排"（General Arrangement to Borrow）和"黄金总库"（Gold Pool）。

"互惠信贷协议"（Swap Agreement）是美国为加强对外汇市场的干预，于1962年3月分别与西方14个主要国家的中央银行签订的。协议规定两国中央银行在约定期间内相互交换一定金额的对方货币，以便使用对方货币来干预外汇市场，稳定汇率。在未使用之前，需以定期存款或证券资产的形式存于对方中央银行。为维持汇率稳定，双方可随时动用对方的货币干预外汇市场。当约定到期，则根据实行互换时的汇率相互偿还对方货币。

"借款总安排协定"（General Agreement to Borrow）是国际货币基金组织和10个工业国（美国、英国、法国、意大利、荷兰、比利时、日本、联邦德国、瑞典、加拿大）于1961年1月签订并于1962年10月生效的借款协议。主要目的是预防和平息国际货币危机，主要内容是：货币基金组织在货币危机时可以从十国集团借入总额为60亿美元的资金，贷给国际收支发生困难的国家（当时主要是美国）。其中，美国出20亿美元、英国和联邦德国各10亿美元、法国和意大利各5.5亿美元、荷兰和加拿大各2亿美元、比利时1.5亿美元、日本2.5亿美元、瑞典1亿美元。

"黄金总库"（Gold Pool）于1961年10月建立，成员包括美国、英国、法国、意大利、荷兰、比利时、瑞士和联邦德国八国的中央银行，目的在于共同出金维持金价的稳定和布雷顿森林体系的正常运行。总库所需黄金由各国分担，并指定英格兰银行为总库代理机构。当金价上涨时，英格兰银行就在伦敦市场抛出黄金；当金价下跌时就买进黄金，以此来调节市场的黄金供求，稳定金价，维持黄金和美元的地位。

第一次美元危机爆发后，国际货币基金组织及各工业国都积极采取挽救措施，但是这并没有从本质上纠正布雷顿森林体系的缺陷，美元危机仍不可避免。

（2）第二次严重的美元危机于1968年3月爆发。20世纪60年代中期，美国陷入越南战争，政府财政和国际收支状况日益恶化，美元不断贬值，黄金储备大大低于对外短期债务，同时国内通货膨胀加剧。由于投机浪潮十分猛烈，美国仅仅在半个月内就流失了14亿美元的黄金。美国政府和"黄金总库"此时已无力维持1盎司35美元的官价，终于改行"黄金双价制"（the System of Dual Price of Gold），即官方结算仍维持1盎司兑35美元的官价，而市场的黄金价格由供求关系自发决定。这样，私人市场上黄金价格随风上涨，逐渐拉开与黄金官价的距离。在黄金双价制下，美元实际上已经贬值，这意味着以黄金—美元为中心的布雷顿森林体系已局部瓦解。

此时，各国已普遍认识到布雷顿森林体系的危机，为了摆脱这一困境，1969年10月，国际货币基金组织第24届年会通过了设立"特别提款权"（Special Drawing Rights，SDRs）的决议。特别提款权是国际货币基金组织建立的一种国际记账单位，作为某些实体间的支付手段和国际金融资产。成员国可凭此权向国际货币基金组织提用资金，当需要进行政府间结算时，特别提款权可以用来交换外汇，支付国际收支逆差或偿还国际债务，但不能直接用于贸易或非贸易的支付。1970年1月，基金组织进行首次分配，特别提款权即开始投入使用。特别提款权的设立和黄金双价制的实行，实际上反映了布雷顿森林体系的基础在动摇。

(3) 第三次美元危机于 1971 年夏爆发。由于美国出现严重的对外贸易逆差，西方市场抛售美元抢购黄金的浪潮比任何时候都要猛烈，法国政府也带头以美元向美国兑换黄金。此时，美国对外短期债务与黄金储备的比率已达到历史最高点，短期债务高达 510 亿美元，而同期黄金储备只有 102 亿美元。

1971 年 8 月，为防止黄金继续外流，美国总统尼克松不得不宣布实行"新经济政策"，正式停止履行外国政府或中央银行用美元向美国政府兑换黄金的义务，并对外国商品征收 10% 的进口附加税，同时强迫联邦德国和日本等国实行货币升值。停止美元兑换黄金表明，美元与黄金挂钩这一布雷顿森林体系的一大支柱已经倒塌。

出于对"新经济政策"的不满，1971 年 12 月，"十国集团"在华盛顿达成"史密森协议"（Smithsonian Institution Agreement）。具体内容为：①战后美元第一次正式贬值：黄金官价贬值 7.89%，从每盎司 35 美元提高到 38 美元。美元仍不可兑换黄金。②美元同时对一些国家的货币贬值 2.76% 至 7.66% 不等。③将市场外汇汇率的波动幅度从黄金本价上下的 1% 扩大本价上下各 2.25%。④取消 10% 的进口附加税。"史密森协议"没有解决各国货币关系中的根本性问题，只是勉强维持了布雷顿森林体系的固定汇率制，是对付美元危机的一种暂时性措施，在该协议下，美元与黄金的可兑换性已经终止，布雷顿森林体系的核心部分已经瓦解。

(4) 第四次美元危机于 1973 年 2 月爆发。当时国际金融市场上又掀起抛售美元，抢购联邦德国马克、日元和黄金的浪潮。美国在 1973 年 2 月被迫再次宣布美元贬值 10%，黄金官价由每盎司 38 美元提高到 42.22 美元。各国为了维持中心汇率，不得不投放大量本国货币，支撑美元汇率，结果造成了巨大的通胀压力，使得各国无法承受，于是西方各国纷纷放弃固定汇率，转而实行浮动汇率制。因为布雷顿货币体系的两大支柱都已倒塌：美元不能兑换黄金、各国货币也不再和美元保持固定比价，布雷顿森林体系实际上就此瓦解。

【案例 5-1】

第四节 牙买加体系

布雷顿森林体系崩溃后，国际货币金融局势一直处在动荡之中，世界各国都希望建立一种新的国际货币制度。于是，国际社会为谋求建立健康稳定的新游戏规则而进行了激烈的交锋和艰难的磋商，最终达成共识，于 1976 年 1 月在牙买加首都金斯敦签署了"牙买加协议"。同年 4 月，IMF 通过了协议的第二次修订案，形成了"牙买加体系"。

一、牙买加货币体系的形成及主要内容

国际货币基金组织在 1972 年成立了由 20 个国家组成的国际货币体系改革及有关问题专

家委员会,简称"二十国委员会"。1974年7月,基金组织根据"二十国委员会"的建议,设立了"国际货币制度临时委员会"(简称"临时委员会"),负责研究有关国际货币制度改革的问题,并向基金组织理事会提供意见。临时委员会由二十国财长、中央银行行长组成。经过反复磋商,1976年1月8日,在牙买加召开的会议上达成了综合性协议,即《牙买加协定》。为了将《牙买加协定》纳入国际货币基金组织协定并加以实施,国际货币基金组织理事会于1976年4月通过《国际货币基金协定第二次修正案》,第二次修正包括了《牙买加协定》的主要内容,在1976年4月底经表决通过,并于1978年4月1日起正式生效。牙买加协定是对布雷顿森林体系崩溃这一"既成事实"的法律上的追认。各国习惯把牙买加协定后的国际货币体系称为"牙买加体系",经过国际货币基金组织的不断协调修改,牙买加体系一直沿用至今。其具体内容如下。

(一) 浮动汇率合法化

《牙买加协定》正式承认浮动汇率制度的合法性。会员国可以自由做出汇率方面的安排,国际货币基金组织同意固定汇率制与浮动汇率制暂时并存;但会员国的汇率政策须受基金组织监督,以防止各国采取损人利己的货币贬值政策,在世界经济恢复稳定后,基金组织经过85%的总投票权同意,可恢复"稳定的但可调整的平价制度"。

(二) 黄金非货币化

废除黄金官价,允许黄金价格随市场供求自由浮动,会员国中央银行按市价从事黄金交易。取消会员国之间,或会员国与基金组织之间以黄金清偿债权债务的义务,降低黄金的货币作用。逐步处理基金组织所持有的黄金,按市价出售基金组织黄金总额的1/6(约2 500万盎司),另有1/6按官价归还各国会员国,剩余部分(约1亿盎司)根据总投票权85%的多数做出具体处理决定。

(三) 增加基金份额

增加成员国在基金组织中的基金份额,由原来的292亿特别提款权单位增加到390亿特别提款权单位,增加33.6%,其中主要是增加石油输出国组织的份额所占比重。增加基金份额,目的是提高基金组织的清偿能力。

(四) 提高特别提款权的国际储备资产地位

新协定规定:特别提款权(SDRs)可以作为各国货币定值的标准,可以供参加这种账户的国家用来清偿对基金组织的债务,也可以用特别提款权进行借贷。要使特别提款权逐步取代黄金和美元,而成为国际货币制度的主要储备货币。

特别提款权是国际货币基金组织及其成员国为克服美元危机、国际清偿能力不足给国际经济带来的困难,于1969年创立的一种新的国际储备资产。因为它是国际货币基金组织成员国在原有的普通提款权以外的一种补充,故称为"特别提款权"。它在创设之初,其单位价值定为0.888671克纯金,与1971年12月贬值前的美元等值。

(五) 扩大对发展中国家的资金融通

基金组织扩大对发展中国家的资金融通,并出售会员国缴纳的1/6的黄金作为"信托基金",以优惠条件向最穷困的发展中国家提供贷款。同时,将基金组织的部分贷款额度由会员国份额的 100% 提高到 145%，并提高"出口波动补偿贷款"在份额中的比重，由 50% 的份额提高到 75% 的份额。

二、牙买加货币体系的特点和评价

牙买加体系下黄金退出流通，不再是各国货币平价的基础，也不能用于各国政府间的国际清算。同时，新协定虽然规定了以 SDRs 为国际货币体系的主要储备资产，但由于作为储备资产的 SDRs 占成员国储备资产的比重太少，事实上形成了以过去美元独霸天下过渡到以美元为主的多种储备货币为特征的国际货币体系。而汇率制度安排上也发生了重大变化，由布雷顿森林体系单一的可调整的钉住美元的汇率制度过渡到以浮动汇率为主的混合汇率体制。此外，牙买加体系建立了多种国际收支不平衡的调节机制，通过汇率机制、利率机制、国际金融机构的干预和贷款以及动用国际储备资产来综合调节国际收支不平衡。

牙买加协议针对当时世界的金融问题，对有关黄金、特别提款权和汇率的条款都做了修改，建立起新的国际货币制度。它在一定程度上整治了布雷顿森林体系留下的混乱金融秩序，对维持国际经济运转和推动世界经济发展起到了积极作用。

首先，美元已经不是唯一的国际储备货币和国际清算手段，取而代之的是多元化储备体系。这在一定程度上解决了"特里芬难题"，使信心和清偿能力之间的矛盾有所缓和。当对两种储备货币发生信心危机时，这种储备货币地位下降，而其他储备货币，则在储备资产比重上升；当一个储备货币发行国国际收支盈余而无法提供足够的清偿能力时，又有其他货币可以补充其不足。这样，多元储备体系在世界经济繁荣和衰退期间都有较强的适应性。

其次，浮动汇率制度能较灵活地随经济状况的变动做出调整，自由的汇率安排能使各国充分考虑本国的宏观经济条件，并使宏观经济政策更具独立性和有效性，而不必为维持汇率稳定而丧失国内经济目标。

最后，多种国际收支调节机制并行也较能适应各国经济发展水平相差悬殊，发展模式、政策目标都很不同的局面，在一定程度上缓解了布雷顿森林体系调节失灵造成的后果，对世界经济的良好运转起到了积极作用。

然而，牙买加体系的各种优点从另一个角度看也是这种货币制度的缺点，它的灵活性、适应性造成了该货币制度的不稳定性。具体表现为以下几点。

首先，在国际储备多元化的条件下，各储备货币发行国尤其是美国仍然享受着向其他国家征收"铸币税"的特权。并且国际清偿力仍不能完全符合世界经济均衡增长的形式，它不仅丧失了金本位条件下的自发调节机制，而且也没有形成国际货币基金组织对国际清偿能力增长的全面控制。同时，多元化储备体系下，只要对其中某一种货币的信心稍有动摇，其持有者便欲抛出该货币，兑换成别的国际储备货币，国际储备货币间的投机不可避免，这种投机会加剧外汇市场的动荡。

其次，在浮动汇率制度下，汇率并不是根据世界经济发展的需要以及国际金融发展的形式来确定的，而是根据各国自身的需要和利益来确定的，也就是说，各国中央银行经常干预外汇市场，从而导致汇率制度呈现出一种无序的状态，竞争性贬值或竞争性升值的现象时有发生，汇率体系缺乏稳定的基础。实际情况表明，汇率不仅在短期内经常波动，在长期也呈现大起大落之势，增加了汇率的风险。例如，美元汇率从 1980 年至 1985 年第一季度，汇率上升幅度达60%以上,从1985年2月至1987年年底又下降了50%以上,波动幅度惊人,给国际贸易、国际借贷、国际信用和各国经济都带来不利影响。

最后,国际收支调节机制缺乏效率,全球范围内国际收支不平衡问题未得到根本的解决。以美国为例,美国的贸易逆差从1980年的134亿美元不断扩大至1985年的1 337亿美元,但美元的汇价非但没有下跌反而呈现上升趋势,可见汇率机制运转失灵。同时,多种调节机制中除了IMF和世界银行的调节外,其他几种调节方式都由逆差国自行调节,并且对这种自行调节没有任何的制度约束和制度支持。而国际货币基金组织又无力监督和协调顺差国与逆差国的收支调节,这使得国际收支失衡现象日趋严重,也为20世纪末的世界性债务危机埋下了隐患。

第五节 区域性货币合作

第二次世界大战以来特别是20世纪60年代起,世界经济尤其是区域经济一体化趋势不断加强,同一地区中两个或两个以上相邻近的国家实行经济联合采取共同的经济方针政策和措施,形成的曲线经济共同体,欧盟可以说是区域经济体化最典型的代表,目前它发展到经济一体化的最高层次——经济联盟和单一货币。

一、区域货币一体化的理论与实践

经济一体化从低级向高级发展,其形式大致分为如下四种。
(1) 自由贸易区。
(2) 关税同盟及在自由贸易区的基础上,成员国对第三国实行共同关税税率。
(3) 共同市场,即除了要实现关税同盟外还要求作为生产要素的资本和劳动力能够在经济区内部自由流动。
(4) 经济和货币联盟,即在共同市场的基础上保持各国经济政策上的步调一致,在这一阶段要求各成员国货币一体化各成员国的外汇储备量,设立单一的中央银行发行统一货币。

随着经济一体化的发展,货币一体化特别是区域性货币一体化日益成为国际金融界关注的焦点。所谓区域货币一体化是指在一定范围内有关国家和地区在货币金融领域所进行的协调与合作,根据区域内货币合作的不同程度,区域货币一体化可分为三种类型区域:货币合作、区域货币联盟和通货区。区域货币合作是指有关国家或地区在有关货币金融领域实行的协商、协调乃至共同行动,它在合作形式、时间和内容等方面都有较大的选择余地,往往是相对暂时的、局部的和松散的货币合作。区域货币联盟是区域货币合作的深入发展,指通过某些法律文件或共同遵守的国际协议就有关货币金融的某些重大问题进行合作。通货区是区域货币联盟的高级表现形式,其特征是成员国货币之间的名义比价相互固定,具有一种占主导地位的货币作为各国货币汇率的共同基础,主导货币与成员国货币相互间可充分的自由兑换，存在一个协调和管理机构，成员国的货币政策主权受到削弱。通货区是区域货币一体化的高级形式，而如果在通货区内实行单一货币，将成为区域货币一体化的最高形式。

与货币一体化密切相关的理论是最优通货区理论（Theory of Optimum Currency Areas, OCA），它主要研究如何给通货区确定一个最佳范围，即具有什么样特性的国家或地区相互之间可以结合成为一个通货区，或者说在什么样的条件下加入通货区利大于弊，在什么样的条件下加入通货区利小于弊。简言之，最适合通货区理论是关于货币一体化的理论，主要研究固定汇率的最佳实行范围。最优通货区理论最早由美国哥伦比亚大学教授罗伯特·蒙代尔于1961年提出。当年他曾表示，由于欧洲国家逐渐走向一体化，因此组成共同货币同盟对欧洲的发展最为有利，这一区域内所有国家将发现，采用单一货币比沿用本国货币更为方便。1999年1月1日欧元正式启动，表明蒙代尔经济理论由理论变为现实，蒙代尔也因此被称为"欧元之父"。

欧洲货币一体化的演讲被称为是布雷顿森林体系崩溃后在国际货币安排方面最有意义的发展，是最适度通货区理论最为成功的实验结果。它通过在成员国之间建立一个"货币稳定区域"，在区域内实行固定汇率安排，方便了成员国间的经济交往与合作。

货币一体化是经济一体化发展到一定阶段的必然产物。伴随着欧洲一体化进程（见图5-1），欧元从理想变成现实，这个过程可大体上分为三个阶段：欧洲支付同盟、欧洲货币体系、欧元区。

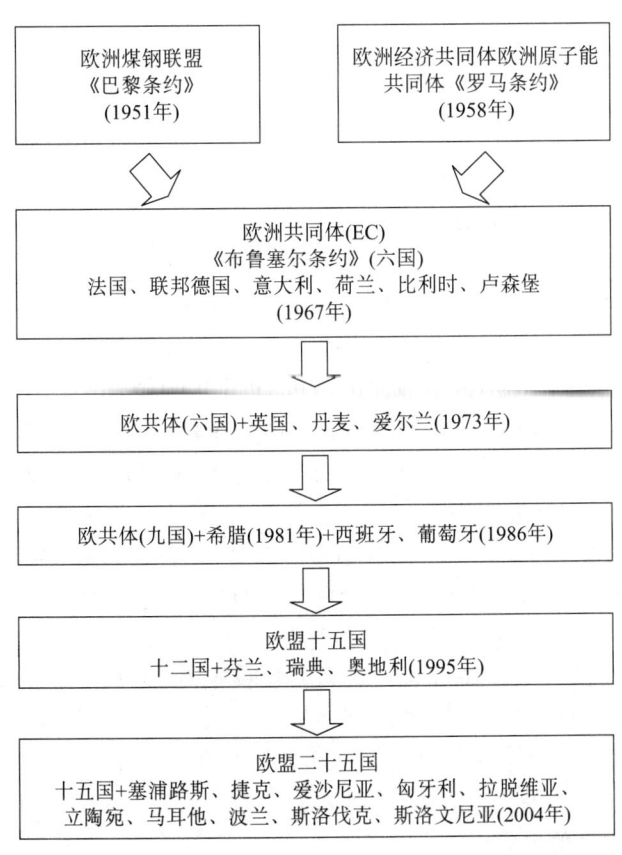

图5-1 欧洲一体化进程

二、欧洲货币体系

(一) 从欧洲支付同盟到欧洲货币体系

西欧各国货币的一体化，最早是从欧洲经济合作组织于1950年成立的"欧洲支付同盟"开始的。1951年4月，法国、联邦德国、意大利、荷兰、卢森堡和比利时六国成立了煤钢联盟；1957年3月在罗马签署成立欧洲经济共同体和欧洲原子能共同体条约，简称《罗马条约》，确定建立欧洲共同市场的目标；1967年三个共同体合并，统称为欧洲共同体。1968年7月实现了关税同盟，取消成员国之间贸易限制和关税，在成员国之间实现农产品自由流通。这两大政策的实施为欧共体实行货币一体化打下了基础；而关税同盟和共同农业政策的实施也迫切需要货币一体化的支持。

1969年，布雷顿森林体系瓦解之际，欧洲经济共同体六国在荷兰海牙举行会议，提出建立欧洲货币联盟（European Monetary Union，EMU）1970年2月9日，经欧共体六国部长会议通过，宣告成立"欧洲经济和货币同盟"。以卢森堡首相兼财政大臣魏尔纳为首的委员会于次年提出了"魏尔纳报告"。计划10年内（1971年年初—1980年年底）分三阶段实现货币联盟目标。

（1）1971—1973年：缩小成员国货币波动幅度，着手建立货币合作储备基金，以支持稳定汇率活动。

（2）1974—1976年：汇聚成员国外汇储备，维持固定汇率制度，实现内部资本的自由流动。

（3）1977—1980年：建立一个商品、货币、劳动、资本自由流动的经济统一体，固定汇率制度向统一的货币发展，货币储备基金向统一的中央银行发展。

"魏尔纳计划"在随后发生的石油危机和金融风暴中搁浅，但是根据"魏尔纳计划"，欧共体建立了欧洲货币合作基金、欧洲货币单位，并于1972年开始实行成员国货币汇率的联合浮动。联合浮动汇率制度又称为"可调整的中心汇率制度"，参与该机制的内部成员国货币之间保持可调整的钉住汇率，并规定汇率的波动幅度，对外则实行集体浮动汇率。

联合浮动极易受到美元汇率被动的冲击，从1977年开始，美元对德国马克、英镑、法国法郎连续下跌，特别是德国马克不断升值，使联合浮动汇率制度受到严重威胁。为摆脱美元汇率波动的冲击，1978年7月，当时的联邦德国总理施密特和法国总统密特朗联合在共同体不来梅会议上提出了建立"欧洲货币体系"的建议，得到与会国的积极反应，并就此建议发表了"不来梅宣言"。同年12月共同体首脑在布鲁塞尔就欧洲货币体系问题达成一项协议，1979年3月31日协议正式生效，欧洲货币体系宣告成立，成员国包括法国、联邦德国、意大利、荷兰、比利时、卢森堡、丹麦和爱尔兰，英国当时未参加欧洲货币体系，但英格兰银行按规定认缴黄金和外汇储备，参加了共同基金。希腊、西班牙和葡萄牙加入共同体后分别于1985年、1989年和1992年正式参加欧洲货币体系，英国也于1990年加入。瑞典、芬兰、奥地利三国在1995年加入欧洲共同体后也加入了欧洲货币体系。这样，欧共体的成员全部被纳入欧洲货币体系的机制之内。

(二) 欧洲货币体系的内容

欧洲货币体系（European Monetary System，EMS）包括三方面内容：欧洲货币单位

(European Currency Unit，ECU)、欧洲货币合作基金（European Monetary Cooperation Fund，EMCF）和稳定汇率机制（Exchange Rate Mechanism，ERM）。

1. 欧洲货币单位

其创设是欧洲货币体系与联合浮动汇率制度的最大区别。欧洲货币单位的定值与特别提款权类似，其价值是欧共体成员国货币的加权平均值，每种货币的权数根据该国在欧共体贸易中所占比重和该国国民生产总值的规模而定。德国马克、法国法郎、英镑是欧洲货币单位的组成货币中最重要的三种货币，其中德国马克所占比重最大。组成欧洲货币单位的成员国货币的权数每 5 年调整一次，若其中任何一种货币比重的变化超过 25%，则可随时对权数进行调整。

欧洲货币单位的发行有特定的程序。在欧洲货币体系成立之初，各成员国将 20% 的黄金储备和 20% 的美元储备交付欧共体的欧洲货币合作基金，该基金以互换形式向成员国发行数量相当的欧洲货币单位。

欧洲货币单位的作用主要有下面三种。

（1）作为欧洲稳定汇率机制的标准。各成员国货币与欧洲货币单位保持固定比价，与其他成员国货币的比价由该中心汇率套算得到。

（2）作为确定成员国货币汇率偏离中心汇率的参考指标。

（3）作为成员国官方之间的清算手段、信贷手段和外汇市场的干预手段。

2. 欧洲货币合作基金

欧共体于 1973 年 4 月设立了欧洲货币合作基金，集中成员国各 20% 的黄金储备和美元储备作为发行欧洲货币单位的准备。由于各国储备数量和美元、黄金价格处于变动之中，该基金每隔一段时间就要重新确定金额。欧洲货币合作基金的主要作用是向成员国提供贷款，以帮助它们进行国际收支调节和外汇市场干预，保证欧洲汇率机制的稳定。1979 年 1—6 月，欧洲货币基金就曾动用 500 亿美元进行大规模的外汇市场干预，有效地维护了汇率机制的稳定。与此同时，还规定了信贷体制：各成员国中央银行可以相互提供本国货币的短期信贷，作为利用外汇储备干预市场的补充。

3. 稳定汇率机制

稳定汇率机制是欧洲货币体系的核心。该稳定机制有两个组成部分：一是参与国都确定本国货币与欧洲货币单位的（可调整的）固定比价，即中心汇率，并依据中心汇率套算出与其他参与国货币之间的比价。通过各国货币当局在外汇市场上的强制性干预，使各国货币汇率的波动限制在允许幅度内，可以围绕两国的双边中心汇率上下波动 ±2.25%，意大利的波动幅度可达 ±6%，各国货币之间的汇率以其与欧洲货币单位的中心汇率为基础，形成一个网状的平价体系，被称为"平价网状系"，从而为稳定汇率机制规定了运行框架。二是参与国都确定本国货币与欧洲货币单位的偏离指标（Divergence Indicator），它是在 1978 年 7 月的欧共体"不来梅首脑会议"上制定的，该指标表示一国货币汇率与其中心汇率的偏离程度，在欧洲货币单位中所占权数越大的货币，其偏离界限就越小；反之，则偏离界线越大。因此，德国马克的偏离临界值指标的目的在于，使主要货币的汇率保持相对稳定，从而实现整个汇率机制的稳定，偏离指标也是稳定汇率机制的重要组成，在欧洲货币体系汇率机制中发挥着预警作用。

最大允许波幅和偏离临界值形成双重限制，形成了两种稳定汇率机制的干预方式，一种是边际干预，另一种是边际内干预。边际干预是指成员国货币汇率波幅达到或接近最大被允许波幅时，货币当局应该采取强制性的市场干预，使汇率重新接近中心汇率。由于干预点是对称的，边际干预也是对称的。边际内干预，则是指当成员国货币汇率的波幅达到偏离临界值时，有关国家的货币当局进行磋商和采取预警措施。它属于预防性干预，不具备强制性的约束力，但能够有效地减少欧洲汇率机制内部的汇率波动，对于推动欧洲货币一体化进程具有重要意义。由于偏离临界值在成员国间的不对称，边际内干预也具有不对称的成分，可能当弱币已达到偏离临界值时，强币却还没有收到预警信号，也可能预警信号错误地发向一种"无辜"的货币，而使理应对这种偏离负责的货币未得到警告。此外，还可能由于汇率波动过于剧烈，使波幅提前达到干预点水平，导致偏离临界值的预警作用无从发挥。各国货币当局在实施市场干预时，可以要求欧洲货币合作基金向其提供信贷支持，以帮助它们克服国际收支困难，提高干预市场的能力。

当成员国货币汇率偏离界限，无法通过外汇市场干预和其他相关调节政策加以维持时，必须对整个平价体系作出调整。截至1998年3月，欧洲货币体系的中心汇率和平价体系已调整了55次，较严重的一次是1992年9月中旬，意大利里拉和英镑甚至暂时退出了汇率机制，成为独立浮动的货币，由此酿成欧洲货币体系史上著名的"九月危机"。

"九月危机"是欧洲货币体系成立以来最大的一次危机，造成这次危机的主要原因是各国经济政策内外目标上的差异以及政策上的不协调，这主要是由于德国的高利率政策给其他西欧国家造成很大压力。当时，西欧其他国家为摆脱萧条，刺激本国经济复苏，先后调低利率，结果使资金从这些国家流入利率相对较高的德国，形成马克坚挺的局面。这使这些国家面临两难选择，若要维持其货币与马克和欧洲货币单位的固定比价，进而维持欧洲货币体系的稳定汇率机制，就必须调高利率；若要通过降低利率来刺激本国经济复苏，又必须被迫使其货币对马克贬值。经过一段期间的协商，英国、意大利终于抵挡不住外汇市场的强大压力，于1992年9月宣布英镑和里拉暂时退出欧洲货币体系的汇率机制，由此酿成"九月危机"。危机一直延续到1993年夏天，西班牙比塞塔和法国法郎也先后遭受冲击，被迫暂时退出欧洲货币体系的汇率机制或对马克大幅贬值，使欧洲货币体系的汇率机制遭受沉重打击。

若不考虑1992年发生的欧洲货币体系危机，可以说欧洲稳定汇率机制的运行还是基本成功的。首先，它促进了成员国货币间汇率的稳定。欧洲货币体系下，中心汇率的调整频率要远远低于联合浮动阶段，这一稳定汇率机制为将来货币联盟实施不可调整的固定汇率制度打下了基础。其次，汇率机制的稳定作用有利于成员国之间通货膨胀差异的缩小、经济政策的协调和经济状况的改善。最后，汇率机制的稳定扩大了欧洲货币单位在官方领域与私人领域的使用范围和使用程度，为最终发行单一货币创造了条件。

但是，"九月危机"也说明了欧共体成员国之间在内外均衡问题上存在很大分歧，如何处理及协调好一国内部均衡与外部均衡的关系，对维持欧共体的稳定和促进欧洲货币一体化进程都是至关重要的。如果成员国不能在经济和货币政策方面让渡更多的主权并进行更有效的协调，欧洲稳定汇率机制就很难维系。

三、欧元的产生

欧洲货币体系的汇率机制虽然在一定程度上约束着参加国的汇率政策，但它并不是一个彻底的固定汇率制度。1993 年 8 月以后多数参加国的汇率波动幅度由原来规定的 ±2.25% 扩大到 ±15%，只有统一货币才能从根本上消除汇率波动。

早在 1985 年 6 月，欧共体执行委员会通过了《欧洲一体化文件》和《完成内部市场》的决议，决定在 1992 年年底之前建立欧洲统一大市场，实现商品、劳务、资本、人员四大自由流动，并正式将货币联盟作为其发展目标之一。1986 年欧共体 12 国外长签署了《单一欧洲法案》，修改并补充了《罗马条约》，为建立欧洲统一大市场确立了法律基础，从此，欧洲经济一体化进入新的阶段。1989 年 4 月，欧共体执行委员会主席雅克·德洛尔提出了《欧洲共同体和货币联盟的报告》（又称德洛尔计划），明确指出，货币联盟的最终目标之一就是建立单一欧洲货币，并决定自 1990 年 7 月 1 日实行该计划。

德洛尔计划分三个阶段实现经济与货币联盟。第一阶段的主要任务是加强货币与财政政策的合作，消除阻碍共同体内资本自由流动的一切障碍，为此于 1990 年 6 月开始，撤销成员国的外汇管制，尽量避免汇率重组。第二阶段的主要任务是进一步协调各国的经济政策、继续充实欧洲货币基金，将货币决策权由各国逐步移向欧共体，建立欧洲货币机构，集中行使宏观经济政策，减少汇率波动。第三阶段成员国汇率完全稳定，建立单一货币和欧洲中央银行，并由欧洲中央银行统一行使干预外汇市场和公开市场业务的权力。

1991 年欧共体 12 国首脑在荷兰马斯特里赫特签订《马斯特里赫特条约》（又称《欧洲联盟条约》，以下简称《马约》）。《马约》的签订，标志着货币一体化建设的最高目标——货币联盟的启动。相对于欧洲货币体系的建立，它的产生具有更深刻、更广泛的政治经济意义。标志着欧共体从初级的经济一体化向高级的经济与货币联盟迈进。《马约》规定了一个分三阶段实施货币一体化的计划：第一阶段，1990 年 7 月至 1993 年年底，完成德洛尔计划第一阶段的任务，实现资本的自由流动，使欧共体所有成员国都以同一条件加入欧洲货币汇率机制，扩大欧洲货币单位的应用范围；第二阶段，从 1994 年开始，成员国要调整经济政策，使一些主要经济指标达到欧共体规定的标准，缩小成员国在经济发展上的差距，建立欧洲中央银行的雏形—欧洲货币局，最早于 1997 年但不晚于 1999 年 1 月 1 日前发行欧洲单一货币——欧元；第三阶段，1999 年年初至 2000 年 6 月底，建立欧洲中央银行体系，成员国之间实行不可逆转的固定汇率制度，引进欧元，各国货币退出流通。1998 年 3 月，欧盟委员会认为有 11 个欧盟成员国已总体达到《马约》所规定的经济趋同标准，成为首批流通欧元的国家，它们是法国、德国、意大利、西班牙、比利时、荷兰、卢森堡、葡萄牙、奥地利、芬兰、爱尔兰。

1999 年 1 月 1 日，欧元作为 11 个参加国的非现金交易"货币"，以支票、信用卡、股票和债券等方式进行流通，希腊于 2001 年 1 月 1 日正式加入欧元区。2002 年 3 月 1 日以后欧元区 12 国各自的货币已全部退出流通。

四、欧元启动对世界经济及政治的影响

（一）欧元问世对欧盟经济的影响及面临的问题

1. 欧元问世对欧盟经济的有利影响

（1）有利于促进成员国贸易、经济的发展。欧盟国家贸易总额的60%是在区内完成的，统一货币后，欧洲内部的外部风险消除了，避免了欧洲内部不同国家的货币交易，由此可节约大量成本。据估计，欧洲每年可以节约外汇交易费用300亿美元；欧盟组成统一的中央银行，可节约外汇储备金额，将这笔资金用于投资，可拉动经济增长，欧元的问世，将使欧洲内部投资决策简化，从而有力地推动了私人投资增长。由于欧元启动后，欧洲内部的商品、劳务、资本流动更加自由，有利于欧洲资源配置和分工。

（2）有利于增强抵御国际游资冲击的能力，欧洲实施货币统一后，各成员国经济趋同，可以避免或减少货币动荡对经济产生的负面影响，从外部各个击破成员国汇率防线的问题不复存在。

（3）欧元将成为与美元抗衡的货币和各国主要的储备货币，使欧洲在国际舞台上的地位明显提高。

（4）从政治上看，欧洲货币联盟的形成可以加速欧洲政治联盟的建立，货币联盟可以作为政治联盟的催化剂加强欧洲的政治稳定。总之，欧元的出现预示着一个强大的欧盟的出现。

2. 欧元的诞生以及欧洲经济与货币联盟面临的问题

（1）欧元币值的稳定性。欧元区十二国的生产力发展水平以及经济基础差距悬殊，形式上的达标（低债务比率）不能改变素质上的不同。

（2）一元化的货币政策和多元化的财政政策相互矛盾。欧元国把货币政策的制定权交给了欧洲中央银行，但各成员国的财政政策仍是独立的，货币政策和财政政策的协调难度很大。如英国、爱尔兰等国通过的税率来吸引投资，给德国、法国等高税率国家造成较大压力。

（3）欧元区各主权国家政治上的独立增加了区内经济政策协调的难度。

（二）欧元问世对国际货币体系的影响

1. 欧元的引入将改变全球的外汇储备状况

欧元问世与欧元区的形成，标志着世界上一个经济实力足以与美国抗衡的经济体的崛起，美元——欧元双寡头的国际储备货币格局形成。各国中央银行对外汇储备进行调整，适当减少美元，增加对欧元的需求，国际金融体系出现"两霸"的格局。这一格局的形成一方面可使各国摆脱对美元的过分依赖，避免因美元汇率的波动给其他国家造成较大损失，从而降低各国储备管理难度，避免国际金融被一国所操纵；另一方面可使国际交易中的计价结算支付体系更加简化和便利，促进国际货币合作和政策协调。

2. 欧元产生后，国际资本市场有较大改观

虽然国际市场上美元仍然是无可争议的主要货币，但欧元的出现缩小了美国与欧盟之间现存的货币差额，从而使国际金融市场上几种主要货币之间的实力对比发生根本性变化。如

欧元，自1999年1月1日问世后，在三年多的时间内已占到世界货币市场的24%、债券市场31%、全球资产管理机构投资货币的28%、外汇市场的38%、储备资产的13%，欧元区外有五十多个国家把他们的货币汇率钉住欧元。

3. 欧元区的出现和发展加剧了全球的货币集团化趋势

欧盟货币一体化和欧元的问世，给世界各地的区域经济组织提供了许多可资借鉴的经验，为其他经济组织的货币合作起到了示范作用。

（三）欧元对国际金融市场的影响

1. 欧元问世改善欧洲金融市场的结构，提高欧洲货币市场的地位

欧元的问世，促使欧洲货币市场向纵深方向发展，推动金融创新的进一步深入。欧元成为银行贷款，发行国际债券和票据以及从事远期、期权、掉期、套期、利率互换等金融衍生业务的工具。大量资金可以自由地在区内不同国家的债券市场和股票市场之间转移，使欧洲货币资金市场容量迅速扩大，交易量上升，市场的流动性大大提高，资本作为重要的生产要素得到优化配置，可促进经济增长和生产力发展。

2. 欧元问世使国际金融中心地位发生相对变化

欧元区内各国虽然拥有一些国际金融中心，但一直是一种"众星捧月"的格局。伦敦属于欧洲金融市场的核心，法兰克福、巴黎、米兰、布鲁塞尔等由于所在货币区域的经济金融实力和货币的国际地位不强，历史上也没有独特的地缘优势，所以无缘成为占主导地位的国际金融中心，随着欧元区国家总体经济金融实力壮大，欧元区中央银行总部所在地法兰克福的金融中心地位得到提高。欧元问世还促使泛欧性质的金融中心得以产生，银行的跨境资金往来同国内支付一样便捷，从而解决了各国货币市场沟通渠道上的一大技术障碍，欧元区内外证券交易所的联合和购并日益高涨，最为典型的是1999年9月，欧洲八大证券交易所的总裁们在布鲁塞尔会议上，一致同意建立一个泛欧洲的、统一的证券市场，通过欧洲金融市场的进一步证券化，逐渐改变过去以间接融资即银行中介为主的局面。统一货币推动了市场惯例规制的协调化和一体化，包括重组、联合和购并，逐渐消除了原来欧洲各国金融市场的分割状态，进一步促使债券市场、股票市场一体化。

（四）欧元启动对我国经济的影响

1. 欧元启动对我国出口既有机遇又有挑战

中国出口企业失去了一部分竞争优势，如劳动密集型产品遭遇到南欧国家强大的竞争。但从长期看，欧元启动后，简化了贸易手续，方便了贸易结算，为出口提供了便利条件。

2. 欧元为促进欧洲企业向中国投资创造了一定条件

欧元启动推动了区内资本市场迈向一体化，使欧洲企业扩大境外投资、寻求市场，短期内欧洲内部的投资将有所增长。从长远看，欧元区将减轻美元动荡对国际金融的冲击，减少欧盟企业在境外经营的风险，这无疑将促进欧盟对外投资。由于欧元中长期可能是设施和高技术产业的投资，我国正处于经济结构调整之中，这类行业投资需求较大，支付能力较强，双方具备投资合作的基础。

3. 促进中国加快金融改革与开放

欧元启动将在三个方面给中国金融业带来冲击：欧洲是中国金融跨国经营的中心区域，

中国在更加强大的金融银行业中遇到更为激烈的竞争;欧元,促使欧洲金融业向东南亚、美国和中东等区域扩大经营,因而我国在欧元区以外也遇到了激烈竞争;欧元区作为区域集团进一步要求发展同中国的金融关系,包括要求中国开放金融市场,外资金融机构的进入对中国金融业提出了挑战,促使中国尽快建立与开放相适应的金融监管制度并完善金融银行体系。另外,欧洲央行的宏观调节取得的一些经验,为中国金融政策提供了借鉴。

五、亚洲货币合作

(一) 亚洲货币合作的主要进展

欧元的建立不仅对区域经济整合、货币合作,而且对世界其他地区建立一体化的货币都起了示范作用。伴随着亚洲内部贸易的不断扩大以及1997年东南亚金融危机的影响,亚洲各国经济体对于加强区域间金融合作的想法已经逐渐达成共识。例如,东亚地区的货币合作可以遵循从低级到高级,从松散到紧密的发展规律,经历一个从"宏观经济政策的区域协调"到"区域货币合作基金"创建,再到"汇率稳定机制"构筑,直至形成"单一货币区"的演进历程。

经过东亚各国的一系列努力,亚洲货币合作已初显成效。2000年5月在泰国清迈召开的亚洲开发银行年会上,东盟与中、日、韩(10+3)签署了"货币互换协定",即《清迈倡议》,决定建立基于双边货币互换协议的区域救助机制。《清迈倡议》的本质是在东盟"10+3"框架下的一种双边美元互换安排。在《清迈倡议》下,各成员国之间各自签署一系列的外币互换协议,约定在一方陷入危机时,可以向另一方申请外币贷款。

由于双边货币互换在实行过程中发挥的作用较小,各方开始推动清迈协议的多边化。2007年5月,"10+3"财长会议正式提出设立共同外汇储备基金的设想。2008年5月,在西班牙马德里召开的"10+3"财长会议上,各国共同宣布同意筹建外汇储备基金至少800亿美元。其中,中、日、韩三国出资80%,其余20%由东盟十国负担。2009年2月22日,"10+3"特别财政会议在泰国南部普吉岛召开,会议集中讨论了区域宏观经济形势、各国应对危机的政策措施以及东亚财经合作等重要议题。会议决定,将筹建中的区域外汇储备库规模从原定的800亿美元扩大至1 200亿美元,并争取于2009年5月前就主要要素达成一致。2010年3月24日,东盟与中日韩(10+3)财长和央行行长以及中国香港金融管理局总裁共同宣布,清迈倡议多边化协议正式生效。

(二) 亚洲货币合作的困难

尽管亚洲各国的金融合作已经有了实质性的进展,但是各国自身的特点也决定了这一进程必然面临重重困难。

(1) 经济发展的失衡。从亚洲各国的情况来看,中、日、韩与东盟十国的经济发展差别很大。除了日本是发达国家之外,其他各国都是发展中国家。与欧盟的情况相比,亚洲各国的人均GDP不仅居于不同的层次,而且各层次相差很大,经济一体化程度比较低。

(2) 经济结构的相似。亚洲各国中大部分都具有相似的经济结构,比如劳动密集型产业在国内经济中的比重较高,出口产品相互替代、经济增长对投资和出口的依赖较大等,这势必会造成各国在国际市场上的激烈竞争,且极易产生矛盾,这也必然会成为亚洲货币一体化进程中的一大障碍。

（3）历史文化的差异。亚洲是一片具有丰富的历史、文化、宗教和民俗的古老大陆，区域内各国家的政治制度和意识形态呈现出极大的差异，并存在着很多矛盾与隔阂，这在一定程度上也严重阻碍着各国的货币合作。

（4）合作机制的主导。由谁来主导这样一个合作机制也同样是一个值得注意的问题。由于亚洲缺少强势货币，因此就没有一个能够承担起核心责任的货币作为后盾。而且货币一体化是扩大一国地区影响力的有利条件，因此必然存在主导权的激烈争夺。

因此，尽管随着亚洲各国间经济和金融的合作交流不断扩大，亚洲货币一体化的进程正在加快，但是任重而道远，短期内将难以实现。

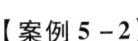

第六节　现行国际货币体系及改革

一、现行货币体系的特征及问题

现行国际货币体系是以"牙买加协定"为基本框架的，主要特点是以美元为中心，国际储备多元化和浮动汇率长期化。自牙买加体系确定汇率浮动的合法性后，浮动汇率制度一直沿用至今。根据 2014 年 IMF 对各国（地区）汇率制度的分类，目前 188 个成员（地区）的汇率制度分为以下几类：实行硬钉制（Hard Pegs）的有 25 个，实行软钉制（Soft Pegs）的有 83 个，浮动制度（Float）的有 65 个，其他汇率制度的为 18 个。

对于世界储备资产而言，黄金的货币作用逐渐消失，而目前特别提款权又不可能成为主要的储备资产，美元作为国际储备资产的地位虽然下降，但仍是最主要的国际储备。概括地说，目前的国际储备体制是一个由黄金、可自由兑换的外汇、特别提款权、在国际货币基金组织中的储备头寸四部分构成的多元化储备格局。

现行的国际货币体系确认了布雷顿森林体系崩溃后浮动汇率的合法性，继续维持全球多边自由支付原则，但也存在一系列的严重弊端。20 世纪 70 年代初逐渐形成的现行的国际货币体系，没有沿袭布雷顿森林货币体系下较为严格的汇率制度、资本流动控制以及国际收支调节等方面的纪律和秩序，也不是通过国际有效的金融合作与协调来形成。这使现行国际货币体系的存在和运行没有稳固的基础，处于一种无序状态。这种无序状态以发达国家与发展中国家的利益冲突表现出来，这种利益冲突又以全球金融动荡和金融危机表现出来。面对这种利益冲突和金融危机，现行的国际金融协调机构和机制显得无能为力，从而使现行的国际货币体系的功能缺陷日益明显。

(一) 汇率体系不稳定

根据各国实行浮动汇率制的实际经验，人们可以得出以下结论：①汇率制度的不均衡性突出，而且存在发达国家（尤其是美国）对汇率制度的主动安排与发展中国家被动选择的矛盾。②在浮动汇率制度下，汇率频繁而急剧地波动，严重阻碍和扰乱了国际贸易和金融市场，也使一些国家的外汇储备和外债问题变得复杂化。由于汇率变动对各国经济产生了重大影响，各国金融当局都通过干预外汇市场的"管理浮动"措施来稳定汇率。这样，各国的汇率水平往往会偏离市场决定的均衡汇率，并且会受到本国偏好和利益的影响。目前，干预外汇市场已经成为国际金融市场的普遍现象。

(二) 国际储备货币多元化并未真正消除储备风险

储备分散化有利于一国的外汇管理和减少汇率变动带来的风险，相对降低了单一中心货币对世界储备体系的影响，缓和了国际清偿能力的不足。但多种储备体系主要是由支配世界经济的国家的货币所组成，它仍具有内在的不稳定性。这对于经济基础薄弱，又缺乏对付金融动荡的经验和物质准备的发展中国家尤其不利，会使它们在国际贸易和储备资产方面遇到重大的困难。

(三) 国际收支失衡严重

由于现行国际货币体系中国际收支调节机制的不健全，国际收支调节责任往往仅由逆差国来承担，这不仅给赤字国带来了严重困难，而且加剧了全球性的国际收支严重失调的程度。现在，发展中国家的巨额外债成了全球性国际收支不平衡的一个重大问题。

(四) 缺乏有效的调节与合作机制

现今全球的经济现实是：各国的金融市场联系越来越密切，相互依赖程度也越加深入，只要某一金融市场发生动荡，就会迅速地影响波及其他金融市场，引起不同金融市场的联动效应。并且随着金融全球化和自由化的发展以及全球金融市场的形成和资本国际流动的增加，国际协调与合作的效率已成为国际货币体系稳定运行和防范国际金融风险的重要因素。而现行国际货币体系还没有这样的主体。

(五) 中心—外围国家权利义务不对等

现行的国际货币体系仍然是美元主导体系，美元享受了巨大的经济利益——攫取巨额的铸币税、不受限制地向全世界举债、美元超发等。美国在国际货币基金组织占有一票否决权，但并没有承担相应的责任和义务。广大的发展中国家在国际货币体系中处于从属地位，难以防范汇率波动、资产贬值和物价上涨的风险。

(六) IMF 未能充分发挥其职能

IMF 是现行国际货币体系的重要载体之一，它的职能是与国际货币体系的制度性安排相联系的。与成立之初确定的国际货币基金组织应该行使的职能内容不同，由于现行货币体系确立了多元化的储备货币格局和浮动汇率制，这也就意味着 IMF 放弃了维持固定汇率及对成员国干预汇率提供资金援助的责任和义务。在发生货币危机时，IMF 通常是袖手旁观的。只有当危机可能危及该国货币的自由汇兑或债权债务的清偿时，IMF 才会予以援助。东南亚金融危机开始时，IMF 之所以无动于衷，即与此有关。在监督成员国国际收支状况，帮助逆差国调节国际收支问题上，IMF 也同样不负有义务，因为现行的汇率制度是自由浮动并具有自动调节国际收支的功能，如果成员国国际收支逆差的严重程度尚未影响该国的对外支付能力时，IMF 并无义务进行援助，它一般会等待成员国货币汇率下调来调节国际收支的逆差。这样，IMF 肩负的任务实际上只剩下"协助建立成员国之间经常账户交易的多边支付体系，并消除妨碍世界贸易发展的汇兑限制"这最后一条。因此，必须对国际货币基金组织进行改革。

二、现行货币体系改革的讨论与方案

第二次世界大战后，从"布雷顿森林体系"到"牙买加体系"，国际货币体系的改革并未有效地防范金融危机，危机从一国向全球的传播呈现出愈演愈烈的态势，对国际经济和金融秩序的危害性也越来越大。可见，现行货币体系仍存在很多弊端。为此，许多学者对国际货币体系进行深入的研究考察并提出相应的改革方案。

（一）有关国际基础货币问题

要建立一个比较稳定的国际货币体系，首先要从货币的实体与形式统一这个基本观点来考虑。因此改革现行国际货币体系面临的首要问题，是就选择国际基础货币或本位货币问题达成广泛的国际协议。从改革计划的方案看，大体有以下几种主张。

1. 回归新金本位制的构想

出于对所谓的金融资产和实物资产已经构成"倒金字塔"，以及美元代行世界货币时所导致的"金融霸权"的疑虑，部分发展中国家的经济学家认为必须重新回到金本位制的轨道上来，并提出了所谓的"新的金本位制"构想：即全球所有国家同时加入金本位制国家联盟，来一致确定或同时变更其货币相对于黄金的稳定关系。持有该构想的理由是：①货币作为价值尺度自身必须具有价值，现行的信用货币体系只能导致人们对纯粹信用货币的疯狂追逐和金融资产的无节制膨胀；②目前的黄金储备数额巨大，足以保证以黄金为基础的货币取得相当的稳定性；③回归金本位制度还意味着，发达国家榨取通货膨胀税以及国际铸币税的可能性被剥夺，因此新金本位更公正。

但是，恢复传统的国际金本位制，无论从理论上还是现实上看，都难以实现。这是因为，①从历史上看，金本位制并不足以保证世界经济避免通货膨胀或通货紧缩的威胁；②金本位制度是对人类资源的惊人浪费，世界经济越发达，所需要的纯粹作为交易中介的全球黄金存量就越惊人。退言之，即使金本位制度下的金融资本全球化更为公正，但它却注定要使全球经济增长收敛于一个极限（全球可充当货币用途的黄金存量），或崩溃于一个极限（这是指要么世界经济的发展由于黄金资本的极度匮乏而崩溃，或由于人类技术的进步可以合成黄金而导致金本位基础全部丧失而崩溃）。经济金融化或虚拟化，是一个不可避免的历史进程。历史上已经发生过的向金本位制复归的实践也说明，试图重拾被抛弃了的金本位制是不可能的。

2. 特别提款权本位制

特别提款权在 1969 年就已创立，其优点是本身价值量相对稳定，同时它是人为创造的资产，可以满足各国对国际清偿能力日益增长的需求。重建具有稳定的定值基准并为各国所接受的新储备货币需要国际社会长时间的努力，为满足短期内稳定国际货币体系的需要，应该充分发挥特别提款权的作用。

要实现特别提款权本位制还有很多问题亟待解决。首先,这需要各成员国政治上的积极配合,国际货币基金组织必须成为世界性的中央银行,才能保证特别提款权成为国际本位货币,这个过程任重而道远。其次,要把特别提款权货币化,扩大其使用范围。目前 SDR 仅是记账单位,使用范围狭窄,不能在国际贸易与非贸易领域流通。再次,需要进一步完善 SDR 的定值和发行方式。另外,现行按份额分配特别提款权的方法也要改革,以扩大满足广大发展中国家的需要。

(二) 有关汇率制度的改革问题

针对几个工业化国家汇率的大幅波动,为了保持稳定的汇率,一些学者提出设立"汇率目标区"(Target Zone)。

最早提出"汇率目标区"制度的是荷兰财政大臣杜森贝利(Duilsenbery),随后经过各国政府和学者的探索和发展,最终在 1991 年由克鲁格曼创立了汇率目标区的第一个规范理论模型——克鲁格曼的汇率目标区理论。

汇率目标区理论的基本思想是:各参加国之间确定货币的"汇率目标区",在汇率目标区有一个中心汇率(基本汇率),并在中心汇率附近确定一个汇率波动的范围。当市场汇率波动超过波动带范围时,有关国家应调整其经济政策,积极干预市场或调整其中心汇率。该理论建议首先在美、英、日、德、法五个工业发达国家的货币之间建立一种相对均衡的汇率及其浮动幅度,作为"汇率目标区"的汇率和波动幅度,其他国家的货币汇率则钉住"目标区"的汇率和浮动幅度,并随之浮动。

"汇率目标区"的特点是:首先,目标区规定的是几种主要货币的波动幅度;其次,"汇率目标区"没有正式规定干预的责任,汇率波动超过目标区的上下限时,政府可以不承担义务,但必须运用经济政策,特别是汇率政策调整汇率,使其回到目标区内;而且,汇率目标区在必要时予以调整。可见,这一体系兼具灵活性和稳定性,避免了汇率的暴涨暴跌,使汇率的波动更稳定。但"目标区"方案也存在一些问题:比如中期汇率的适当水平难以确定;官方干预外汇市场的能力有限;用货币政策维持汇率,对国内经济有副作用等。然而,现实经济中,各国中央银行都在一定程度上按"汇率目标区"的构想对汇率进行监测、单独或联合地干预市场汇率。

(三) 国际协调机制和国际金融机构改革

国际协调机制和国际机构组织是国际货币体系中非常重要的载体,是国际货币体系的硬件。在协调机制中,最重要的是各经济体之间的沟通渠道。当前的国际协调机制是发达国家主导,不代表广大发展中国家的利益。在经济全球化、相互依存性越来越强的形势下,国际协调机制的改革必须强调发达国家和发展中国家的合作,发达国家也必须增加对发展中国家的援助,把新兴经济体吸收进国际经济治理框架中。

国际货币体系重建过程中,国际货币基金组织作为核心机构的功能和作用应进一步增强,必须进行相应的治理机构改革,如基本投票权、基金份额和执行董事会组成的改革,以适时反映世界经济格局的变化,增强国际货币体系的合法性。国际货币基金组织必须发挥稳定汇率的职能和作用,强化监督全球主要储备货币发行国的基础货币的发行状况,对成员国的监督应具有切实的约束力。制定和执行宏微观层面的风险监管标准，强化对国际货币体系的危机防范和救治职能。

三、全球金融危机后对现行货币体系改革的现实选择

自2007年8月以来，世界经历了一场由美国次贷危机引起的全球性金融危机。这次金融危机出现了一百多年以来最大的股市跌幅，并向实体经济蔓延，导致许多全球性大公司因资金短缺而面临破产保护的境地。这都是美元信用制度引起的，过多的美元不仅造成美国的虚假繁荣景象，而且热钱冲击包括中国在内的新兴经济体的楼市，进而造成世界流动性过剩，泡沫经济出现。所以，为避免类似的全球性金融危机再次爆发，必须重新思考美元的霸权地位，改革现行的美元主导的国际货币体系。

（一）国际货币体系改革是一个长期过程

国际货币演变的历史表明，国际货币体系的变化是一个从量变到质变的过程，其改革将是各个国家针锋相对的博弈过程，同时也是国际经济秩序格局的演变过程。当前各国实力对比意味着以美元为主的国家货币体系短期内无法改变，国际货币体系改革将是一个长期的过程。从英镑主导到美元主导的国际货币体系的发展历史经验看，一个国家的货币要成为主要的国际货币，需要具备几个基本条件。首先，需要有经济实力优势。其次，需要一个适当的机会。如第一次世界大战使英镑国际货币地位受到削弱，第二次世界大战使美国成为唯一强国等。目前，美国和欧洲主导的全球政治与经济治理结构发生重大改变的可能性不大，发展中国家无论是单个还是整体，在政治、经济和军事上还无法和发达国家相匹敌，所以国际金融体系不可能在短期内改变。

（二）国际货币体系改革可分为两个阶段

第一阶段是过渡期。这段时期内，各国需要维持以美元为中心的国际货币体系的稳定，积极支持欧元等有条件成为国际货币的货币加入这一体系，同时要约束美国宏观经济政策及货币发行。这需要主要国家之间达成共识并相互做出让步。发展中国家在过渡期可联合致力于推动国际货币体系重建，如2014年7月成立的金砖国家开发银行，改变了第二次世界大战以来发达国家在全球开发金融领域占绝对领导地位的局面，第一次由发展中国家的大国在没有发达国家领衔的情况下成立了符合发展中国家本身经济发展需要的国际性开发金融机构，对国际货币金融体系改革发挥催化剂的作用。

第二阶段的目标是重构国际货币体系，建立更加公平合理的国际金融新秩序。国际货币体系改革的核心问题之一就是作为国际储备基础的本位币选择问题，可创造一种与主权国家脱钩并能保持币值长期稳定的国际储备货币——超主权货币。超主权储备货币能够避免主权信用货币作为储备货币的内在缺陷，当一国主权货币不再作为全球贸易的尺度和参照基准时，该国汇率政策对失衡的调节效果会大大增强。这将极大地降低未来危机发生的风险，增强危机处理能力。

【案例5-3】 金砖发展银行

【延伸阅读 5-1】人民币国际化的历史机遇与战略决策

【延伸阅读 5-2】脱离美元结算及创建新的国际货币体系的趋势解读

【延伸阅读 5-3】欧盟建立 Instex 货币结算系统的前景

【延伸阅读 5-4】适应全球治理新格局的高素质国际金融人才应具备的条件

本章小结

国际货币体系也称国际货币制度，它是指国家间进行各种交易支付所采用的一系列安排和惯例以及支配各国货币关系的一套规则和机构。国际货币体系的基本内容包括：汇率制度、国际货币和储备资产的确定、货币可兑换性的规定、国际结算原则、国际收支调节机制，以及黄金和外汇的自由移动性。国际货币体系随着历史的发展而不断演变，主要经历了国际金本位制时期、布雷顿森林体系时期和牙买加体系时期。

国际金本位是世界上最早出现的一种国际货币体系，它以一定成色及重量的黄金作为本位货币。在国际金本位制下，金币可以自由铸造、自由兑换、自由输出输入，黄金是主要的国际储备资产。

1945 年 12 月，随着《布雷顿森林协定》的生效，布雷顿森林体系正式形成。其基本内容为：黄金对美元的价格固定，美元与黄金挂钩，各国货币与美元挂钩，实行可调整的钉住汇率制。由于具有不可克服的内在缺陷，在经历过多次美元危机后，布雷顿森林体系最终走向崩溃。

现行货币制度是以"牙买加协定"为基本框架的，其主要内容有：浮动汇率合法化，黄金非货币化，增加基金组织的份额，扩大对发展中国家的资金融通，以特别提款权作为主要国际储备资产。

区域性货币一体化是指一定区域内的有关国家和地区，在货币金融领域中实行协调与合作，通过不可逆的固定汇率平价和完全自由兑换或通过实施单一货币结成一个货币联盟，建立统一的货币体系。欧洲货币体系的建立以及欧元的成功出台，为世界区域货币合作起到了良好的示范作用。在金融全球化的背景下,东亚各国也正在为亚洲货币合作做出一系列努力。

现行的国际货币体系仍存在缺陷,为此,有关人士对于国际货币体系的改革提出了方案及主张,包括恢复传统的国际金本位制、重建布雷顿森林体系、建立特别提款权本位制、设立汇率目标区以及创造一种超主权国际储备货币等。

思考题

1. 国际货币体系的概念和主要内容是什么?其划分标准是什么?
2. 结合国际货币体系的演变过程,分析一个稳定的国际货币体系必须具备的条件。
3. 简述国际金本位制的内容和特点。
4. 简述布雷顿森林体系的主要内容、特征及崩溃的根本原因。
5. 与布雷顿森林体系相比,牙买加体系有哪些积极作用?存在哪些缺点?

关注"中财资源库"公众号获取思考题参考答案
(公众号内点击"找答案—本科")

第六章 原生性外汇交易

【知识目标】

掌握外汇市场的基础知识；
掌握即期外汇交易的含义；
掌握远期外汇交易的含义及远期汇价的计算。

【能力目标】

理解套汇交易的应用；
理解套利交易的应用。

【价值引领目标】

培养学生良好的投资习惯；
树立科学的避险保值交易理念，为实体经济的平稳发展保驾护航。

【导入材料】

利用远期外汇交易规避汇率风险

瑞士 A 公司是一家生产小型机床的公司。2020 年 7 月，美国一家公司欲从 A 公司进口一批小型机床，A 公司即期付款报价为每台 26 000 瑞士法郎。美国公司希望延期 3 个月并以美元来付款，A 公司担心 3 个月后美元汇率波动的风险，决定在签订出口合同的同时，与当地一家银行签订远期外汇合同，出售 3 个月远期美元，来规避美元汇率波动而可能遭遇损失的风险。你了解远期外汇交易吗？远期外汇交易应如何来操作？为什么远期外汇交易可以规避汇率波动的风险？

第一节　外汇市场

国际上因贸易、投资、旅游等经济往来，总不免产生货币收支关系。但各国货币制度不同，要想在国外支付，必须先以本国货币购买外币；另外，从国外收到外币支付凭证也必须兑换成本国货币才能在国内流通。这样就发生了本国货币与外国货币的兑换问题。西方国家和我国的中央银行是执行外汇政策、影响外汇汇率、经常买卖外汇的机构。所有买卖外汇的商业银行、专营外汇业务的银行、外汇经纪人、进出口商，以及其外汇市场供求者都经营各种现汇交易及期汇交易。这一切外汇业务组成一国的外汇市场。

一、外汇市场概述

（一）外汇市场的概念和职能

1. 外汇市场的含义

外汇市场，是指在国际间从事外汇买卖，调剂外汇供求的交易场所。它是指经营外币和以外币计价的票据等有价证券买卖的市场，是金融市场的主要组成部分。

外汇市场有广义和狭义之分。广义外汇市场是指所有进行外汇交易的场所。由于不同国家货币制度不同，一个国家的商人在另一个国家购进商品，支付本国货币一般是不被接受的，这个商人必须支付卖出商品者国家所能接受的货币。因此，为了进行贸易结算，这个商人需到市场上进行不同货币之间的交换。这种买卖不同国家货币的场所，就是广义的外汇市场。狭义的外汇市场指外汇银行之间进行外汇交易的场所。外汇银行买卖外汇，要产生差额，形成外汇头寸的盈缺。外汇头寸是指经营外汇业务的银行账户上外币收付的数额。头寸一词为中国历史上的商业用语，原指款项，在外汇业务中用以表示各种外币买进和卖出数额之余缺状况。若收大于支，则为多头寸，支大于收，则为空头寸，多头寸是债权，空头寸是债务。由于市场上汇率千变万化，银行外汇头寸的多缺都会带来损失，因此外汇银行要对多余的头寸进行抛出，或对短缺的头寸进行补进。各外汇银行都进行头寸的抛补，就形成了银行间的外汇交易市场。

2. 外汇市场产生的原因

（1）贸易和投资。进出口商在进口商品时支付一种货币，而在出口商品时收取另一种货币。这意味着他们在结清账目时要收付不同的货币。因此，他们需要将自己收到的部分货币兑换成可以购买商品的货币。与此相类似，一家买进外国资产的公司必须用当事国的货币支付，因此，它也需要将本国货币兑换成当事国的货币。

（2）投机。两种货币之间的汇率会随着这两种货币之间的供需的变化而变化。交易员在一个汇率上买进一种货币,而在另一个更有利的汇率上抛出该货币,他就可以盈利。投机大约占了外汇市场交易的绝大部分。

(3) 对冲风险。由于两种相关货币之间汇率的波动,那些拥有国外资产(如工厂)的公司将这些资产折算成本国货币时,就可能遭受一些风险。当以外币计值的国外资产在一段时间内价值不变时,如果汇率发生变化,以国内货币折算这项资产的价值时,就会产生损益。公司可以通过对冲消除这种潜在的损益,即执行一项外汇交易,其交易结果刚好抵销由汇率变动而产生的外币资产的损益。

3. 外汇市场的市场职能

外汇市场的功能主要表现在三个方面,一是实现购买力的国际转移,二是提供资金融通,三是提供外汇保值和投机的市场机制。

(1) 实现购买力的国际转移。国际贸易和国际资金融通至少涉及两种货币。而不同的货币在不同的国家购买力不同,这就要求将本国货币兑换成外币来清理债权债务关系,使购买行为得以实现。这种兑换是在外汇市场上进行的。外汇市场所提供的就是这种购买力转移交易得以顺利进行的经济机制,它的存在使各种潜在的外汇售出者和外汇购买者的意愿得以关联并实现。当外汇市场汇率变动使外汇供应量正好等于外汇需求量时,所有潜在的出售和购买愿望都得到了满足,外汇市场处于平衡状态之中。这样,外汇市场提供了一种购买力国际转移机制。同时,发达的通信工具已将外汇市场在世界范围内联成一个整体,货币兑换和资金汇付因而能够在极短时间内完成,购买力的这种转移变得迅速和方便。

(2) 提供资金融通。外汇市场向国际间的交易者提供了资金融通的便利。外汇的存贷款业务集中了各国的社会闲置资金,从而能够调剂余缺,加快资本周转。外汇市场为国际贸易的顺利进行提供了保证,当进口商没有足够的现款提货时,出口商可以向进口商开出汇票,允许延期付款,同时以贴现票据的方式将汇票出售,拿回货款。外汇市场便利的资金融通功能也促进了国际借贷和国际投资活动的顺利进行。美国发行的国库券和政府债券中很大部分是由外国官方机构和企业购买并持有的,这种证券投资在脱离外汇市场的情况下是不可想象的。

(3) 提供外汇保值和投机的机制。在以外汇计价成交的国际经济交易中,交易双方都面临着外汇风险。由于市场参与者对外汇风险的判断和偏好的不同,有的参与者宁可花费一定的成本来转移风险,而有的参与者则愿意承担风险以实现预期利润。由此产生了外汇保值和外汇投机两种不同的行为。在金本位和固定汇率制下,外汇汇率基本上是平稳的,因而就不会形成外汇保值和投机的需要及可能。而浮动汇率下,外汇市场的功能得到了进一步的发展,外汇市场的存在即为套期保值者提供了规避外汇风险的场所,又为投机者提供了承担风险、获取利润的机会。

(二) 外汇市场的运行机制

外汇市场是由多种要素组成的有机整体,它有自己的形成和运行机制,一般来说,它的运行机制主要包括供求机制、汇率机制、效率机制和风险机制。

第一,供求机制。外汇的供求关系是市场汇率形成的基础,汇率又反过来调节外汇的供求。由于外汇市场的参与者成分复杂,参与外汇交易的买卖双方有着不同的目的,故要揭示供求关系需从具体分析各交易者入手。外汇市场主要由中央银行、外汇银行、外汇经纪人和外汇市场客户等组成,形成外汇市场的五大交易或供求关系。

第二,汇率机制。汇率机制是指外汇市场交易中汇率升降同外汇供求关系变化的联系及相互作用(外汇汇率的变化又会引起外汇供求的变化)。一般情况下,较高的汇率意味着购买外汇的一方要花费较高的成本,从而会引起外汇需求的减少,并导致外汇供给相对过多而使汇率下降。而当汇率下降到均衡点或均衡点以下时,对外汇的需求又会迅速增加,使供求关系恢复到新的均衡状态,使汇率上升。外汇供求与汇率之间的这种辩证关系,成为中央银行追求国际收支平衡目标,促进国民经济健康增长的实现机制。中央银行通过在外汇市场上买卖外汇,调节汇率的实际水平,改善外汇市场的供求关系,实现货币政策,促进国民经济良性发展。

第三,效率机制。效率机制是外汇市场交易中能够促使实现公平竞争、公正、快速交易,同时能够促进资金合理配置的机制。通常的市场效率是指市场价格能反映和促进资源的正确分配,及时提供充分、准确的信息,为投资者决策提供参考。外汇市场的效率机制,主要体现在外汇市场的远期汇率能够准确地反映未来即期汇率的变化,为外汇交易者提供准确的信息,供其交易时参考。

第四,风险机制。外汇市场运行中的风险机制,主要是指外汇交易中风险的增减同汇率变动之间的相互联系、相互作用。从客观上分析,外汇市场交易风险主要来自三个方面:一是外币购买力的变化。在浮动汇率制度下,两种货币的比价即汇率的变动,在很大程度上取决于两国货币购买力的变化。一般情况下,外国发生严重的通货膨胀,货币购买力下降,不仅意味着外国货币对内贬值,还意味着对外贬值。反映到汇价上,就会出现一定单位的外币只能换取较少的本币,即汇率下降。如果外币的通货膨胀率下降,货币购买力上升,则意味着外国货币对内、对外升值,反映到两国货币的汇率上,就会出现一定单位的外币可换取比原来较多的本币,使汇率上升。但由于外国货币购买力何时变化、变化幅度多大,他国外汇交易者难以及时、准确掌握和预测,由此增加了对未来即期汇率预测的难度,从而增加了外汇交易的风险。二是本国货币购买力的变化。若一国国内出现通货膨胀,物价开始上涨,意味着本国货币购买力下降,在其他情况不变时,会导致汇率上升,本币贬值。由于本国货币购买力的变化也受多种因素影响,有些因素甚至是未知的、不可控的,因此,对本国货币购买力即汇率变化的预测也不可能是准确无误的,这样,外汇交易风险也就难以避免。三是国际收支状况。当一国国际收支出现顺差时,外汇供过于求,本币汇率则上升。然而,国际收支状况的统计及公布要有一定的过程和时限,其对每日汇率的影响是难以察觉和预知的,由此也会增加外汇交易的风险。

上述外汇市场的四种机制并非各自孤立的,而是相互联系和影响,以此调节外汇市场的运行,保持外汇市场的秩序与稳定,使外汇市场成为一个高度严密、高速运行的有机整体。

(三)外汇市场的特点

1. 二十四小时交易

由于全球金融中心的地理位置不同,全球各大外汇市场因时间差的关系,成为昼夜不停,全天 24 小时连续运作的巨大市场。惠灵顿、悉尼、东京、香港、法兰克福、伦敦、纽约等各大外汇市场紧密相联,为投资者提供了没有时间和空间障碍的理想投资场所(见表 6-1)。只有星期六、星期日以及各国的重大节日,外汇市场才关闭。

表 6 – 1　　　　　　　　　　外汇市场交易时间表

市场	时间（北京）
惠灵顿	04：00—13：00
悉尼	06：00—15：00
东京	08：00—15：30
香港	10：00—17：00
法兰克福	14：30—23：00
伦敦	15：30—（次日）0：30
纽约	21：00—（次日）04：00

2. 成交量巨大

外汇市场是世界上最大的金融交易市场，每天成交额超过1.2万亿美元，高峰期甚至能超过3万亿美元。其规模已远远超过股票、期货等其他金融商品市场，财富转移的规模愈来愈大，转移速度也愈来愈快。

3. 有市无场

外汇买卖是通过没有统一操作市场的行商网络进行的，现代化通信设备和电子计算机大量应用于这个由信息流和资金流组成的无形市场。各国外汇市场之间已形成一个迅速、发达的通信网络，任何一地的外汇交易都可通过电话、电脑、手机等设备在全球联通的网络来进行外汇交易，完成资金的划拨和转移。这种没有统一场地的外汇交易市场被称之为"有市无场"。尽管外汇市场"有市无场"，但它具备信息公开，传递迅速的特点。

4. 零和游戏

在外汇市场上，汇价波动表示两种货币价值量的变化，也就是一种货币价值的减少与另一种货币价值的增加。因此有人形容外汇市场是"零和游戏"，更确切地说，是财富的转移。

5. 交易成本低

外汇交易不收取佣金或手续费，而只设定点差作为交易的成本，相对而言，成本较为低廉。

6. 双向交易

外汇市场操作可以进行双向交易，交易者可以先买后卖进行多头交易，也可以先卖后买进行空头交易。而很多股票市场则只能是"先买后卖"进行单向交易。

7. 政策干预低

虽说一国中央银行会从实现货币政策、汇率政策、宏观经济运行的整体要求等角度出发，对外汇市场进行相应的干预活动，但中央银行进行干预的能力在这个容量巨大的外汇市场上并不突出。况且在买卖双方阵营中随时都有大型金融机构及为数众多的普通交易者存在并不断地参与交易活动，所以没有机构或个人能够操纵国际外汇市场。与期货或股票市场相比，国际外汇市场是最公平的市场。

8. 成交方便

能利用杠杆进行保证金交易是外汇市场相对于股票交易市场的主要优势。外汇市场每天的交易量很大，巨大的交易量使市场保持高度流通，因此也保证了价格的稳定。高交易量、高流通性、高价格稳定性，这三个因素是支持高杠杆率的理由。

二、外汇市场的分类

（一）有形市场与无形市场

所谓的有形市场是指有供交易者作交易的固定场所，由一些指定的银行、外汇经纪人和客户共同参与组成的外汇交易场所。交易所内有固定的营业日和开盘、收盘时间。经营外汇业务的双方在营业日规定的时间里集中到交易所进行所需交易。交易方式为封闭式。这种有形的外汇市场目前比较少。由于这种市场主要集中在欧洲，多为欧洲大陆各国所采用，故又称为大陆式市场。目前中国外汇市场尚属于有形市场。随着通信技术的发展，有形市场信息愈加落后。

无形市场是指没有具体交易场所的外汇市场，在这类市场中，外汇买卖都是用电话、电报及其他通信工具，由外汇经纪人充当买卖中价或由外汇交易员而使交易得以进行的市场。在无形市场中，外汇买方和卖方不需要面对面交易，所有的交易均在一个通信系统网络中进行。这种使用经纪人进行银行同业间外汇交易的方式，由1929年以前伦敦银行界的一项"君子协定"沿袭而来，故国际上称其为"英国方式"。无形市场中的交易不受时间和空间的限制，形成不间断的市场，是整个世界外汇市场的主体，这类市场主要有伦敦、纽约、东京和苏黎世等。

（二）区域性外汇市场和国际性外汇市场

区域性外汇市场一般规模比较小，参与者主要为本地或本国的外汇供需者，在市场上使用的货币也只限与本国货币与少数几种外国货币。

国际性外汇市场一般多位于世界金融机构，交易货币种类众多，交易额巨大。目前主要的国际性外汇市场有伦敦、纽约、东京、上海、巴黎、中国香港、新加坡等。

【延伸阅读 6-1】全球第四！上海国际金融中心全球排名再突破

（三）自由外汇市场和官方外汇市场

自由外汇市场是指任何外汇交易都不受所在国主管当局控制的外汇市场，即每笔外汇交易从金额、汇率、币种到资金出入境都没有任何限制，完全由市场供求关系决定。在许多国家取消管制之后，自由外汇市场已由过去的次要地位成为占主导地位的外汇市场。目前，伦敦、纽约、苏黎世、法兰克福、东京等地外汇市场已成为世界上主要的自由外汇市场。

官方外汇市场是指受所在国政府主管当局控制的外汇市场。目前仍实行外汇管制的国家的外汇市场大多是官方外汇市场。但有些国家的官方外汇市场正在渐渐地向自由外汇市场转化。一些国家对从事外汇业务银行等金融机构的最低资本额、每笔交易的最高限额等仍有严格的限制，但外汇交易市场上可进行交易的币种、汇率的高低已由市场供求关系决定，政府不再有任何限制，从而转化成为官方控制的自由外汇市场。

（四）批发外汇市场和零售外汇市场

批发外汇市场是指银行之间进行外汇交易的行为和场所，亦成为狭义的外汇市场。而银行之所以进行交易是为弥补银行与客户交易出现的差额需要，包括银行为了避免由这些差额而引起的汇率变动风险，以及银行自身对各种外汇进行自主性的调整交易需求。

零售外汇市场是指企业和个人为了自身需要而进行外汇交易的场所，比如某公司要进口一批货物，个人出国旅游以及个人收到的外币收入等。此类外汇交易是外汇市场的一个重要的组成部分，亦称广义的市场。在我国，随着金融体制改革的深入和外汇市场的进一步开放，在北京、上海、深圳等地的一些银行推出了面向个人的外汇交易业务。

（五）即期外汇市场和远期外汇市场

即期外汇市场是指从事即期外汇买卖的外汇市场，又叫现汇交易市场。即期外汇市场是外汇市场上最经济、最普通的形式。世界即期外汇市场每天进行着数额巨大的交易，而且交易笔数也是世界之最。这个市场容量巨大、交易活跃，易于捕捉市场行情，是最主要的外汇市场形式。

即期外汇市场交易并不在达成外汇买卖协定后立即进行交割，一般在成交后的第二个营业日内进行交割，如伦敦、纽约、巴黎等市场。在中国香港市场，港元兑换美元的交易是在当天交割，而港币兑换日元、新加坡元、澳元等则在次日交割，除此之外的其他货币则在第三天即成交后的第二个营业日交割。

即期外汇市场是一个高度专业化的市场，由银行和外汇经纪商组成，公司和个人只能作为银行的客户，通过银行进行即期外汇买卖，他们不能成为市场的直接成员。目前即期外汇市场无论在总交易额上还是每笔交易的平均交易额上都远远超过外汇市场上其他交易方式，如期货、远期和期权。在我国，个人外汇交易主要是在即期外汇交易市场，个人不能直接进行交易，必须通过银行，想从事这一业务的个人可以到已开展外汇交易业务的银行去开户。

远期外汇市场是指远期外汇交易的场所，又叫期汇交易市场。远期外汇交易市场是在外汇买卖时，双方先签定和约，规定交易货币的种类、数额及适用的汇率和交割时间，并于将来约定的时间进行交割的外汇交易。它的期限一般有30天、60天、90天、180天及1年，其中最常见的是90天。在国际汇率变动频繁的今天，远期外汇交易的主要功能是发布汇价，防范化解汇率风险，同时兼有外汇投机的功能，是外汇投机的主要手段之一。其操作方法与商品期货相似。

三、外汇市场的市场主体

外汇市场的参与者，主要包括外汇银行、外汇银行的客户、中央银行、外汇交易商和外汇经纪商。

（一）外汇银行

外汇银行又叫外汇指定银行，是指根据外汇法由中央银行指定可以经营外汇业务的商业银行或其他金融机构。外汇银行大致可以分为三类：专营或兼营外汇业务的本国商业银行，在本国的外国商业银行分行及本国与外国的合资银行，经营外汇业务的其他金融机构。我国的外汇指定银行包括了四大国有商业银行和交通银行等全国性的股份制商业银行，以及具有外汇经营资格的外资银行在华分支机构，各地方商业银行和信用社许多还不具备外汇指定银行的资格。

（二）外汇银行的客户

在外汇市场中，凡与外汇银行有外汇交易关系的公司和个人，都是外汇银行的供应者、需求者和投机者，在外汇市场上占有重要的地位。他们中有为进行国际贸易、国际投资等经济交易而买卖外汇者，也有零星的外汇供求者，如国际旅游者、留学生等。我国外汇银行的顾客主要是有外汇需要的各类企业，由于生产经营和国际贸易的需要而产生了外汇的需求和供给。

（三）外汇经纪商

外汇经纪商指介于外汇银行之间、外汇银行和其他外汇市场参与者之间，进行联系、接洽外汇买卖，从中赚取佣金的经纪公司或个人。目前中国外汇市场上外汇经纪商的角色已经出现，随着中国外汇市场的发展，外汇经纪商的作用将会逐步扩大。

（四）交易中心

大部分国家的外汇市场都有一个固定的交易中心，交易中心为参与交易的各方提供了一个有规则和秩序的交易场所和结算机制，便利了会员之间的交易，促进了市场的稳定与发展。位于上海外滩的中国外汇交易中心是我国外汇交易的固定交易场所。

（五）中央银行与监管机构

外汇市场上另一个重要的参与者是各国的中央银行。这是因为各国的中央银行都持有相当数量的外汇余额作为国际储备的重要构成部分，并承担着维持本国货币金融市场稳定的职责。随着中国外汇储备的逐步增加，中央银行在中国外汇市场的作用日益重要，大量的外汇储备成为中央银行干预外汇市场的重要保证。另外由于外汇市场的重要性，各国一般都有专门的监管机构来规范外汇市场的发展，我国外汇市场的监管机构为国家外汇管理局。

四、世界主要外汇市场

（一）伦敦外汇市场

伦敦外汇交易市场一直是世界最大的外汇交易中心，对世界外汇市场走势有着重要的影响。作为世界上最悠久的国际金融中心，伦敦外汇市场的形成和发展也是全世界最早的。早在第一次世界大战之前，伦敦外汇市场就已初具规模。1979年10月，英国全面取消了外汇管制，于是伦敦外汇市场迅速发展起来。在伦敦的金融区，几乎所有的国际性大银行都在此设有分支机构，大大活跃了伦敦市场的外汇交易。同时，由于伦敦地理位置独特——地处两大时区交汇处，连接着亚洲市场和北美市场，导致亚洲接近收市时伦敦正好开市，而伦敦收市时纽约正好开市，所以这段时间交易异常活跃。

伦敦外汇市场是一个典型的无形市场，没有固定交易场所，通过电话、电传、电报、电脑完成外汇交易。伦敦外汇市场上，参与外汇交易的外汇银行机构约有六百多家，包括本国的清算银行、商人银行、其他商业银行和外国银行。这些外汇银行组成伦敦外汇银行公会，负责制定参加外汇市场交易的规则和收费标准。

伦敦外汇市场的交易货币种类众多，常见的就有三十多种，其中交易规模最大的为英镑兑美元的交易，其次是英镑兑欧元、美元兑瑞郎、美元兑日元等交易。

(二) 纽约外汇市场

纽约外汇市场是北美洲最活跃的外汇市场，同时也是世界第二大外汇交易中心，对世界外汇走势有着重要的影响。第二次世界大战以后，随着美元成为世界性的储备和清算货币，纽约成为全世界美元的清算中心。纽约外汇市场迅速发展成为一个完全开放的市场，目前世界上90%以上的美元收付都是通过纽约"银行间清算系统"进行的，因此纽约外汇市场有着其他外汇市场所无法取代的美元清算和划拨功能，其地位也日益巩固。

纽约市场上汇率变化的激烈程度比伦敦市场有过之而无不及，其原因主要有以下三个方面：一个是美国的经济形势对全世界有着举足轻重的影响；另一个是美国各类金融市场发达，股市、债市、汇市相互作用、相互联系；再一个是以美国投资基金为主的投机力量非常活跃，对汇率波动推波助澜。因此，纽约市场的汇率变化受到全球外汇经纪商的格外关注。

纽约外汇市场的日交易量仅次于伦敦。除美元外，各主要货币的交易币种依次为欧元、英镑、瑞郎、加元和日元。

(三) 苏黎世外汇市场

瑞士苏黎世外汇市场是一个有着悠久历史的外汇市场，在国际外汇交易中处于重要的地位，其交易量在2007年曾位居世界第三位。在第二次大战期间，瑞士是中立国，外汇市场未受战争影响，同时该国一直坚持对外开放，国内政治局势和经济运行稳定，因此瑞士成为世界上少有的、重要的外币避险国。当美国经济下滑或某国内政局不稳定时，交易者往往会抛弃美元而购买瑞士法郎。

苏黎世外汇市场的外汇交易由银行之间通过电话、电传、电脑进行，而不是通过外汇经纪人或外汇中间商间接进行。美元在苏黎世市场上占据重要地位，外汇价格不是以瑞士法郎而是以美元来表示的，美元成为瑞士中央银行干预外汇市场的重要工具。苏黎世外汇市场上，美元兑瑞士法郎的交易量占据了主导性的地位。同时，苏黎世外汇市场具有良好的组织和效率，瑞士三大银行：瑞士银行、瑞士信贷银行和瑞士联合银行，是苏黎世外汇市场的中坚力量。

(四) 东京外汇市场

东京外汇市场是亚洲最大的外汇交易中心。在20世纪60年代以前，日本实行严格的金融管制，1964年日本加入国际货币基金组织后，日元才被允许自由兑换，东京外汇市场开始逐步形成。20世纪80年代以后，随着日本经济的迅猛发展和在国际贸易中地位的逐步上升，东京外汇市场也日渐壮大起来。20世纪90年代以后，受日本泡沫经济崩溃的影响，东京外汇市场的交易一直处于低迷状态。日本是贸易大国，进出口商的贸易需求对东京外汇市场上的汇率波动影响较大。由于汇率的变化与日本贸易状况密切相关，日本中央银行对美元兑日元的汇率波动极为关注，同时频繁地干预外汇市场，这是该市场的一个重要特点。

东京外汇市场上，银行同业间的外汇交易可以通过外汇经纪人进行，也可以直接进行。日本国内的企业、个人进行外汇交易必须通过外汇指定银行进行。该市场的汇率有两种。一种是挂牌汇率，内含利率风险、手续费等，每个营业日上午10点左右，各家银行以银行间市场的实际汇率为基准各自挂牌进行交易。另一种是市场联动汇率，以银行间市场的实际汇率为基准标价。

东京外汇市场的交易品种比较单一，主要是美元兑日元、欧元兑日元的交易。

（五）新加坡外汇市场

新加坡外汇市场是"亚洲美元"市场的交易中心，2019年跻身于全球外汇交易量的第3位。新加坡地处欧、亚、非三洲交通要道，时区优越，上午可与香港、东京、悉尼等亚洲市场进行交易，下午可与伦敦、苏黎世、法兰克福等欧洲市场进行交易，中午还可同中东的巴林市场进行交易，晚上则可同美国的纽约市场进行交易，一天24小时都可同世界各地区进行外汇买卖。新加坡外汇市场除了保持现代化的通讯网络外，还直接同纽约的CHIPS系统和欧洲的SWIFT系统连接，货币结算十分方便。

新加坡外汇市场是一个无形市场，大部分交易由外汇经纪人办理，并通过他们把新加坡和世界各金融中心联系起来。新加坡外汇市场的主要参与者由经营外汇业务的本国银行、经批准可经营外汇业务的外国银行和外汇经纪商组成。其中，外资银行的资产、存放款业务和净收益都远远超过本国银行。

新加坡外汇市场的交易以美元兑新加坡元为主，约占交易总额的85%。大部分交易都是即期交易，掉期交易及远期交易合计占交易总额的1/3。

（六）中国香港外汇市场

作为亚洲金融中心之一，香港在该区域扮演了举足轻重的作用，全球越来越多的经纪商驻扎于此，以香港为重要"据点"，开拓亚洲市场。

中国香港外汇市场是20世纪70年代以后发展起来的国际性外汇市场。自1973年香港取消外汇管制后，国际资本大量流入，经营外汇业务的金融机构不断增加，外汇市场越来越活跃，发展成为国际性的外汇市场。

2019年4月，中国香港外汇交易市场日均外汇交易量6321亿美元，占全球离岸人民币支付交易量的70%。作为全球主要金融中心，香港是世界最自由、最开放的多功能自由港口城市。资本流动自由、金融机构体系完善、金融市场运行高效、金融生态环境优越及法律法规完善等，令香港金融业，尤其是外汇行业发展迅速，并在2013年超越瑞士，成为当年全球第四大外汇交易中心。

中国香港外汇市场由两个部分构成。一是港元兑外币的市场，其中包括美元、日元、欧元、英镑、加元、澳元、人民币等主要货币和东南亚国家的货币；二是美元兑其他外币。

中国香港外汇市场是一个无形市场，没有固定的交易场所，交易者通过各种现代化的通讯设施和电脑网络进行外汇交易。香港地理位置和时区条件与新加坡相似，可以十分方便地与其他国际外汇市场进行交易。香港外汇市场的参加者主要是商业银行和财务公司。该市场的外汇经纪人有三类：一类是当地经纪人，其业务仅限于香港本地；另一类是国际经纪人，是20世纪70年代后将其业务扩展到香港的其他外汇市场的经纪人；再一类是香港本地成长起来的国际经纪人，即业务已扩展到其他外汇市场的香港经纪人。

（七）法兰克福外汇市场

法兰克福外汇市场是欧洲重要的外汇交易中心，这跟德国在欧洲的经济地位紧密关联。法兰克福外汇市场分为定价市场和一般市场。定价市场由官方指定的外汇经纪人负责撮合交易，他们分属法兰克福、杜塞尔多夫、汉堡、慕尼黑和柏林五个交易所。他们接受各家银行外汇交易的委托，如果买卖不平衡汇率就继续变动，一直变动到买汇和卖汇相等或中央银行干预以达到平衡时，定价活动才结束。同时，德国联邦银行派有专人参加法兰克福外汇市场的交易活动，以确定马克的官方价格。中央银行干预外汇市场的主要品种是欧元兑美元的交易，有时也对外币和外币之间的汇率变动进行干预。

（八）悉尼外汇市场

悉尼外汇市场是大洋州最重要的外汇交易市场，这是由于悉尼不仅是澳大利亚重要的经济文化中心，同时也是整个大洋州最重要的金融中心。悉尼的地理位置比较特殊，这使悉尼外汇市场成为全球主要外汇市场中最早开始一天交易的市场。悉尼外汇市场的地方性比较明显，反映出澳大利亚的经济同日本和美国比较密切。但由于经济规模较小，悉尼外汇市场难以与东京抗衡，同新加坡外汇市场和香港外汇市场相比，也无优势可言。悉尼外汇市场上的交易品种以澳大利亚元兑美元、新西兰元兑美元以及澳大利亚元兑新西兰元为主。

（九）中国外汇市场

我国的外汇市场主要是指中国外汇交易中心。它是在央行的领导下的独立核算、非盈利的事业法人。交易中心实行会员制，会员包括中资银行、外资银行以及其他的非银行性机构。外资银行只能代理，不能自营外汇买卖。在1994年中国政府进行了外汇体制改革后，我国的大陆外汇市场在各个方面已经接近外国的外汇市场，但是人民币目前仍不能自由兑换。

【延伸阅读6-2】中国外汇市场70年：发展历程与主要经验

第二节　即期外汇交易

一、即期外汇交易概述

（一）即期外汇交易（Spot Exchange Transactions）的含义

即期外汇交易又称为现期交易，是指外汇买卖成交后，交易双方于当天或两个交易日内办理交割手续的一种交易行为。

即期外汇交易是外汇市场上最常用的一种交易方式，占外汇交易总额的大部分。主要是因为即期外汇买卖不但可以满足买方临时性的付款需要，也可以帮助买卖双方调整外汇头寸的货币比例，以避免外汇汇率风险。

（二）即期外汇交易的交割日

即期外汇交易的交割日期（Delivery Date）又称为起息日（Value Date），是交易双方交收货币并开始计息的日期。只有在交割日后货币到账才能最终确定外汇买卖的盈亏情况，因此，交割日期是外汇交易需考虑的重要因素。即期交易的交割分为以下三种类型。

1. 当日交割

当日交割又称现金交割，指在买卖成交的当日办理货币的收付。当日交割采用的是 T+0 的交割方式，即在成交当日进行交割。如港币兑美元的即期交易就是当日交割方式。

2. 次日交割

次日交割也叫隔日交割，是指成交后第一个营业日办理交割。次日交割采用的是 T+1 的交割方式。如港币兑日元、新加坡元和澳大利亚元都是次日交割方式。

3. 标准交割日交割

标准交割日交割是指在成交后的第二个营业日办理交割，指采用 T+2 方式。世界上绝大多数即期外汇交易特别是欧美地区的即期交易都采用标准日交割。这是因为，国际货币的收付除了要剔除时差影响外，还需要时间对交易细节进行逐一核对，并发出转账凭证等。

（三）即期外汇交易的特点

1. 即期外汇交易可起到一定的保值作用

即期外汇交易可以帮助买卖双方调整外汇头寸的货币比例，以避免外汇汇率风险。企业通过进行与现有敞口头寸（外汇资产与负债的差额而暴露于外汇风险之中的那一部分资产或负债）数量相等且方向相反的即期外汇交易，可以消除两日内汇率波动给企业带来的损失。

2. 即期外汇交易不受汇率波动的影响

因银行报价快速，即期交易能够一次完成，不受汇率波动的影响，可以满足买方临时性的付款需要，便于捕捉市场信息。

3. 即期外汇交易避险作用十分有限

由于即期外汇交易只是将第三天交割的汇率提前固定下来，因此它的避险作用十分有限。

（四）即期外汇交易的交易规则

在外汇交易中，存在一些约定俗成的习惯和做法，最后逐渐被外汇交易员们认定为规则并在外汇交易中使用。

1. 报价规则

（1）外汇交易中的报价是以美元为中心（即美元标价法）的报价方式，所以市场报价常省略美元符号，如 SPOT EUR 即美元兑欧元的即期报价，除非有特殊说明。

（2）简化金额单位，以一百万为标准金额单位，如 "SPOT EUR FOR1" 即一百万美元兑欧元的即期汇价。

（3）报价的构成。报价是外汇交易中双方兑换货币成交的价格，通常银行在报价时对每一种货币应同时报出买入价（Bid Price）和卖出价（Offer Price），即所谓双价制。

2. 成交规则

交易双方必须恪守信用，共同遵守"一言为定"的原则和"我的话就是合同"的惯例，交易一经成交不得反悔、变更或要求注销。

3. 交易语言规范化规则

迅速变化着的汇率要求交易双方以最短的时间达成一项交易。因此，交易员们为节省时间常使用简语或行话，如买入可用 Bid，Buy，Pay，Taking，Mine，卖出可用 Offer，Sell，Giving，Yours 等。

（五）即期外汇交易的交易程序与交付方式

1. 即期外汇交易的一般程序

（1）选择交易对手。选择资信良好、报价迅速、买卖差价小、服务水平高的外汇银行作为交易对手，是交易成功的基本保障。

（2）自报家门。通过电话或者电传与对手交易，首先要让对手知晓自己银行的名称，以便于对方决策报价。如果通过路透交易机与对手交易，本银行的名称会自动现实在对方的终端上，因此自报家门是可以省略的。

（3）询价。询价的内容包括拟交易的货币名称、交割期限、交割日期、交易金额等等。

（4）报价。一般只报出买价与卖价的最后两位小数。

（5）成交。询价方在对方报价后，迅速做出买卖决策，即向对方明确表明自己的买卖货币数量及价格。

（6）证实。报价方在对方表示成交后，应打出"ok，done"字样，并进一步确认交易内容，比如买卖的方向、货币、金额、价格、起息日和款项划拨的制定账户。

2. 即期外汇交易的交付方式

（1）电汇。银行卖出电汇是汇款人的申请直接用电报、电传通知国外的汇入银行，委托其支付一定金额给收款人的一种汇款方式。电汇交割方式就是用电报、电传通知外汇买卖双方开户银行（或委托行）将交易金额收付记账。电汇的凭证就是汇款银行或交易中心的电报或电传汇款委托书。

（2）票汇。银行卖出汇票是指汇款银行应汇款人的申请，开立以国外汇入银行为付款人的汇票，交由汇款人自行寄给收款人或亲自携带前往，凭票向付款行取款的一种汇款方式。票汇交割是指通过开立和汇票、本票、支票的方式进行汇付和收账。这些票据即为汇票的凭证。

（3）信汇。信汇交割方式是指用信函方式通知外汇买卖双方开户行或委托行将交易金额收付记账。信汇的凭证就是汇款行或交易中心的信汇付款委托书。

3. 即期外汇交易的注意事项

（1）外汇买卖价格由银行参照国际市场价格确定，客户一旦接受银行报价，交易便成立。客户不得要求更改或取消该交易，否则由此产生的损失及费用由客户承担。

（2）客户在填制《保值外汇买卖申请书》时，须向银行预留买入货币的交割账号，交易达成后,银行在交割日当天把客户买入的货币划入上述指定的账户。

(3) 客户可通过电话或预留交易指令的方式在银行办理即期外汇买卖。客户申请通过电话交易,须向银行提交有企业法人代表签字并加盖公章的《委托交易授权书》,指定被授权人可通过电话方式与银行办理即期外汇买卖交易,同时,被授权人必须在银行预留电话交易密码。通过电话交易后第二个工作日,客户还需向银行补交成交确认书,若对已达成的交易有争议,以银行的交易电话录音为准。

(4) 即期外汇交易的交割在不同的外汇市场,甚至同一外汇市场不同币种的买卖都有不同的习惯。在纽约、伦敦、法兰克福等欧美外汇市场,即期外汇交易的交割是成交后的第二个营业日进行(即星期一成交应在星期三交割);在东京外汇市场上,交割是成交的次日进行(如星期一成交,则在星期二交割);而在香港外汇市场上,交割期更为复杂。

二、即期外汇交易的应用

(一) 套期保值

2016年3月1日,美元兑日元即期汇率为110.70。根据贸易合同,某进口商将在当年11月1日支付2亿日元的进口货款。进口商担心日元升值,需要通过外汇买卖进行保值。进口商可做即期外汇交易,按即期价格买入日元,存入银行,供日后支付。

(二) 外汇银行消除风险暴露

外汇银行在为进出口商和客户进行国际汇兑业务和投资业务中,由于是处于一种被动交易的地位,在某一特定的时段内不可避免会出现某种外汇买入大于卖出,或卖出大于买入的情况,这种外汇买卖的差额称为汇兑头寸(Exchange Position)。当汇兑头寸超过一定的限额时,称为汇兑头寸失衡。如果卖出多于买入,称为"超卖(Oversold)"或"空头(Short Position)"。如果买入多于卖出,称为"超买(Overbought)"或"多头(Long Position)",这种风险称之为外汇风险敞口或外汇风险暴露。外汇银行为了避免遭受汇率变动的风险,超卖部分必须及时补进,超买部分必须及时抛出,从而轧平头寸,使汇兑头寸控制在一定的范围内。同时外汇银行还要根据外汇市场汇率的变动趋势,及时调整银行各种金融资产的持有结构和比例。这一切都促使外汇银行进行主动性的即期外汇交易,这种主动性的即期外汇交易通常是在银行之间进行的。

【举例6-1】假设德国某外汇银行当日的交易中,美元超卖1000万,英镑超买了700万,如不马上平衡头寸,万一第二天开盘时,美元的汇价上升,英镑的汇价下跌,那么该银行再补进美元,抛出英镑就会遭到一定的损失。于是该银行当天就必须向当地有关银行或国外正在营业的外汇银行询价,力求以最合理的价格买入1000万美元,卖出700万英镑。一旦成交即日或次日就完成其交割,从而使暴露的风险化解。

(三) 外汇投机

某日即期外汇市场上,EUR/USD = 1.1530,投机者预期三个月后欧元将升值,可以进行投机交易,以1.1530买入100万欧元。若三个月后预期准确,设价格为EUR/USD = 1.1630,则该投机者获利1万美元。

第三节 远期外汇交易

一、远期外汇交易概述

(一) 远期外汇业务的含义

远期外汇交易（Forward Transaction）又称期汇交易，是指交易双方在成交后并不立即办理交割，而是按照合约事先约定的币种、金额、汇率、交割时间等交易条件，到期才进行实际交割的外汇交易。远期外汇交易与即期外汇交易的根本区别在于交割日的不同，凡是在交割日成交后两个营业日以上的外汇交易均属于远期外汇交易。

关于远期外汇交易的概念应该注意两个问题：第一，远期外汇交易是现在成交但到未来才进行交割的外汇交易；第二，未来外汇交割的汇率、数量和时间是在现在成交时决定的。

远期外汇交易有以下几个特点：①交易双方签订合同后无须立即支付外汇或本国货币，而是延期至将来某个时间交割；②买卖交易的规模较大；③从事远期外汇交易的主要目的是为了保值，避免结算外币汇率的涨跌幅风险；④外汇银行与客户签订的合同需经外汇经纪人担保，此外，客户还应交存一定数量的押金或抵押品。当汇率变化不大时，银行可把押金或抵押品抵补应负担的损失。当汇率变化使客户的损失超过押金或抵押品时，银行就应通知客户加存押金或抵押品，否则，合同将无效。客户所存的押金，银行视其为存款予以计息。

(二) 远期汇价的报价

1. 直接报价法

外汇交易中，远期外汇的报价可以直接标出远期外汇的完整汇率，即直接报价法。银行对一般商业客户外汇报价多用此法。如，某年某月某日，美元对港币的3个月远期汇率为 USD/HKD = 7.7990/98。瑞士和日本等国家采用这一方法。它要求五位数字，其中小数点后四位数字。

【举例6-2】 直接报价法。某日纽约外汇市场 USD/CHF 的报价是直接报价法，如下所示：

期限	USD/CHF
即期	1.8761 ~ 1.8779
1个月	1.8563 ~ 1.8573
2个月	1.8521 ~ 1.8531
3个月	1.8342 ~ 1.8384
6个月	1.7910 ~ 1.7930
12个月	1.7326 ~ 1.7414

这种直接标出不同期远期外汇汇率的方式，对中小购买者来讲比较简单明了。但是对于专业从事外汇交易的人来讲，则不够方便，因为他们更注重的时即期汇率与远期汇率之间的差价。

2. 点数报价法

在外汇交易中，银行仅报出远期汇率和即期汇率的差价，不直接标出远期实际汇率。其中这个差价称为远期汇水，其表现形式有升水、贴水和平价三种。

远期差价 = 远期汇率 – 即期汇率（远期差价用点数来表示）

升水 Premium，表示远期汇率高于即期汇率；

贴水 Discount，表示远期汇率低于即期汇率；

平价 At par，表示远期汇率与即期汇率相同。

当前大多数国家的同业外汇市场采用第二种方法，而第一种方法仅限于银行在柜台业务中对客户使用的单向买入或卖出的远期价。

报价银行之所以不报远期实际汇率，是因为即期汇率本身一直处于变动之中，势必导致银行疲于调整远期汇率。而只报远期与即期的差价，无论即期汇率怎么波动，远期与即期的差额总是那么多，省却了不断调价的麻烦；同时，也可以让人们清楚地了解报价银行对不同货币远期的预期。

(三) 远期汇价的计算

在使用点数报价法的外汇市场，我们只能看到即期汇率和点数，需要自己计算出远期汇率。点数又叫远期汇水，它的排列有两种：一种是前小后大，即小/大；另一种是前大后小，即大/小。这两种排列在不同的标价方法下表示的内容不同。直接标价法下，前小后大，表示为升水；反之是贴水。在间接标价法下，前小后大表示为贴水；反之是升水。不同标价方法下远期汇率的计算公式也不同，具体公式如下。

在直接标价法下：远期汇率 = 即期汇率 + 升水

远期汇率 = 即期汇率 – 贴水

在间接标价法下：远期汇率 = 即期汇率 – 升水

远期汇率 = 即期汇率 + 贴水

升水、贴水的判断和远期汇率的计算可归纳为表 6 – 2：

表 6 – 2　　　　　　　升水、贴水的判断和远期汇率的计算

远期汇水的排列方式	升水、贴水的判断	计算公式	远期汇率的计算
小/大	在直接标价法下为升水	远期汇率 = 即期汇率 + 升水	(+) 前小后大往上加
	在间接标价法下为贴水	远期汇率 = 即期汇率 + 贴水	
大/小	在直接标价法下为贴水	远期汇率 = 即期汇率 – 贴水	(–) 前大后小往下减
	在间接标价法下为升水	远期汇率 = 即期汇率 – 升水	

【举例 6 – 3】已知纽约外汇市场某日即期汇率 USD/JPY = 120.30/40

1 个月　　25/35

3 个月　　28/20

分别计算 USD/JPY 的 1 个月和 3 个月远期汇率。

解：1 month Forward

USD/JPY = (120.30 + 0.25)/(120.40 + 0.35) = 120.55/75

3 months Forward

USD/JPY = (120.30 - 0.28)/(120.40 - 0.20) = 120.02/20

【举例 6 - 4】某日悉尼外汇市场 AUD/USD 的报价为：

Spot　　AUD/USD = 0.5647/52

1 month Forward　　　10/8　　①

3 months Forward　　　22/25　　②

6 months Forward　　　14/11　　③

12 months Forward　　13/16　　④

分别计算 AUD/USD 1 个月、3 个月、6 个月和 12 个月的远期汇率。

解：远期点数报价，前大后小为远期升水，前小后大为远期贴水。

1 month Forward

AUD/USD = (0.5647 - 0.0010)/(0.5652 - 0.0008) = 0.5637/0.5644

3 months Forward

AUD/USD = (0.5647 + 0.0022)/(0.5652 + 0.0025) = 0.5669/0.5677

6 months Forward

AUD/USD = (0.5647 - 0.0014)/(0.5652 - 0.0011) = 0.5633/0.5641

12 months Forward

AUD/USD = (0.5647 + 0.0013)/(0.5652 + 0.0016) = 0.5660/0.5668

（四）远期外汇交易的分类

远期外汇到期时的交割日（Value Date）在大部分国家是按月而不是按日计算的，通常为即期交割日加上若干个月来计算。如遇节假日则顺延 1 天。当顺延后已跨入下个月份，则依惯例倒算 1 天，亦即将交割日推向本来交割日的该月月底，而不跨入下个月。具体来说，远期外汇交易按交割日的确定来区分，有以下几种。

1. 固定外汇交割日的远期外汇买卖

固定外汇交割日即远期外汇交易的买卖双方商定某一确定的日期作为实际收付的交割日。这类外汇交易的交割日既不能提前，也不能推迟。若于 4 月 15 日成交为期 3 个月的固定外汇交割日的远期交易，则 7 月 15 日这天，买卖双方必须按照对方的要求将卖出的货币解入对方指定的账户内。如果有一方提前交割，则另一方既不需要提前交割，也不会因为对方提前交割而支付利息；但若有一方延迟交割，则另一方可向其收取滞付的利息费用。

2. 确定外汇交割月份的远期外汇买卖

确定外汇交割月份即远期外汇交易的买卖双方（报价银行与询价银行）商定某一月份中的任何一天都可作为实际收付的交割日。若于 4 月 15 日成交为期 3 个月的确定外汇交割月份的远期交易，则从 7 月 1 日起至 7 月 15 日止，询价银行都可以要求报价银行按事先约定的汇率进行交割，并按对方的要求将各自卖出的货币解入对方指定的账户内。这种交易也称作择期交易（Option Transactions）。显然，这种交易对询价一方的客户较为有利，而对报价银行不太有利。但银行迫于竞争的压力，不得不开设这种方便客户的交易品种。此外，银行为了减少风险，会拉大这类远期外汇买卖的差价。

为什么会产生交割日期不确定的择期交易呢？这是因为在国际贸易中，许多时候往往既不可能事先十分明确地知道货物运出或抵达的日期，也不可能肯定地知道付款或者收款的确切日期，而只是知道大约在哪段时间之内。在这种情况下，若是采用通常的远期外汇交易，有可能产生不便。如外汇合同到期，却不能如期收回货款。择期交易就是为这种情况提供方便的外汇交易，即如果当一出口商知道他将在第三个月收到的货款，但具体在哪一天却不确定，他就可以与银行签订一份远期择期合同，卖出 3 个月期的外汇出口收入，择期在第三个月。根据这一合同他确定了汇率，并可以选择他认为方便的日期结算。如果他有可能在第二个月或者第三个月收到出口货款，他也可以签订 3 个月期的合同，择期在第二个月或第三个月。如果他有可能在这三个月中任何时候收到货款，那么他可以卖出 3 个月远期外汇，择期 3 个月。

从以上分析中我们可以看出，择期交易主要是为企业、进口商提供外汇买卖的灵活性，适合收付款日期不确定的交易，保证货到付款或者单到付款时能够及时付汇，从而避免了远期外汇买卖交割日确定不变的缺点。

换一个角度看，择期交易为银行带来了不便，因为客户有可能在择期交易的第一天也有可能在最后一天，或者在中间的任何一天进行交割。这使银行在择定期限内总需持有这笔交易所需的资金，这可能给银行带来风险。为了平衡客户与银行之间的利益，银行总是会选择在择定期限中对客户最不利的汇率。下面我们举例说明。

【举例 6-5】

出口商的择期交易

已知某英国出口商与法国进口商于 9 月 28 日签订进出口合同，合同价款为 100 万欧元。英国出口商确知法国人会在 10 月 28 日至 12 月 28 日之间的某一天支付货款，为避免这种结算日不确定情况下的外汇风险，英国出口商在签订贸易合同的同时与银行签订一个向银行出售远期 100 万欧元的择期合同。对交割日的择定期定在第二个月和第三个月，如果 9 月 28 日伦敦外汇市场上英镑兑欧元的行市如表 6-3 所示：

表 6-3   英镑兑欧元行市

期限	买入价格	卖出价格
即期	1.1425	1.1455
1 月期	1.1395	1.1425
2 月期	1.1345	1.1375
3 月期	1.1305	1.1335

无疑，银行会以 1GBP = 1.1375EUR 的汇率与客户成交，因为这是择定期限中银行出售欧元的最高卖出价，即客户卖出 100 万欧元可收入英镑约为：100/1.1375 = 87.91 万英镑。

【举例 6-6】

进口商的择期交易

已知某英国进口商在 1 月 28 日从美国进口价值 100 万美元的货物,他预计货款可以在三个月内支付,但具体日期尚不能确定。因此,该进口商在签订贸易合约时与银行签订一项买入远期 100 万美元的择期合同,择定日期为即期至第三个月。假如 1 月 28 日伦敦外汇市场的英镑兑美元报价如表 6-4 所示:

表 6-4　　　　　　　　　　　　　英镑兑美元报价

期限	买入价格	卖出价格
即期	2.6740	2.6760
1 月期	2.6730	2.6770
2 月期	2.6700	2.6740
3 月期	2.6660	2.6710

银行与客户签订的择期交易合约将在 USD 2.6660/GBP 的汇率上成交,这是银行出售美元的最高价。

【随堂练 6-1】假设即期汇率:USD/AUD = 1.3260/70,2 个月的远期差价点数为 132/145,3 个月的远期差价点数为 156/172。请计算报价银行报出 2 个月至 3 个月的任选交割日的远期汇率。

【参考答案随堂练 6-1】

【随堂练 6-2】假设即期汇率 USD/SF = 1.8010/20,2 个月的远期差价点数为 52/56,3 个月的远期差价点数为 120/126。客户根据业务需要:

(1) 买入美元,择期从即期到 2 个月;

(2) 卖出美元,择期从 2 个月到 3 个月。

问:银行应分别报出什么价格?

【参考答案随堂练 6-2】

(五) 远期外汇交易的局限性

远期外汇交易从签约到合同履行有相当一段时间,在此期间如果合同的一方因信誉或其他状况发生变化,届时无法遵守合同,且又无能力赔偿,则将给合同的另一方造成较大的损失。所以,远期外汇交易比即期外汇交易风险大。

二、远期外汇交易的应用

远期外汇交易主要用于满足企业、银行、投资者规避风险的巨大需求，其应用具体包括以下几个方面。

(一) 进出口商套期保值

利用外汇远期合约进行套期保值，其优点在于：当金融市场体系不完备、运行效率低下时，它是成本最低的套期保值方式，原因在于其交易程序相对简单、不需要保证金、涉及资金流动次数少及公司财务决策方式简明等。

1. 出口商卖出远期外汇避免汇率风险

出口商面临的风险之一是其外币应收款由于汇率波动而贬值。下面我们以一个例子来说明出口商如何利用远期外汇交易避险。

【举例 6-7】某一日本出口商向美国进口商出口价值 10 万美元的商品，共花成本 1 000 万日元，约定 3 个月后付款。双方签订买卖合同时的即期汇率水平为 USD 1 = JPY 110。按此汇率，出口该批保值商品可换得 1 100 万日元，扣除成本，出口商仍可获得利润 100 万日元。但是，如果 3 个月后美元大幅贬值，使得两种货币之间的汇率变为 USD 1 = JPY 100，则出口商只能够换回 1 000 万日元，按照这样的汇率，日本出口商将无利可图。如果美元的贬值幅度进一步增大，那么日本出口商还将面临亏损的境地，因此，从签约到付款这段时间，出口商便要面临美元对日本的汇率风险。只有美元对日元即期汇率大于 110，出口商才不至于遭受美元贬值的损失。

为此，该日本出口商就可以在签约时与外汇银行签订一份美元的远期外出卖出合约，合约的汇率将锁定为当时三个月的远期汇率。为简便分析，我们假设三个月远期汇率也是 USD 1 = JPY 110，那么这笔远期卖出合约的损益情况为：

当三个月后即期汇率仍为 USD 1 = JPY 110 时，远期交易没有任何损失；

当 USD 1 < JPY 110 时，远期交易可以获利；

当 USD1 > JPY 110 时，远期交易受损。

可见，无论市场汇率如何变化，出口商都可以按照事先确定的远期汇率卖出所收到的外汇，确保收益出口收益。所以，利用远期外汇交易进行保值，就是用确定性代替不确定性（风险）。

2. 进口商买进远期外汇避免汇率风险

进口商面临的风险之一是其外币应付款由于汇率波动而升值，进口商亦可利用远期外汇交易避险。

【举例 6-8】某一香港进口商从美国买进价值 10 万美元的商品，约定 3 个月后交款，如果买货时的汇率为 USD 1 = HKD 7.80，也就是说如果按港币计价的话，该批货币价值 78 万港币。但是，如果 3 个月后，美元大幅升值，港币对美元的汇率变为 USD 1 = HK 7.90，那么，按照这一汇率，进口商需要支付 79 万港币，进口成本由于汇率的波动而增加了 1 万港币。在这种情况下，由于美元的升值将有可能给进口商带来巨大的亏损。香港进口商为避免遭受美元汇率变动产生的损失，可以在订立买卖合约时就与外汇银行签订一份 3 个月的远期美元买入合约，利用美元与港币的远期汇率锁定成本，从而避免未来美元汇率上升所带来的成本风险。

【举例 6-9】 某英国进口商达成了一笔大豆交易,合同约定 3 个月后支付 300 万美元。为避免 3 个月后美元兑英镑的即期汇价上升,使公司兑换成本增加,可与外汇银行签订一份美元远期多头合约,即买入 3 个月远期美元。这样,公司可以在贸易合同签订后,立即固定英镑兑美元的换汇成本,将 3 个月后汇率变动的不确定性变为确定不变。从而无论到期日汇率如何变化,英国进口商需支付的英镑数量都完全固定。

运用远期合约进行套期保值不需要保证金。这意味着公司不需要初始投资资金,可以节省大量资金。如果签订贸易合同时,即期汇率 GBP 1 = USD 1.8000,3 个月后的即期汇率为 GBP 1 = USD 1.7800。而公司以 GBP 1 = USD 1.7880 的汇率签订外汇远期合约,则公司提通过套期保值节约了 7 541(3 000 000/1.7800 - 3 000 000/1.7880)英镑。但如果 3 个月后美元反而贬值,则套期保值的效果可能比不进行套期保值更糟。这表明套期保值的目的是使最终结果更加确定和可控而不是纯粹为了盈利。

(二) 外汇银行平衡外汇头寸 (Position)

远期外汇持有额就是一家外汇银行持有的外汇头寸。进出口商为避免外汇风险而进行期汇交易,实质上就是把汇率变动的风险转嫁给外汇银行。外汇银行之所以有风险,是因为它在与客户进行了买和卖等多种交易后,会形成当天的外汇总头寸,在这当中难免会有出现期汇和现汇的超买或超卖现象。这样外汇银行就处于汇率变动的风险之中。为此,外汇银行也会利用外汇市场将其外汇头寸予以平衡,即要对不同期限不同货币的头寸余缺进行抛售或补进,由此求得期汇头寸的平衡。

【举例 6-10】 如一家美国银行在 1 个月的远期交易中共买入 9 万英镑,卖出 7 万英镑,这家银行持有 2 万英镑期汇的多头,若英镑在 1 个月内跌价,该银行就会蒙受损失。因此这家银行一定会向其他银行卖出 2 万英镑期汇。银行的这种外汇买卖被称作外汇头寸调整或平衡交易。

【举例 6-11】 香港某家外汇银行发生超卖现象,表现为美元期汇头寸缺 100 万美元,为此银行就要设法补进。假定即期汇率为 USD 1 = HKD 7.70,3 个月远期汇率为 USD 1 = HKD 7.88,即美元兑港币的 3 个月期汇汇率升水。3 个月后,该外汇银行要卖给客户 100 万美元,收入港币 788 万元。该银行为了平衡这笔超卖的美元期汇,它必须到外汇市场上立即补进一笔期限同为 3 个月,金额同为 100 万美元的期汇。如果该外汇银行没有马上补进,而是延至当日收盘时才成交,这样就有可能因汇率已发生变化而造成损失。假定当日收市时美元即期汇率已升至 USD 1 = HKD 7.9000,美元兑港币 3 个月期会升水 18 点,则此时 3 个月的远期汇率变为 USD 1 = HK 8.0800,该外汇银行将因未及时补平头寸,而损失 20 万港元(100 × 8.0800 - 100 × 7.8800)。

(三) 外汇投机

外汇投机是指外汇市场的参与者不是从实际需要出发,而是单纯为了赚取外汇买卖的差价而进行的交易。与套期保值者利用市场轧平风险头寸的动机不同,投机者是有意识地持有外汇头寸以获得风险利润。投机者基于相信自己比大多数市场参与者更了解市场趋势,自己对汇率趋势的预期更为正确。外汇投机者与套期保值者的最大区别是前者没有已发生的商业或金融交易与之对应。因此外汇投机能否获得利润只依赖于其预期是否正确。若预期正确，当然可以获益，若预期错误，则会蒙受损失，而能够利用远期外汇市场进行投机的前提是要有远期汇率的波动。

外汇投机既可以在现汇市场上进行，也可以在远期外汇市场上进行。两者的区别在于：在现汇市场上，因为现汇交易要求立即交割，所以，投机者手中要有充足的现金或外汇；在期汇市场上，投机由于不涉及现金或外汇的即期收付，因而在该市场投机者不必持有充足的外汇或者现金。

（1）在现汇市场上的投机。

【举例6-12】美元的即期汇率为 USD/JPY=128.00。一投机者认为1个月后美元的即期汇率会上升，于是该投机者入市用1 280万日元买入了10万美元。如果1个月后汇率变动确如该投机者所料，汇率为 USD/JPY=130.00，他就再入市卖出10万美元获得1 300万日元，投机者获利20万日元。当然，如果其预测错误，他也必须承担相应的损失。但无论怎样，投机者必须先有入市所需的相应资金。

（2）在期汇市场上的投机。

①买空（Buy Long）。所谓买空，是投机者预测某种货币的汇率将会上涨时，投机者先买进这种货币的远期外汇，然后在到期时再卖出这种货币的即期外汇的投机交易。若远期合约交割日市场即期汇率果然如投机者所料上涨而且高于远期合约协定的汇率，投机者即可获利。

【举例6-13】在法兰克福外汇市场上，某外汇投机商预测英镑对美元的汇率将会大幅度上升，他就进行买空交易，先以当时的1英镑=1.5550美元的3月期远期汇率买进100万英镑3个月远期；在3个月后，当英镑对美元的即期汇率涨到1英镑=1.7550美元时，他就在即期市场上卖出100万英镑。轧差后获得100万×（1.7550-1.5550）=20万美元的投机利润。

当然，若交割日市场即期汇率的变动与投机者相反，投机者将会遭受损失。比如3个月后市场即期汇率不升反跌为1英镑=1.4550美元，则该投机者将遭受10万美元的损失。

对于在国外有定期外汇债务的情况，投资者则要通过购进期汇来防范债务到期时因汇率波动而形成的还债成本上升。例如，我国的投资者对美国有3个月的外汇债务1亿美元，当美元未来升值时，则该投资者的债务负担将加重。为防止美元汇率波动造成的损失，投资者可以买入3个月的美元期汇，当时汇率为 USD1=CNY6.83，三个月后汇率变为 USD1=CNY6.85，如果投资者没有买美元期汇，那么他需要支付6.85亿元人民币才能还清1亿美元的债务；如果事先买入美元期汇，则只需要花6.83亿元人民币即可还清债务，可节约200万元人民币。

②卖空（Sell Short）。所谓卖空，是在预测某种货币的汇率将会下跌时，投机者先卖出这种货币的远期外汇，然后等到远期外汇的交割日再买进这种货币的即期外汇进行冲抵的一种投机活动。

【举例6-14】在东京外汇市场上，某年3月1日，某日本投机者判断美元在以后1个月后将贬值，于是他立即在远期外汇市场上以1美元=110.03日元的价格抛售1月期1 000万美元，交割日是4月1日。到4月1日时，即期美元的汇率不跌反升，为1美元=115.03

日元。则该日本投机者在即期外汇市场购买1 000万美元现汇实现远期合约交割,要遭受1 000万×(115.03－110.03)＝5 000万日元的损失。

可见,远期外汇投机具有很大的风险。万一投机者预测汇率的走势发生错误,就会遭到很大的损失。

【随堂练6－3】在纽约外汇市场上,美元对英镑的1月期远期汇率为:GBP/USD＝1.4660/60,某美国外汇投机商预期英镑汇率近期将会大幅度上升,于是做买空交易,以美元购入100万1月期远期英镑。假设1个月后到期时,英国的即期汇率上涨到GBP/USD＝1.5650/60,那么,该投机商可以获得多少利润?

【参考答案随堂练6－3】

第四节　套汇交易与套利交易

一、套汇交易概述

全球各主要外汇市场每个营业日都在进行着外汇买卖,由于外汇供求的关系,各外汇市场上同种货币的汇率因信息交流不充分可能会发生短暂的、不一致的情况,当这种差异在同一时间内达到一定程度时,投机者即可利用低价买高价卖的原则,在汇率较低的市场买进,同时在汇率较高的市场卖出,从中获取差额利益,这就是套汇(Arbitrage)业务。由于目前各外汇市场的现代通信设备发达,外汇交易趋向于全球化、同步化,因此,同一时刻同种货币在不同外汇市场的汇价差异日趋缩小,套汇业务正逐渐被其他业务所取代。因此,本书仅就直接套汇和间接套汇作简单的介绍。

(一) 套汇交易的含义

套汇是指利用不同外汇市场的外汇差价,在某一外汇市场上买进某种货币,同时在另一外汇市场上卖出该种货币,以赚取利润。在套汇中由于涉及的外汇市场多少不同,分为两角套汇、三角套汇和多角套汇。

1. 套汇交易的地点

套汇交易不像股票和期货那样集中在某一个交易所里进行交易。事实上,交易双方只要通过一个电话或者一个电子交易网络就可以成交一笔交易,因此,套汇交易市场被称作超柜台(OTC)或"银行间"交易市场。

2. 套汇交易市场的参与者

套汇交易市场之所以被称作是"银行间"交易市场,是因为长期以来,该交易都是被银行所控制,包括中央银行、商业银行和投资银行。然而,如今的交易主体正迅速扩大,一些跨国公司、国际货币经理人、注册交易商、国际货币经纪人、期货和期权交易商和私人投机商也参与其中。

3. 套汇交易的时间

事实上，套汇交易市场是一个即时的 24 小时交易市场，交易每天从悉尼开始，并且随着地球的转动，全球各金融中心的营业日将依次开始，首先是东京，然后是伦敦和纽约。与其他金融市场有所不同的是，在套汇交易市场中，投资者可以对无论是白天或者晚上发生的经济、社会和政治事件而导致的汇率波动随时做出反应。

4. 套汇交易的交易货币种类

套汇交易中，主要交易货币是指政局稳定的国家发行的、由中央银行认可的、汇率较稳定的、通常用来交易的或者流通性强的货币。如今日交易量较大的主要货币包括美元、日元、欧元、英镑、瑞士法郎、加拿大元和澳大利亚元。

5. 进行套汇应具备的条件

（1）存在不同的外汇市场和汇率差价；

（2）套汇者必须拥有一定数量的资金，且在主要外汇市场拥有分支机构或代理行；

（3）套汇者必须具备一定的技术和经验，能够判断各外汇市场汇率变动及其趋势，并根据预测迅速采取行动。否则，要进行较为复杂的套汇将事倍功半。

（二）套汇的方式

1. 直接套汇

直接套汇也叫两角套汇，是利用两地间的汇率差价，在一个外汇市场上以低价买入一种货币，同时在另一个外汇市场以高价卖出该种货币，以赚取利润。由于是在两个市场之间，套汇者直接参加交易，因此叫做直接套汇。

【举例 6-15】假定现在同一时间内，香港外汇市场：1 美元 = 7.7502/7.7507 港元；纽约外汇市场：1 美元 = 7.7807/7.7812 港元。此时，香港市场的美元汇率低，而纽约市场的美元汇率高，就可以做两地的套汇交易。假如，一家银行抓住此次良机做了一次套汇，即：在香港外汇市场买进 1 亿美元汇往纽约，同时，在纽约外汇市场卖出 1 亿美元，所获港元汇往香港。这样，买进 1 美元成本是 7.7507 港元，卖出 1 美元却能收进 7.7807 港元，1 美元买卖价相差 0.03 港元，1 亿美元的套汇收益即为 300 万港元。

【举例 6-16】如果某一套汇者在伦敦花 1 980 美元买 1 000 英镑，同时在纽约卖 1 000 英镑收 2 000 美元。这简单的一买一卖使套汇者就赚得 20 美元。一些套汇者在伦敦花美元低价买英镑，英镑需求增加，推动英镑的价格上涨。套汇者在纽约卖英镑，英镑供给增加，促使英镑的价格下跌。可见套汇者的投机行为会自发地把伦敦和纽约两个外汇市场的价格拉平，自发地使两个外汇市场的供求关系协调一致起来，使两个外汇市场更有效地运行。根据这一点，西方人认为套汇对调节外汇供求关系来说是不可缺少的，套汇活动是正当的。因为在买卖外汇时是要花手续费的，所以套汇者的净利润等于毛利润减去买卖外汇时所花的点差费用。

【举例 6-17】当日纽约外汇市场上汇率为 1 美元 = 1.1335 欧元，同时法兰克福市场上 1 美元 = 1.1235 欧元，应如何套汇？次日，在纽约市场 USD 1 = CHF 1.9055/65，在法兰克福市场 USD 1 = CHF 1.9080/90，应如何进行套汇？

分析：（1）当日，在两地外汇市场上美元与欧元的汇率不一致，存在套汇的机会。于是，可以在纽约外汇市场卖出美元、买入欧元，同时在法兰克福外汇市场卖出欧元、买入美元。每一美元可以获得0.0100欧元的套汇收入。

（2）次日，由于纽约外汇市场美元的汇价低于法兰克福市场美元的汇价。因此，可以在纽约市场买入美元、卖出瑞士法郎，在法兰克福市场卖出美元、买入瑞士法郎。每买卖1美元可获得0.0015（1.9080-1.9065）瑞士法郎的差价收入。用200万美元进行套汇，可以获利3 000瑞士法郎。这样的套汇会一直进行下去，直到两市场汇率差异消失或极其接近为止。

【随堂练6-4】在伦敦外汇市场GBP 1 = 1.8615/25USD，在纽约外汇市场GBP 1 = 1.8725/35USD。问：如做100万英镑的套汇，可获利多少美元？

【参考答案随堂练6-4】

2. 间接套汇

间接套汇（Indirect Arbitrage）又叫三角套汇（Three Points Arbitrage）或多角套汇（Multiple Points Arbitrage），它是指利用三个或多个不同外汇市场中的三种或多种货币之间的汇率差异，同时在这三个或多个外汇市场进行套汇买卖，获取汇率差额的交易。

判断三个或三个以上外汇市场间有无套汇机会比较复杂。一个比较简单的方法是：将三个或更多外汇市场上的汇率按照同一种标价，即直接标价法或者间接标价法列出，再依次连乘。如果乘积为1，说明没有套汇机会；如果不为1，说明有套汇机会。

【举例6-18】某日，纽约、东京、伦敦三个市场的即期汇率如下：

纽约外汇市场　　GBP/USD = 1.6020
东京外汇市场　　USD/JPY = 122.32
伦敦外汇市场　　GBP/JPY = 200.82

分析判断上述情况有无套汇机会？

分析：首先判断三个外汇市场是否存在汇率差异。因为 $1.6020 \times 122.32 \times 1/200.82 \neq 1$，所以在纽约、伦敦和东京即期外汇市场中存在套汇机会。

三角套汇对外汇市场所起的作用与两角套汇的作用一样。所以三角套汇也能调节三个不同的外汇市场的供求关系，使外汇市场运行得更有效率。

【随堂练6-5】一投机者持有1 000英镑，欲在国际市场上进行套汇。他所掌握的3个外汇市场同一时刻的汇率如下。

London：GBP 1 = USD 1.8590
New York：USD 1 = EUR 0.7490
Frankfurt：GBP 1 = EUR 1.4350

问：（1）是否存在套汇机会？
（2）如想获利，应如何套汇？

【参考答案随堂练 6-5】

二、套利交易

(一) 套利交易概述

套利交易（Interest Arbitrage）又叫利息套汇，是指利用不同国家或地区短期利率的差异，将资金由一个国家或地区转移到另一个国家或地区进行投放，以赚取利差收益的外汇交易。

在一般情况下，西方各个国家的利息率的高低是不相同的，有的国家利息率较高，有的国家利息率较低。利息率的高低是国际资本活动的一个重要的因素，在没有资金管制的情况下，资本就会越出国界，从利息率低的国家流到利息率高的国家。资本在国际流动首先就要涉及国际汇兑，资本流出要把本币换成外币，资本流入需把外币换成本币。这样，汇率也就成为影响资本流动的因数。

套利活动的前提条件是：套利成本或高利率货币的贴水率必须低于两国货币的利率差，否则交易无利可图。

套利交易目前已经成为国际金融市场中的一种主要交易手段，由于其收益稳定，风险相对较小，国际上绝大多数大型基金均主要采用套利或部分套利的方式参与期货或期权市场的交易，随着我国期货市场的规范发展以及上市品种的多元化，市场蕴含着大量的套利机会，套利交易已经成为一些大机构参与期货市场的有效手段。

(二) 套利交易的种类

1. 非抛补套利

非抛补套利也叫非抵补套利，是指套利者利用两个不同金融市场上短期利率的差异，将资金从利率较低的国家调往利率较高的国家，即将利息率较低的货币转换成利息率较高的货币，以赚取利差的一种外汇交易。这种套利活动适用于汇率比较稳定的情况。

【举例 6-19】英国短期市场存款年息为 8%，美国利率为年息 10%。当时外汇行市为 1 英镑 = 1.5770/1.5780 美元，6 个月后汇率无变化。英国一套利者有 10 万英镑进行为期 6 个月的投资，请问他应如何进行套利？

分析：英国套利者将 10 万英镑存入伦敦银行 6 个月，到期利息为 (100 000 × 8% × 6/12) = 4 000 英镑，本息为 104 000 英镑。若当时外汇行市为 1 英镑 = 1.5770/1.5780 美元，把 10 万英镑换成 157 700 美元存入美国 6 个月，到期利息为 (157 700 × 10% × 6/12) = 165 585。假设 6 个月后汇率无变化，165 585 美元可换得 104 933.46 英镑 (165 585/1.5780)，比存放英国的利息多 104 933.46 - 104 000 = 933.46 英镑。

当然我们应该考虑到，非抛补套利要冒着汇率波动的风险。假设刚才案例中，6 个月后美元兑英镑贬值了，贬值的损失超过了套利的盈利，那套利者就得不偿失了。因此我们说，非抛补套利活动仅仅适用于汇率比较稳定，波动不大的情况。

2. 抛补套利

抛补套利也叫抵补套利，是指套利者把资金从低利率市场调整往高利率市场的同时，在外汇市场上卖出高利率货币的远期，以避免汇率风险的一种套利形式。该套利行为实质上就是把远期和套利结合起来，同时也可以看成一种掉期交易。

由于汇率变动会给套利者带来风险，为了避免这种风险，套利者按即期汇率把利息率较低通货兑换成利息率较高的通货的同时，还要按远期汇率把利息率高的通货兑换成利息率较低的通货。以英、美两国为例，如果美国的利息率低于英国的利息率，美国人就愿意按即期汇率把美元兑换成英镑存在英国银行。这样，美国人对英镑的需求增加。英镑的需求增加，在其他因素不变的情况下，英镑的即期汇率要提高。另外，套利者为了避免汇率变动的风险，又都按远期汇率签订卖远期英镑的合同，使远期英镑的供给增加。远期英镑的供给增加，在其他因素不变的情况下，远期英镑的汇率就要下跌。

西方人根据外汇市场上的经验得出这样一条结论：利息率较高的国家货币即期汇率呈上升趋势，远期汇率呈下降趋势；反之，利息率较低的国家货币即期汇率呈下降趋势，远期汇率呈上升趋势。根据这一规律，资本流动的方向不仅仅是由两国利息率差价决定的，而且是由两国利息率的差价和利息率高的国家货币的远期升水率或贴水率共同决定的。

正确理解抵补套利需注意以下两点：

（1）抵补套利是否达到预期效果，取决于高利率国家的汇率变化情况。因为一段时间后，低利率国家的货币会升值，高利率国家的货币会贬值。

（2）正因为如此，投资者在进行抵补套利时，还应该签订远期外汇合约，锁定高利率国家的外汇风险。此时，远期外汇合约中的汇率变化幅度一定要小于两国市场的利差幅度。

【举例 6-20】 某美国投资者手中有资金 10 万美元，此时，美国货币市场 1 年期利率为 5%，英国货币市场 1 年期利率为 10%，即期汇率为 GPB/USD = 2.0000，假定一年期汇水美元升水 400 点，问投资者将如何套利？

分析：若投资者在英国投资，则需将 10 万美元换成 5 万英镑存入英国银行，为防止汇率风险，同时签订 1 年期美元英镑远期合约。一年后投资者收回本息 $50\,000 \times (1 + 10\%) = 55\,000$ 英镑。$55\,000 \times 1.9600 = 107\,800$ 美元。比单纯放在美国 $100\,000 \times (1 + 5\%) = 105\,000$ 美元，多收入 $2\,800$（$107\,800 - 105\,000$）美元。

【举例 6-21】 假设日本市场年利率为 3%，美国市场年利率为 6%，美元/日元的即期汇率为 109.50/110.00，美元/日元 1 年期的远期汇率为 107.00/107.50。为谋取利差收益，一日本投资者欲将 1 100 万日元转到美国投资一年，如果 1 年后美元/日元的市场汇率 105.00/105.50，请比较该投资者抵补套利与不抵补套利的收益情况。

分析：存入日本的收益：$1\,100 \times (1 + 3\%) = 1\,133$ 万日元

存入美国的收益：$1\,100 \text{ 万} \div 110.00 = 10$ 万美元

在美国投资 1 年的本利和：$10 \text{ 万} \times (1 + 6\%) = 10.6$ 万美元

Ⅰ 抵补套利

即期买入 12 月卖出美元买入日元的合约：卖 10.6 万美元，则 $10.6 \times 107 = 1\,134.2$ 万日元

比较收益：$1\,134.2 - 1\,133 = 1.2$ 万日元

Ⅱ 非抵补套利

1 年后美元/日元的市场汇率 105.00/50

10.6 × 105 = 1 113 万日元

比较收益：1 113 - 1 133 = -20 万日元

分析：

Ⅰ 抵补套利

Δr = 6% - 3% = 3%（两国利差）

Δc = (107.00 - 109.5)/109.5 = -2.3%（高息货币贴水率）

Δr > Δc 时，低利国（日本）→高利国（美国），可行。

Ⅱ 非抵补套利

Δr = 6% - 3% = 3%（两国利差）

Δc = (105.00 - 109.5)/109.5 = -4.11%（高息货币贴水率）

Δr < Δc 时，低利国（日本）→高利国（美国），不可行。

【随堂练 6-6】 在纽约市场美元年利率为 8%，伦敦市场英镑年利率 6%，纽约外汇市场美元即期汇率为£1 = \$ 1.6025/35，3 个月英镑升水 30/50 点。

求：（1）求 3 个月远期汇率？

（2）若一个投资者有 10 万英镑，投资于纽约市场，采用掉期交易来规避风险，应如何操作？

（3）比较（2）中的投资方案与直接投资于伦敦市场，哪种方案获利更多？

【参考答案随堂练 6-6】

（三）套利交易的作用

套利活动不仅使套利者赚到利润，还在客观上起到了自发地调节资本流动的作用。一个国家利息率高，意味着那里的资本稀缺，急需资本。一个国家利息率较低，意味着那里资本充足。套利活动以追求利润为动机，使资本由较充足的地方流到缺乏的地方，使资本更有效地发挥作用。通过套利活动，资本不断地流到利息率较高的国家，那里的资本不断增加，利息率会自发地下降；资本不断地从利息率较低国家流出，那里的资本就减少，利息率会自发地提高。套利活动最终使不同国家的利息率水平趋于相等。

本章小结

外汇市场，是指在国际间从事外汇买卖，调剂外汇供求的交易场所。它是指经营外币和以外币计价的票据等有价证券买卖的市场。是金融市场的主要组成部分。外汇市场的参与者，主要包括外汇银行、外汇银行的客户、中央银行、外汇交易商和外汇经纪商。外汇市场的功能主要表现在三个方面，一是实现购买力的国际转移，二是提供资金融通，三是提供外汇保值和投机的市场机制。外汇市场提供了多种的外汇交易方式,其中原生性外汇交易方式有即期外汇交易、远期外汇交易、套汇交易和套利交易。即期外汇交易的特点是:必须在成交后的两个工作日之内进行交割。即期交易的方式有电汇、信汇和票汇。而套汇则是利用两地或三地汇率的暂时不一致,从中贱买贵卖谋取汇差。远期外汇交易是指在成交后的两个工作日以外再进行交割的外汇交易。远期交易的报价有些特别,通常只报远期与即期的差价即升贴水,进出口商经常通过远期外汇的买卖,以回避汇率波动的风险。从事套汇与套利的投资者不仅可以赚到利润,在客观上起到了自发地调节资本流动的作用。

思考题

1. 在苏黎世市场 USD/CHF（瑞士法郎）的汇率为:
即期汇率 1.1920/30
1 个月远期差价 42/50
3 个月远期差价 138/164
客户根据业务需要:
（1）买入美元,择期从即期到 1 个月。
（2）卖出美元,择期从 1 个月到 3 个月。
请问:报价银行应如何报价?

2. 纽约和伦敦两地的外汇牌价如下:伦敦市场为 £1 = $1.7810/1.7820,纽约市场为 GBP 1 = USD 1.7830/1.7840。根据上述市场条件如何进行套汇？若以 2 000 万美元套汇,套汇利润是多少?

3. 已知纽约、法兰克福、伦敦三地外汇市场行市如下,
纽约外汇市场：USD 1 = EUR 1.9100/1.9110
法兰克福市场：GBP 1 = EUR 3.7790/3.7800
伦敦外汇市场：GBP 1 = USD 2.0040/2.0050
套汇者手中有 100 万美元,应该如何进行套汇?

4. 在一个时期,美国金融市场美元利率为 12%,英国金融市场英镑利率 8%,假设当前汇率为 £1 = $2.0000,3 个月美元贴水 10 点。试问:是否存在无风险套利？如果存在,一个投资者有 10 万英镑,可以获利多少?

关注"中财资源库"公众号获取思考题参考答案
（公众号内点击"找答案—本科"）

第七章 衍生外汇交易

【知识目标】

了解衍生外汇交易的特点、作用及其风险；
了解外汇掉期交易和外汇期货交易的含义；
掌握外汇期权交易的含义、分类。

【能力目标】

理解外汇期权交易的应用。

【价值引领目标】

树立科学的衍生外汇交易投资理念；
培养专业的衍生外汇交易投资能力；
体会期货期权市场人民币国际定价权的重大意义。

【导入材料】

加快建设大宗商品期货期权人民币国际定价权

中国作为全球市场的重要参与者，已经成为大宗商品市场的主要交易商。中国大宗商品在全球消费量中的比重接近两成；大豆、铁矿石等多个品种的进口总量均居世界首位，其中对天然橡胶的外贸依存度已达到50%，而大豆、铁矿石和原油甚至远高于天然橡胶，分别在60%、60%与80%以上。作为最大的消费国和进口国，中国在大宗商品市场已经具有相当大的影响力。但受制于中国对大宗商品的刚性需求和掌控定价权的期货交易所的缺位,中国对大宗商品价格的影响力尚仅体现在议价权上。而2019年人民币在全球支付和外汇储备的比例不到2%。这其中一个很大的原因就是大宗商品的国际贸易没有采用人民币定价。人民币/美元国际地位与世界经济的格局不对称,已经成为国际贸易与经济秩序的一个大问题。解决大宗商品人民币定价是有力抓手。今后我国要大力发展大宗商品期货期权市场及衍生外汇交易市场,加快建设大宗商品人民币国际定价中心,以维护我国经济安全与国际贸易秩序,使中国更加有效地参与全球经济治理。

第一节　外汇衍生交易概述

一、外汇衍生产品的含义

外汇衍生产品是一种金融合约,外汇衍生产品通常是指从原生资产派生出来的外汇交易工具。其价值取决于一种或多种基础资产或指数,合约的基本种类包括掉期(互换)、期货和期权。外汇衍生产品交易主要采取保证金交易,即只要支付一定比例的保证金就可以进行全额交易,不需要实际上的本金转移,合约的终结一般也采用差价结算的方式进行,只有在到期日以实物交割方式履约的合约才需要买方交足货款。因此金融衍生品的交易具有杠杆效应。保证金越低,杠杆效应越大,风险也就越大。

二、外汇衍生产品的主要种类

(一) 外汇掉期

外汇掉期是交易双方同意按一定的汇率交换一定数额的两种货币,在协议到期时,双方按同样的汇率换回各自的货币。

外汇掉期交易与即期交易和远期交易有所不同。即期与远期交易是单一的,要么做即期交易,要么做远期交易,并不同时进行,因此,通常也把它们叫做单一的外汇买卖,主要用于银行与客户的外汇交易之中。掉期交易的操作涉及即期交易与远期交易的同时进行,故称之为复合的外汇买卖,主要用于银行同业之间的外汇交易。一些大公司也经常利用掉期交易进行套利活动。

(二) 外汇期货

外汇期货是在商品期货基础上发展起来的,是金融期货的一种形式。外汇期货是承诺在将来某一特定时间购买或出售某一金融资产的标准化契约。其数量、质量、交割时间都是已定的,唯一变动的是价格。外汇期货的合约交易对象为各种货币。

外汇期货交易原理和商品期货交易原理一样,都是利用期货价格和现货价格波动的趋合性——期货合约临近交割时，期货价格和现货价格将趋向一致的特点。在现货和期货两个市场上品种、数量、交割期一致而方向相反的交易，以在一个市场上的盈利弥补另一个市场上的损失，从而达到规避价格波动风险的目的。

外汇期货交易主要的特点：交易是一种标准化约交易；交易是保证金交易；外汇期货市场是一个有形的市场；交易实行会员制和每日结制度；参与者为套期保值者和投机者。外汇期货交易中的套期保值交易方法与一般商品期是套期保值方法基本一致，基本的方法可以采用多头套期保值和空头套期保值两种方法。

（三）外汇期权

外汇期权是一权利合约，指买方在支付一定费用（称为期权费）后，享有在约定的日期或约定的期限内，按约定的价格购买或出售某种金融资产的权利。按买方的权利划分，期权可分为看涨期权和看跌期权。前者指买方有权以约定价格购买一定金融资产，后者指卖方有权以约定价格出售一定金融资产。期权的买方享有购买或出售的权利，却没有必须购买或出售的义务。

外汇衍生产品市场的独特之处在于外汇衍生产品的普遍性和流动性在很大程度上取决于汇率波动，这给企业在国外的筹资成本和国际组合投资的收益产生影响，从事跨国业务的企业集团或公司必须熟练运用外汇衍生产品市场，才能实行有效的风险管理。

三、外汇衍生品的主要特征

（一）远期性

衍生品最根本的特征就是远期性，外汇衍生品合约价值都是根据相关因素推算出来的未来价格。外汇衍生品远期性特征使得市场交易者不受当前时间限制，可以对外汇资产进行跨期交易和跨期配置。现代外汇金融市场体系由两部分组成：外汇衍生品市场与现货市场，这两者通过外汇衍生品与汇率资产或指数之间的套利交易而紧密连接。一般而言，风险厌恶者利用外汇衍生品减少汇率风险，而风险爱好者利用这种风险获取高额回报。

（二）杠杆性

外汇衍生品一般使用保证金进行交易，保证金越低，杠杆越高。高杠杆率会给交易者带来潜在高收益，但也会产生更高的风险，使参与者面临的潜在损失增大。衍生品的杠杆性可能会引起经济体系的混乱和宏观政策的失灵，主要表现在以下两个方面：一是衍生品具有杠杆性，则投机者不需要太多的资金就可以使用衍生品操纵市场，从而扰乱金融市场秩序。二是衍生品市场的高杠杆性，使得市场的大幅波动会给市场参与者带来更大的损失，迫使机构投资者濒临破产，产生连锁反应，从而给整个金融市场带来动荡，严重影响金融体系的稳定。衍生品杠杆性带来危害的例子不胜枚举，比如1997年的亚洲金融危机和2008年的全球金融海啸。因此我们使用外汇衍生品时应该积极防范风险，杠杆率不能过高，防止发生风险。

（三）风险性

与其他金融衍生品一样，外汇衍生品也是有风险的，并且其风险主要存在于交易过程。外汇衍生品交易的时候会产生风险，交易结束，风险就消失了，转化成交易者的收益或损失。外汇衍生品的风险特征呈现多元化。风险主要有五类：市场风险、信用风险、流动性风险、操作风险和法律风险。

（1）市场风险。市场风险是指外汇衍生品受市场因素波动而导致价值变动的不确定性。

（2）信用风险。信用风险是指因交易对手方的违约而遭受的潜在损失。

（3）流动性风险。流动性风险指合约不能以合理的价格快速卖出或转让而遭受损失的可能性。

（4）操作风险。操作风险指在合约交易和结算中，因内部控制系统和后台技术支持不完善而导致的风险。

（5）法律风险。法律风险是指因法律原因而给合约交易者带来损失的可能性。

四、外汇衍生产品的基本功能

（一）规避和管理系统性金融风险

据统计，发达国家金融市场投资风险中，系统性风险占 50% 左右，防范系统性风险为金融机构风险管理的重中之重。传统风险管理工具如保险、资产负债管理和证券投资组合等均无法防范系统性风险，外汇衍生产品却能以其特有的对冲和套期保值功能，有效规避因汇率等基础产品市场价格发生不利变动所带来的系统性风险。

（二）增强金融体系整体抗风险能力

金融衍生产品具有规避和转移风险功能，可将风险由承受能力较弱的个体转移至承受力较强的个体，将金融风险对承受力较弱企业的强大冲击，转化为对承受力较强的企业或投机者的较小或适当冲击，有的甚至转化为投机者的盈利机会，强化了金融体系的整体抗风能力，增加了金融体系的稳健性。

（三）提高经济效率

这主要是指提高企业经营效率和金融市场效率。前者体现为给企业提供更好的规避金融风险的工具，降低筹资成本，提高经济效益；后者体现为以多达 2 万余种的产品种类极大地丰富和完善了金融市场体系，外汇衍生品市场参与者众多，并且呈现多元化，集中反映了基础资产的供求信息和市场预期，通过市场公开竞价，形成了均衡价格，减少了信息不对称，实现风险的合理分配，提高定价效率等。

（四）套利功能

外汇衍生品市场上的很多金融产品有着内在联系，它们之间的价格有着某种确定的数量关系，当其中某种产品的价格偏离了这种数量关系时，套利者就可以根据无风险套利原则进行套利。即低价买进某种产品，高价卖出相关产品，从而赚取相关利润。

（五）投机功能

投机是指对未来特定走势的预期进行赌博，通过承担风险来获取利润。在公开透明的市场里进行投机，还可以提高市场的效率。

【延伸阅读 7-1】中国的外汇衍生交易发展

第二节　外汇掉期交易

一、掉期交易的概述

（一）掉期交易的概念

掉期外汇交易是指外汇交易者在外汇市场上买进或者卖出某种外汇的同时，卖出或买进相同金额但期限不同的同一种外币的外汇交易。

掉期交易与前面讲到的即期交易和远期交易有所不同。即期与远期交易是单一的，要么做即期交易，要么做远期交易，并不同时进行，因此，通常也把它叫做单一的外汇买卖，它主要用于银行与客户的外汇交易之中。掉期交易的操作涉及即期交易与远期交易或买卖的同时进行，故称之为复合的外汇买卖，主要用于银行同业之间的外汇交易。一些大公司也经常利用掉期交易进行套利活动。

掉期交易的目的包括两个方面：一是轧平外汇头寸，避免汇率变动引发的风险；二是利用不同交割期限汇率的差异，通过贱买贵卖，牟取利润。

【延伸阅读 7-2】世界上第一笔货币掉期交易

（二）掉期交易的特点

（1）同时买进卖出，货币相同，数量相等；
（2）买与卖的货币种类相同，数额相当；
（3）买卖交割期限不相同。

（三）掉期交易的类型

1. 即期对远期的掉期交易

即期对远期的掉期交易（Spot-forward Swaps），指买进或卖出某种即期外汇的同时，卖出或买进同种货币的远期外汇。它是掉期交易里最常见的一种形式。

【举例 7-1】一家日本公司拟对外投资 600 万美元，预期在 6 个月后收回。该公司预测 6 个月后美元相对于日元会贬值，为了保证投资收回，又能避免汇率变动的风险，就做买入即期 600 万美元对卖出 6 个月 600 万美元的掉期交易。通过上述交易，该公司可以轧平其中的资金缺口，达到规避风险的目的。

【举例 7-2】一家美国公司需要 100 万英镑现汇进行投资。已知即期汇率为 GBP/USD =1.6770/1.6780。2 个月英镑的远期汇水为 20/10，预计两个月后收回投资。问公司如何通过掉期交易防范汇率风险？

分析：2个月的远期汇率为 GBP/USD =（1.6770 – 0.0020）/（1.6780 – 0.0010）= 1.6750/1.6770

在即期市场上买进100万英镑，买进100万英镑需付出1 678 000美元，同时在期汇市场上卖出100万英镑两个月期汇，可收回1 675 000美元，该公司的掉期成本为1 678 000 – 1 675 000 = 3 000（美元）。

2. 远期对远期的掉期交易

远期对远期的掉期交易（Forward – forward Swaps），是指对不同交割期限的期汇作货币、金额相同而交易方向相反的两个交易。由于这一形式可以使银行及时利用较为有利的汇率时机，并在汇率的变动中获利，因此越来越受到重视与使用。

【举例7 – 3】美国某银行在3个月后应向外支付100万英镑，同时在1个月后又将收到另一笔100万英镑的收入。如果市场上汇率有利，它就可进行一笔远期对远期的掉期交易。设某天外汇市场汇率如下。

即期汇率：GBP 11 = USD 1.5960/1.5970

1个月远期汇率：GBP 1 = USD 1.5868/1.5880

3个月远期汇率：GBP 1 = USD 1.5729/1.5742

银行可直接进行远期对远期的掉期交易：即买入3个月的远期英镑（汇率为1.5742美元），再卖出1个月期的远期英镑（汇率为1.5868美元），每英镑可获净收益0.0126美元。可见，银行不仅通过掉期交易规避了汇率波动的风险，而且获得了一定盈利。

【举例7 – 4】2019年1月10日，一个美国公司1个月后有100万欧元的应付款，6个月后有100万欧元的应收款。该公司想通过掉期固定成本。已知即期汇率为EUR/USD = 1.3325/1.3400，1个月远期汇水为30/40，6个月远期汇水为110/160。请问公司应如何操作？

分析：该公司应该买进1个月100万欧元，卖出6个月100万欧元的掉期交易。1个月远期汇率 EUR/USD =（1.3325 + 0.0030）/（1.3400 + 0.0040）= 1.3355/1.3440。

6个月远期汇率为 EUR/USD =（1.3325 + 0.0110）/（1.3400 + 0.0160）= 1.3435/1.3560

公司收益：1 000 000 ×（1.3440 – 1.3435）= 1 000 000 × 0.0005 = 500（美元）

【随堂练】美国公司向英国公司出口了一笔价值10万英镑的货物，在1个月后将收入10万英镑，该美国公司在3个月后又要向外交付10万英镑。假设外汇市场行情为：

1个月远期 GBP/USD = 1.6868/80

3个月远期 GBP/USD = 1.6729/42

问：美国公司做一笔远期对远期的掉期交易的收益情况如何？

【参考答案随堂练】

二、掉期交易的应用

掉期交易是运用不同的交割期限来进行的，可以避免因时间不一所造成的汇率变动的风险，对国际贸易与国际投资发挥了积极的作用。

（一）利用外汇掉期消除外汇暴露头寸

外汇风险暴露这里主要是指企业所面临的以外币计价的应收应付款项或预收预付款项等在汇率变动时所产生的交易风险。其原因在于从合同签订到合同履行期间的时间差使企业外在款项受到汇率波动的影响。具体来说，企业从签订以外币支付或收取的款项合同到最终完成交易（支付外币或收取外币款项），如果期间汇率发生了变动，以本币购买外币以支付款项或以外币形式收取款项兑换成本币时，企业将面临本币现金损失的风险。这往往也是进出口企业最直接、最可见、最可度量的风险，而暴露头寸的大小也往往直接决定着汇率变动时其发生损益的多少。

计算外汇交易风险暴露头寸的量化公式为：外汇风险暴露头寸＝外汇现金净流量＝外汇流入－外汇流出＝（出口应收货款－进口应付货款）＋（借入外汇－贷出外汇）＋（买入外汇－卖出外汇）。如果我们只考虑使用金融衍生工具测算和计量企业外汇风险暴露，则计算公式可简化为：外汇风险暴露头寸＝外汇现金净流量＝外汇流入－外汇流出＝（出口应收货款－进口应付货款）＋（买入外汇－卖出外汇）。如果外汇风险净暴露净头寸为正，则本币升值企业将面临亏损；如果外汇风险暴露净头寸为负，则本币贬值企业将面临亏损风险；如果外汇净头寸为零，则企业无外汇风险。

对于中小外贸企业而言，预测与分析汇率升跌并不是件容易的事情，特别是随着人民币国际化步伐加快，汇率市场化改革势在必行，而人民币汇率双向波动趋势会愈加明显。为了减少外汇风险暴露所带来的不利影响，中小外贸企业最常用的方法是平衡外汇头寸法：企业可以按时间序列将各个时点的外汇现金的流入量和流出量进行测算与排列，然后计算出各个时点的外汇净现金流量即外汇风险暴露头寸，再通过外汇衍生工具买入或卖出的一定期限的外汇，以使各个时点的外汇风险暴露头寸最小或为零。使用外汇掉期调节外汇资金头寸，适合于在一定时间周期中，外汇流总流入与总流出金额一致而发生的时点不一致的情况，各个资金时点产生的外汇风险暴露头寸可通过外汇掉期交易加以调整。

（二）利用外汇掉期套期保值

在规避汇率风险的实践中，外汇套期保值操作正受到越来越多进出口企业的关注。在2014年之前，人民币一直长期处于单边升值的行情，我国大部分外贸企业不需要过多担心汇率风险的问题，但是当今汇率双向波动迹象明显，企业应根据自身情况，选择合适的套期保值方法。

利用外汇掉期套期保值，简单来说是指企业通过外汇掉期交易提前买进未来的应付款和卖出未来的应收款项来抵消汇率变动带来的风险，实行外汇资产保值。主要用于外贸进出口商存在不同期限、数额相等的外汇应收款和应付款的情况。一买一卖，金额相等，币种相同，方向相反，正好可以通过外汇掉期交易一次完成，相比应收款和应付款分别通过期货市场做套期保值的多笔交易来说，可以大大地节约企业的成本。

可见，不管是盈利还是亏损，通过外汇掉期做套期保值交易，可以将进出口企业未来不可预知的汇率风险转化成可以量化的固定成本，其目的在于保值或将成本固定，从而减少对利润造成的影响。

(三) 利用外汇掉期降低融资成本，实现外汇资产保值

在日常资金管理过程中，外贸企业经常面对现有资金币种与需要使用的资金币种不相匹配的问题。比如，我国很多来料加工贸易企业，其结算货币往往是外币，而合同签订后往往需要用人民币资金购买设备、材料以及支付国内人员工资等，但其账户如果只有外汇存款时，就一定面临如何融资的问题。

利用外汇掉期融资是指企业将闲置的外币资金通过外汇掉期转换为所需要的货币并加以运用，从中获取收益的融资行为，其主要适用于外贸企业账面上存在某种闲置货币而急需用另外一种货币资金的情况。

【举例7-5】 我国某船舶进出口商是全球跨国公司，主要进行船舶出口及修理业务。2016年12月22日，因国内融资需要，需要贷款大量的人民币资金，同期银行一年期人民币贷款基准利率为4.35%，而该船舶公司目前在银行拥有瑞士法郎存款1 000万，暂时闲置。该客户经过论证，与银行签订外汇人民币掉期业务合约。当日，客户卖出瑞士法郎1 000万、买入人民币，卖出汇率（100瑞士法郎兑人民币）675.6800，买入人民币6 756.8万；在12个月后的远期时点，客户买入瑞士法郎1 000万、卖出人民币，根据银行报出的12个月远期买入汇率（100瑞士法郎兑人民币）700.2199，卖出人民币7 002.20万。

分析：从以上事例我们可以看出，目前企业有三种融资选择：

第一，直接贷款人民币6 756.8万元。

融资年率4.35%，贷款利息为6 756.80×4.35%＝293.92万元人民币，瑞士法郎存款依然保留于其账户（因瑞士法郎存款年率为0.01%，我们暂且忽略不计其存款收益），未来仍可享受瑞士法郎作为硬币所带来的升值好处（我们从银行的12个月远期报价可以看出，未来瑞士法郎可以兑换更多的人民币，所以人民币为软币即具有贬值趋势的货币而瑞士法郎为硬币），但从银行贷款手续复杂、审批繁琐，对企业现有的资产负债率也有较为严格的规定，而且4.35%的融资年率成本数额较高；

第二，企业直接在当日拿账户的瑞士法郎资金1 000万兑换成人民币6 756.8万元。

虽然其名义融资成本0，但却丧失了瑞士法郎作为硬币的升值收益。根据银行报出的12个月的远期卖出汇率（100瑞士法郎兑人民币）699.4308，客户如果签订12个月远期合约后卖出远期瑞士法郎1 000万，可收入人民币6 994.31万元人民币，客户预计损失为6 994.31－6 756.8＝237.51万元人民币，按银行远期市场报价，则该船舶进出口商面临的融资成本为237.51÷6 756.8＝3.52%，而且因为已经将瑞士法郎兑换成人民币，未来将不再享受瑞士法郎作为硬币所带来的升值好处。虽然这种方案融资方案名义成本低至0，但实际融资成本高达3.52%，而且在目前人民币贬值的大背景下，将硬币瑞士法郎放弃兑换成软币显然不够明智。故这一方案最先被企业弃用。

第三，客户通过签订外汇掉期协议进行融资：当日，卖出瑞士法郎1 000万、买入人民币6 756.8万元；在12个月后的远期时点，买入瑞士法郎1 000万、卖出人民币7 002.20万元。

融资成本为7 002.20－6 756.8＝245.4万元人民币，合年率245.4÷6 756.8＝3.63%。与第一种方案中的直接贷款相比，可节约资金：293.92－245.4＝48.52万元，合节约财务成本4.35%－3.63%＝0.72%，而且手续简单且不会提高企业的资产负债率。该船舶进出口商之所以最终选择第三种融资方案，是因为通过外汇掉期融资，不仅低成本地获得了人民币融资

需求,而且还保住了瑞士法郎作为硬币其未来升值带来的好处即实现了外汇资产的保值。

(四) 有利于银行消除与客户单独进行远期交易承受的汇率风险

掉期交易可使银行消除与客户进行单独远期交易所承受的汇率风险,平衡即期交易与远期交易的交割日结构,使银行资产结构合理化。

【举例7-6】 某银行在买进客户6个月期的100万远期美元后,为避免风险,轧平头寸,必须再卖出等量及交割日期相同的远期美元。但在银行同业市场上,直接出售单独的远期外汇比较困难。

分析:银行可采用这样一种做法:先在即期市场上出售100万即期美元,然后再做一笔相反的掉期买卖,即买进100万即期美元,并卖出100万远期美元,期限也为6个月。结果,即期美元一买一卖相互抵消,银行实际上只卖出了一笔6个月期的远期美元,轧平了与客户交易出现的美元超买。

第三节 外汇期货交易

一、外汇期货的含义

外汇期货(Foreign Currency Futures)也称货币期货,是买卖双方通过期货交易所,按约定的价格、在约定的未来时间买卖某种外汇合约的交易方式。外汇期货是产生最早且最重要的一种金融期货。

【延伸阅读7-3】 外汇期货的产生

二、外汇期货的交易特点

1. 报价的独特性

外汇期货交易仅限于美元与另一种自由兑换货币的交易。其报价方式采用一个单位外币折合美元的形式。

2. 合约的标准性

以芝加哥国际货币市场为例,每份外汇期货合约的标准金额分别为加元10万,日元1 250万,瑞士法郎12.5万,英镑2.5万。交割月份和交割日期也是标准的。以IMM为例,必须是每年3、6、9、12月份的第三个星期的星期三。

3. 交易的公开性

外汇期货交易是在有组织的有形市场以公开竞争的方式进行的,价格和信息的公开性是其重要特点。

4. 交易的流动性

外汇期货交易中通过买卖合约的转让即对冲和平仓，可免除到期交割实物的义务（在现代交易中，95%以上的交易都是通过对冲交易终止交割），大大提高了外汇期货市场的流动性。

5. 交易的投机性

外汇期货交易通过保证金制度可以较高的杠杆率控制交易合约金额，因此其具有高投机性和风险性。

6. 参与者的广泛性

外汇期货交易采取每日结算制度，即获利者每日收盘将盈利划入其账户，亏损者亏损额超过最低保证金数额要及时追加，这种清算制度的安全性可允许众多中小机构，甚至个人参与交易。

三、外币期货的基本要素及结算方式

1. 外币期货的基本要素

外币期货在其交易过程中，对报价方式、合约单位、波动幅度、保证金额度等都有专门的规定。

（1）期货的报价方式。货币期货是以每一单位外币（日元为每100日元）兑换多少美元来报价的，美元一律作为报价货币。不像即期外汇交易与远期外汇交易，美元只对英镑、澳大利亚元、新西兰元及欧洲货币单位作为报价货币。除此之外，对其他货币都作为基础货币。外汇期货的报价方式如下：

英国英镑 GBP 1.8092 $ 瑞士法郎 CHF 0.8023 $
日本日元 JPY 0.9255 $ 澳大利亚元 AUD 0.6999 $

（2）期货的合约单位。外币期货合约有最小成交单位限制，这个最小成交单位即是一份合约的面值。买卖都是针对合约而言的，即买卖一份、两份还是多份合约，所以，成交的货币的数量必须也必然是最小成交单位的倍数。当然，不同的国际货币期货交易场所对这种合约单位的规定也是不同的。

例如，在欧元诞生前美国国际货币市场（IMM）规定，每份英镑期货合约单位的面值是125 000德国马克，每份日元期货合约单位面值是1 250万日元。

而当时伦敦国际金融期货交易所（LIFFE）每份英镑期货合约单位的面值是25 000英镑，每份德国马克期货合约单位的面值是125 000德国马克，而每份日元期货合约单位的面值也是1 250万日元。

（3）期货价格的波动幅度。各种货币期货的日价格波动幅度，即最小波动幅度或最大波动幅度一般都有规定。货币期货的波动单位是以基点数（Basic Point）或刻度（Tick）来计量的。最小波动单位即为1个基点或1个刻度。如当日英镑的期货价格变动如下。

开盘时：STG 1.6267 $
收盘时：STG 1.6247 $
则，1.6267 − 1.6247 = 0.0020

这表示英镑期货的价格变动了20点或20个刻度。

（4）期货保证金金额的设定。期货保证金是买卖货币期货合约的信用保证。保证金分为两类：一是起始保证金（Initial Margin）；二是维持保证金（Maintenance Margin）。起始保

证金是交易开始前缴纳的保证金，交易的币种不同，保证金额数也不同。交易所有权增加或减少起始保证金的数量，也有权对个别清算会员收取较多或较少的起始保证金。维持保证金是指给账户增加货币以前允许保证金下降的最低限额。如果账户余额低于维持保证金水平，则必须补交货币使得账户余额重新达到起始保证金水平。这就是说，并非要缴纳两笔保证金，而在起始保证金中本身就含有维持保证金。如 IMM 规定，英镑期货的起始保证金为 1 500 美元，维持保证金为 1 000 美元，这并非要客户缴纳 2 500 美元，因为在起始保证金的 1 500 美元之中就包括了维持保证金。如果英镑期货价格的变动对客户不利，以致账户中的保证金逐渐减少至 1 000 美元以下，这时，该客户就会被要求追加保证金以重新达到 1 500 美元。如果减少的数额虽低于起始保证金的 1 500 美元而高于 1 000 美元，就不会被要求追加保证金。所以，维持保证金是交易所允许的最低保证金水平。

保证金的设立方法在不同的国家或地区有不同的规定。如在 LIFFE 进行期货交易，就只需缴纳维持保证金，而没有起始保证金的要求。

下面，我们列表比较一下美国国际货币市场（IMM）与英国伦敦国际金融期货交易所（LIFFE）在上述各种要素规定方面的区别（如表 7-1、表 7-2 所示，表中数据代表 1999 年欧元诞生前的交易规则）。

表 7-1　　　　　　　　　　　　美国国际货币市场

合约名称	合约面额	价格变动的最低限度		日价格波动的最高限度		交易保证金
		基点数	美元值	基点数	美元值	
英镑 STG	25 000	5 点 0.0005	$ 12.50	500 点 0.0500	$ 1 250	I：$ 1 500 M：$ 1 000
加元 CAN $	100 000	1 点 0.0001	$ 10.00	75 点 0.0075	$ 750	I：$ 900 M：$ 700
欧元 EOR	125 000	1 点 0.0001	$ 12.50	100 点 0.0100	$ 1 250	I：$ 1 500 M：$ 1 000
日元 JPY	12 500 000	1 点 0.000001	$ 12.50	100 点 0.000100	$ 1 250	I：$ 1 500 M：$ 1 000
瑞士法郎 SF	125 000	1 点 0.0001	$ 12.50	150 点 0.0150	$ 1 875	I：$ 1 500 M：$ 1 000

表 7-2　　　　　　　　　　　　伦敦国际金融期货交易所

合约名称	合约面额	基点数	美元值	交易保证金
英镑 STG	25 000	1 点（0.0001）	$ 2.50	$ 1 000
欧元 EUR	125 000	1 点（0.0001）	$ 12.50	$ 1 000
瑞士法郎 SF	125 000	1 点（0.0001）	$ 12.50	$ 1 000
日元 JPY	12 500 000	1 点（0.000001）	$ 12.50	$ 1 000

2. 结算方式

期货交易结算的最显著特征是既有买卖盈亏。买卖盈亏的结算方法如下。

买卖盈亏 =（卖出价 - 买入价）× 单位合约面值 × 当日平仓合约数

期货交易既可以先买后卖，也可以先卖后买。只要卖出价大于买入价，即表明已盈利；反之，则为亏损。

由于货币期货交易的手续较为复杂，特别是未结算余额天天都要进行评估价，从而保证金也会发生增减，因此没有远期外汇交易那样简便易行。所以说，大企业或与银行关系良好的企业，一般都选择远期交易。因为对它们来说，银行并不要求它们出具担保，还给予汇率上的优惠；而中小企业的资金及信用状况都不及大企业，与银行进行远期交易既被要求有担保，又享受不到优惠的汇率，于是只能选择期货交易，同时也能以较少的资金（保证金）从事较大数额的交易。

另外，由于货币期货存在着浮动盈亏，每天都要对持仓合约进行估算，并发生资金流动，风险也就相当大，这就要求投资者有相当的控制风险的能力。

四、外汇期货交易与远期交易的区别

外汇期货是指交易者以保证金为抵押买卖远期货币合约，而在实际交割发生以前，每天都要结清市价差额的一种交易工具。因而，与远期外汇交易相比，有如下不同，见表7-3。

表7-3　　　　　　　　　　　　外汇期货和远期外汇的不同点

不同点	外汇期货	远期外汇
交易目的	交易目的：①规避外汇风险，如套期保值者；②外汇投机。	规避外汇风险。
交易者	由于交易所设有清算机构，因此外汇期货交易者不必考虑交易对方的信用；交易者可以是银行、其他金融机构、公司、政府和个人，只要按规定缴纳保证金，均可通过期货经纪公司参与交易。	由于远期外汇交易缺乏如期货交易中清算所那样的中介机构做保障，因而交易者必须考虑对方的信用状况；从交割清算角度来看，远期外汇交易的风险较外汇期货交易的风险高。因此，远期外汇交易者相对较少。
交易合同是否标准化	交易的是外汇期货合约，它是一种标准化的合约，包括合同金额、交易币种等，期交所都有规定。交易额最小单位为一个期货合同标准金额，交易额大的可以组合为几个合同进行交易。	远期外汇市场上交易的是远期外汇合约，无固定的规格，合约细则由交易双方自行商定。
交易场所和方式	主要在期货交易所进行，采取公开喊价的方式成交，主要是有形交易。	没有固定交易场所，主要是通过电讯手段来进行交易，是一个无形市场（OTC市场）。
交易规则	采用保证金制度，每天的交易都要通过清算所进行清算，盈余者可以提走多余的现金，而亏蚀者则需要补交保证金；可提前对冲原有交易。	不需要保证金，大部分交易是在到期时进行交割结算。

续表

不同点	外汇期货	远期外汇
交割方式	一般不最后交割,而用"以卖冲买"或者"以买冲卖"的原则冲销合同。	大多数最后交割。
交割日期	到期日为交割月份的第三个星期的星期三(外币期货的交割月份一般为每年的3月、6月、9月、12月)。	没有交割日期的固定规定,由交易双方商定。
合同的流动性	外汇期货合约是可以转让的,流动性较强。	远期外汇合约则不可转让,流动性较弱。

五、外汇期货交易的参与者

外汇期货交易的参与者,主要是工商企业、金融机构或者个人,根据他们参与外汇期货交易的目的,可以将他们归为套期保值者和投机者。套期保值者主要是为了对手中现存的外汇或者将要收付的外汇债权债务进行保值;而投机者主要是为了从外汇期货交易中获利,若外汇期货价格与投机者预测的方向一致,则盈利,反之会出现亏损。

套期保值者和投机者都是期货市场不可或缺的部分,没有套期保值者,期货市场是不会产生的,没有众多的投机者,市场缺乏流动性,套期保值者也无法进行有效地实现保值的目的。现代西方发达的期货市场中,至少有80%以上的交易者是投机者。

【延伸阅读7-4】 中国版原油期货上市凸显四大意义

第四节 外汇期权交易

一、外汇期权交易概述

(一)外汇期权的产生

期权又叫选择权,是指一种具有全新特征的金融契约形式,它赋予期权的持有人一种权利,使其能在规定的时间内根据自己的意愿决定是否按合约规定的价格和数量买入或卖出某种金融资产,而不管该种金融资产的市场价格的涨跌程度。作为获得这种权利的代价,期权购买者要向期权出售者支付一定金额的期权费用。

期权交易的雏形早在公元前400年就存在。17世纪前期的阿姆斯特丹出现了最早的期权市场。第二次世界大战后,期权交易的发展真正显出端倪,1973年4月26日,芝加哥期权交易所正式成立,从此开始了期权合约标准化、期权交易规范化的进程。随后,美国证券交易所、太平洋证券交易所和费城股票交易所等大交易所先后开办了股票期权交易业务。到 20 世纪 80 年代，各国普遍开展了美元的外币期权，成功后又开办了英镑、马克、瑞士法郎和日元等外币期权。

外币期权的产生归因于两个重要因素——国际贸易迅速发展和国际金融市场日益显著的汇率波动。越来越多的交易商开始寻求更为有效地避免外汇风险的途径。在远期外汇和外汇期货这两种保值交易的基础上，期权的产生具有避免汇率风险、固定成本的作用，而且克服了远期与期货交易的局限性。它既能在市场汇率向有利方向波动时获得无限大的盈利，又能在市场汇率向不利方向波动时避免外汇风险，其执行灵活的特点得到国际金融市场的青睐。对于那些应急交易，诸如竞标国外工程或海外子公司分发红利等不确定收入或投资保值来说，期权交易尤其具有优越性。

（二）外汇期权的含义

外汇期权（Foreign Exchange Options）也称为货币期权，指合约购买方在向出售方支付一定期权费后，所获得的在未来约定日期或一定时间内，按照规定汇率买进或者卖出一定数量外汇资产的选择权。外汇期权是期权的一种，相对于股票期权、指数期权等其他种类的期权来说，外汇期权买卖的是外汇，即期权买方在向期权卖方支付相应期权费后获得一项在约定的到期日按照双方事先约定的协定汇率和金额同期权卖方买卖约定的货币的权利，同时权利的买方也有权不执行上述买卖合约。

（三）外汇期权的特点

外汇期权买卖是一种交易方式，它是原有的几种外汇保值方式的发展和补充。它既为客户提供了外汇保值的方法，又为客户提供了从汇率变动中获利的机会，具有较大的灵活性。它的优点在于可锁定未来汇率，提供外汇保值，客户有较好的灵活选择性，在汇率变动向有利方向发展时，也可从中获得盈利的机会。对于那些合同尚未最后确定的进出口业务具有很好的保值作用。

在汇价不利时，以预先约定的价格买卖外汇可以保值、转嫁风险；在汇价有利时，可以放弃协定价格交割的权利，按照市场价格交割，使保值和盈利相结合；另外，期权的使用存在巨大的杠杆作用。外汇期权交易对合同的卖方也有获得保费收入的益处。

（四）外汇期权价格的主要决定因素

1. 内在价值

外汇期权的内在价值是立刻履行该期权合同所获得的利润。它取决于协定价格和市场价格之间的差额。公式如下：

看涨期权的内在价值 = 期权金额 × （市场价格 − 协定价格）

看跌期权的内在价值 = 期权金额 × （协定价格 − 市场价格）

2. 期权买卖有效期

期权合同的有效期越长，汇价变动的可能性越大，期权卖方的风险就会越大，期权费就应该越高。

3. 期权的供需

市场价格趋于上涨，买入看涨期权的客户就会增多，看涨期权的期权费就会增加；如果市场价格趋向下降,买入看跌期权的客户就会增多,则看跌期权的期权费就会增加。

4. 货币的预期波动幅度

在外汇交易中较为活跃的货币,汇价的预期波动幅度大,期权费往往比较高;反之则会越低。

(五) 外汇期权的种类

1. 按照期权买进卖出的性质划分

(1) 看涨期权(Call Options)。看涨期权又称"多头期权""延买权""买权",是指期权的买方向期权的卖方支付一定数额的权利金后,即拥有在期权合约的有效期内,按事先约定的价格向期权卖方买入一定数量的期权合约规定的特定商品的权利,但不负有必须买进的义务。而期权卖方有义务在期权规定的有效期内,应期权买方的要求,以期权合约事先规定的价格卖出期权合约规定的特定商品。

(2) 看跌期权(Put Options)。看跌期权又称"空头期权""卖权"和"延卖权",是指期权的买方按事先约定的价格可以向期权卖方卖出一定数量的期权合约规定的特定商品的权利,但不负有必须卖出的义务。而期权卖方有义务在期权规定的有效期内,应期权买方的要求,以期权合约事先规定的价格买入期权合约规定的特定商品。

每一种期权合约都有两种交易策略:买入期权和卖出期权,而期权又包括看涨期权和看跌期权。这样,就有四种基本的期权交易策略:①买入看涨期权合约;②卖出看涨期权合约;③买入看跌期权合约;④卖出看跌期权合约。这四种交易策略的盈亏取决于合约到期日(或执行日)基础资产的现货市场价格,这一关系如图7-1所示。图中,K表示合约执行价,C表示期权费,S表示合约到期日(或执行日)基础资产的现货市场价格。

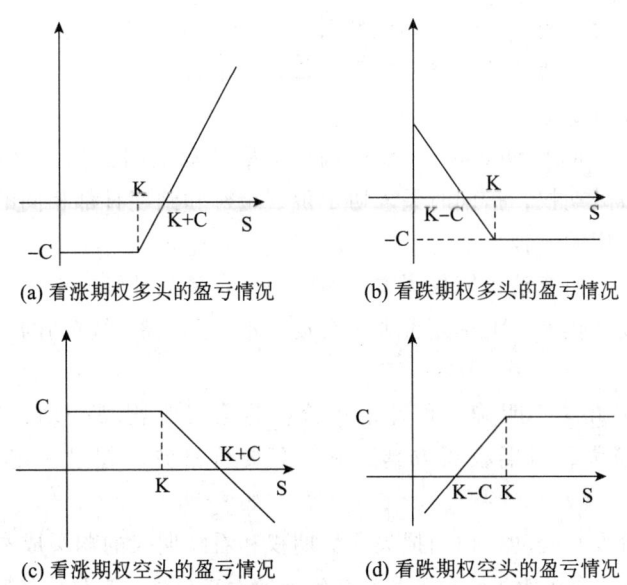

(a) 看涨期权多头的盈亏情况　　(b) 看跌期权多头的盈亏情况

(c) 看涨期权空头的盈亏情况　　(d) 看跌期权空头的盈亏情况

图7-1　看涨期权与看跌期权买卖双方损益图

我们可以总结一下期权损益情况,见表7-4。

表 7-4　　　　　　　　　　　　期权买卖双方损益情况

期权种类	价格（S）	买方损益	卖方损益
看涨期权	S≤K 时	-C	C
	S＞K 时	S-(K+C)	(K+C)-S
看跌期权	S≥K 时	-C	C
	S＜K 时	(K-C)-S	S-(K-C)

【举例 7-7】 1999 年 10 月 5 日，德国马克对美元汇率为 100 德国马克 = 58.88 美元。甲认为德国马克对美元汇率将要上升，因而以每马克 0.04 美元的期权费向乙购买一份 1999 年 12 月到期，协议价格为 100 德国马克 = 59.00 美元的德国马克看涨期权。若每份德国马克期权的规模为 125 000 马克，那么，甲、乙双方盈亏分布可以分为几种情况？

分析：设期权到期日德国马克对美元的价格为 100 马克对 S 美元；100 马克的期权费为 4 美元；每份德国马克期权的规模为 1 250 百马克，则甲乙双方的盈亏分布有以下几种情况。

（1）当 S≤59 美元时，甲方将不执行期权，甲方每份期权损失：1 250×4 = 5 000 美元；乙方每份期权获利：1 250×4 = 5 000 美元；

（2）当 S＞59 美元时，甲方将执行期权，甲方每份期权获利：1 250×(S-63) 美元（买权买方，S-(K+C)）；乙方每份期权损失：1 250×(63-S) 美元（买权卖方，(K+C)-S）。

当甲方执行期权时，又分 3 种情况：

① 当 59＜S＜63 时，甲方亏损，乙方盈利；

② 当 S=63 时为双方的盈亏平衡点，即甲乙方均不盈不亏；

③ S＞63 时，甲方盈利，乙方亏损。

（3）双向期权（Double Options）。双向期权又称"双重期权"、骑墙套利期权、跨式套利、马鞍式或同价对敲期权，指同时买入协定价、金额和到期日都相同的看涨期权和看跌期权，是外汇投机者使用的一种方法。

无论汇率朝哪个方向变动，期权买方的净收益一定是某种倾向汇率的差价减去两倍的权利金，即只要汇率波动较大，汇率差价大于投资成本，无论汇率波动的方向如何，期权买方即投资者均可受益。

使用范围：后市方向不明确，预计市场价格将会发生剧烈变动，但是不知道会升高还是降低。波动性越大，对期权买方越有利。只要价格波动超过一定范围，买方就会有盈利。

最坏结果：期价没有变动，白白损失看涨期权和看跌期权的购买成本。

【举例 7-8】 某投资者购买一份 1 月到期的英镑看涨期权，期权价格为 0.03$/£，执行价格为 £1 = $1.7800，同时，他又购买一份 1 月到期英镑看跌期权，期权价格为 0.03$/£，执行价格为 £1 = $1.7800。分析该投资者买入双向期权的损益情况。

分析：投资者买入双向期权的损益情况如表 7-5 所示。

表 7-5 外汇期权损益情况交易表

spot	损益情况分析		例如
	看涨期权	看跌期权	
S < 1.7200 时,如 S = 1.7000	不执行	执行,盈利 K - 2C - S	1.7800 - 0.06 - 1.7000 = 0.02
S > 1.8400 时,如 S = 1.8500	执行,盈利 S - (K + 2C)	不执行	1.8500 - (1.7800 + 0.06) = 0.01
S = 1.7200 时	不执行	执行,盈亏平衡点 K - 2C - S = 0	1.7800 - 0.06 - 1.7200 = 0
S = 1.8400 时	执行,盈亏平衡点 S - (K + 2C) = 0	不执行	1.8400 - (1.7800 + 0.06) = 0
S = 1.7800 时	不执行 - C	不执行 - C	-0.06,最大损失 -2C
1.7200 < S < 1.8400 时(不含 1.78)			
1.7200 < S < 1.7800 时,如 S = 1.7500	不执行	执行,K - 2C - S,部分抵减期权费	1.7800 - 0.06 - 1.7500 = -0.03
1.7800 < S < 1.8400 时,如 S = 1.8200	执行 S - (K + 2C),部分抵减期权费	不执行	1.8200 - (1.7800 + 0.06) = -0.02

2. 按行使期权的有效日期来划分

(1) 欧式期权（European Options）。欧式期权即是指买入期权的一方必须在期权到期日当天才能行使的期权。欧式期权合同要求其持有者只能在到期日履行合同，结算日是履约后的一天或两天。目前国内的外汇期权交易较多采用欧式期权合同方式。

(2) 美式期权（American Options）。美式期权是指可以在成交后有效期内任何一天被执行的期权，多为场内交易所采用。美式期权合同在到期日前的任何时候或在到期日都可以执行合同，结算日则是在履约日之后的一天或两天，大多数的美式期权合同允许持有者在交易日到履约日之间随时履约，但也有一些合同规定一段比较短的时间可以履约，如"到期日前两周"。

欧式期权本少利大，但在获利的时间上不具灵活性；美式期权虽然灵活，但付费十分昂贵。目前国际上大部分的期权交易都是欧式期权。

3. 根据期权合约执行价格和市场价格的关系划分

(1) 溢价期权。对于看涨期权来说，溢价期权是指执行价格低于市场汇率的期权；对于看跌期权来说，溢价期权是指执行价格高于市场汇率的期权。

(2) 折价期权。对于看涨期权来说，折价期权是指执行价格高于市场汇率的期权；对于看跌期权来说，折价期权是指执行价格低于市场汇率的期权。

(3) 平价期权。平价期权指期权合约的协议价格等于市场价格的期权。

二、外汇期权的应用

（一）买入看涨期权

【举例 7-9】美国某公司从英国进口价值 1.25 万英镑的商品。3 个月后向英国出口商付款,当时的即期汇率为 £1 = \$1.7800。为避免到期实际支付时因英镑汇率上升而带来的风险,该公司购买一份英镑看涨期权,期权价格 C 为 0.03\$/£,执行价格 K 为 £1 = \$1.7800,该美国公司获得在有效期内按协定价格购买英镑的权利。分析 3 个月后现汇市场英镑的价格 S 对该美国公司损益的影响。

分析:看涨期权卖方损益,每英镑的损益情况如下:

(1) 当 S≤K 时,买方放弃期权,亏损为 0.03 美元,如 £1 = \$1.7600。

(2) 当 K < S < K + C,买方执行期权,此时买方虽不足以完全抵消期权费但能部分减少期权费损失。如 £1 = \$1.8000,1.8000 - (1.7800 + 0.03) = -0.01 (美元)。

(3) 当 S = K + C 时,即 £1 = \$1.8100 时,买方处于盈亏平衡状态。

(4) 当 S > K + C 时,买方有无限盈利可能性,执行期权。如 £1 = \$1.8200,每英镑盈利 1.82 - 1.81 = 0.01 (美元)。

(二) 买入看跌期权

【举例 7 - 10】 美国某外贸公司向英国出口商品,某年 1 月 20 日装船发货,收到对方开来的 100 万英镑的 3 个月的远期汇票。公司担心到期结汇时英镑兑美元价格下跌,希望用外汇期权交易保值避险。

已知 1 月 20 日的即期价格:GBP/USD = 1.4865,协定价格 K 为:GBP/USD = 1.4950

期权费 C 为:1GBP = 0.0212USD

求三个月后外汇市场上外汇价格 S 分别为 GBP/USD = 1.4000 和 GBP/USD = 1.6000,公司收入的情况。

分析:(1) 如果到期时市场汇价为 GBP/USD = 1.4000 时,

若按市场价格兑付,公司可收入 (100 × 1.4000 = 140 万美元)。但因为做了期权交易,可以按协议价格卖出英镑。获得的美元数量为:

100 × (K - C) = 100 × (1.4950 - 0.0212) = 149.5 - 2.12 = 147.38 (万美元)

可见,公司买入期权比不买期权可多获得:147.38 - 140 = 7.38 (万美元)。

(2) 如果到期时市场汇价为 GBP/USD = 1.6000 时,因市场汇价对公司有利,公司可以放弃期权,让其自动失效,并按照市场价格卖出 100 万英镑,获得美元的数量为 100 × (1.6000 - 0.0212) = 157.88 (万美元)。

【举例 7 - 11】 假定某利率期权的买卖对象是政府债券,期权是 2,实施价格是 95,请分析买进或卖出该利率期权买权的得失损益,以及买进或卖出该利率期权卖权的得失损益。

分析:买进或卖出该利率期权买权的得失损益情况如表 7 - 6 所示。

表 7 - 6　　　　　　　　　　外汇期权损益情况交易表

期权种类	价格(S)	买方损益	卖方损益
看涨期权	S≤95 时	-2	2
	S > 95 时	S - 97	97 - S
看跌期权	S≥95 时	-2	2
	S < 95 时	93 - S	S - 93

【延伸阅读 7-5】 招商银行个人外汇期权合约买卖交易规程

本章小结

外汇衍生产品是一种金融合约,外汇衍生产品通常是指从原生资产派生出来的外汇交易工具,其价值取决于一种或多种基础资产或指数。合约的基本种类包括掉期(互换)、期货和期权。外汇衍生产品交易的基本特征有远期性、杠杆性、风险性。外汇衍生产品基本功能有规避和管理系统性金融风险、增强金融体系整体抗风险能力、提高经济效率,增强套利功能、投机功能。

外币期货交易是一种竞价交易,与外汇远期相比,在结算方面,它不仅有买卖盈亏,还有浮动盈亏;在信用保证方面,它以保证金来保证,因而参与者更为广泛。由于是虚盘买卖,有杠杆效应,风险也就更大。

期权是一种能在未来某特定时间内以特定价格买进或卖出一定数量的某种特定商品的权利。它可分为货币期权与利率期权。外汇期权交易最大特点在于:它的直接买卖对象不是货币本身,而是买卖货币的权利。期权交易在国际资本市场上主要是规避汇率波动的风险,为外汇资产保值。

思考题

1. 新加坡某公司从欧洲进口设备,1 个月后将支付 100 万欧元。同时该公司也向欧洲出口产品,3 个月将收到 100 万欧元货款。

假设外汇市场汇率报价为:

即期汇率:EUR/SGD = 7.7900/10

1 个月远期点数:10/20

3 个月远期点数:40/60

请思考,该公司如何利用掉期交易锁定成本?计算购买掉期交易后的损益情况(以新加坡元表示)。

2. 美国某进口公司 1 月 10 日预计 3 个月后收到 200 万瑞士法郎的进口货款。已知 1 月 10 日用瑞士法郎兑美元 CHF1 = USD0.5416,当日期货市场 CHF1 = USD0.5340,由于担心瑞士法郎升值带来外汇风险,应如何进行外汇期货交易保值?假定 4 月 10 日期货市场 CHF1 = USD0.5386,计算该美国进口商的盈亏情况。

3. 某投机商预测欧元上涨,买入欧元看涨期权 125 万欧元,协定价是 EUR1 = USD1.7000,期权费是 EUR100 = USD1。试分析:

(1) 总期权费是多少?

(2) 两个月后,如果预测准确,汇率变为 2.0000,是否执行期权?盈亏如何?

(3) 两个月后预测失败,汇率变为 1.5000,是否执行期权?盈亏如何?

（4）汇率变动到什么点时，不亏也不赚？（盈亏平衡点）

4. 根据本章所学，总结衍生外汇交易的特点、作用及其风险。

关注"中财资源库"公众号获取思考题参考答案
（公众号内点击"找答案—本科"）

第八章 外汇风险管理

【知识目标】

掌握外汇风险的含义、构成要素;
掌握外汇风险的主要类型。

【能力目标】

掌握防范与管理企业和银行外汇风险的基本方法。

【价值引领目标】

树立科学的风险观和思辨的视野;
理解我国外汇风险化解策略的必要性和科学性。

【导入材料】

汇率跌宕起伏　油企险中求生

对国际石油公司而言,外汇风险一直是重要的风险因素,涉外经济贸易、原油购买等经济活动均受到外汇波动的影响。2020年"黑天鹅"事件新冠肺炎疫情全球爆发,导致全球贸易量大幅下滑。在此背景下,各国经济均受到冲击,国内外避险情绪高涨,美元指数在波动上升中持续走强,多国本币兑美元纷纷出现贬值。汇率波动主要通过资本融资风险、交易风险和经营风险等3条路径影响石油公司财务,产生正面或负面影响。在本次美元流动性恐慌中,墨西哥比索和俄罗斯卢布贬值率最高,货币的严重贬值给新兴经济体的石油公司,如墨西哥国家石油公司、俄罗斯诺瓦泰克公司带来巨大冲击,导致他们财务业绩严重下滑。我国的石油公司业务布局全球,海外勘探投资项目众多,将长期暴露于汇率波动形成的资本融资风险、交易风险和经营风险中。同学们请思考:什么是外汇风险?应如何采取措施防范外汇风险?

第一节 外汇风险及其管理概述

国际经济交易主体一般是从事对外贸易、投资及国际金融活动的公司、企业、政府或个人,他们在国际范围内大量收付外汇,或者保有外币债权或债务,或者以外币标示其资产和负债的价值。由于汇率频繁剧烈地波动,外汇风险随时都会发生。

一、外汇风险的涵义

(一) 外汇风险的概念

外汇风险(Foreign Exchange Risk),即汇率风险(Exchange Rate Risk)或汇兑风险(Exchange Risk),是指经济主体在涉外业务中因汇率波动而蒙受损失或获得收益的可能性。之所以称其为风险,是由于这种损失只是一种可能性,并非必然。通常所指的外汇风险,主要指蒙受损失的可能性。

(二) 对外汇风险的理解

1. 外汇风险具有不确定性

这主要表现在风险的发生是无法确定的,汇率变动方向以及发生变动的时间也是无法确定的。因此,汇率变动给涉外业务中的经济主体既可能带来损失,也可能带来收益。

2. 外汇风险的构成包含三个要素,即两种以上货币的兑换、时间间隔和敞口头寸

(1) 两种以上货币的兑换。外汇风险是由汇率波动引起的,因此只有涉及两种以上货币的兑换,即与汇率相互关联时,才产生获得收益或遭受损失的可能性。

(2) 时间。外汇风险的大小与时间因素一般呈现正相关关系,随着外汇债权债务关系发生于清偿之间的时间间隔拉长,汇率波动的可能性就越大,遭受外汇风险的可能性越高。在浮动汇率制度下,由于汇率的波动更频繁、更剧烈,又没有波动幅度的限制,因此企业所面临的外汇风险比在固定汇率制度下更经常、更明显、更难以预料。

(3) 敞口头寸。敞口头寸指经济主体所持有的外汇资产和外汇负债的差额,也称作"受险部分"、"风险暴露"等,包括多头和空头两种。前者指经济主体持有的外汇资产大于外汇负债,后者指经济主体持有的外汇负债大于外汇资产。

外汇风险针对的是经济主体持有外汇敞口头寸而言,并非经济主体的全部外汇资产与负债都要承受汇率波动带来的风险。只有当企业存在外汇的敞口头寸时,该企业的现金流才会受到不确定的汇率变化的影响,承担相应的风险损失或者获得额外的风险收益,而其最终结

果要视有关当事人的净外汇头寸及汇率变动的方向而定。如果持有的是多头，则外汇汇率上升对其有利，下跌则不利；反之，如果持有的是空头，那么外汇汇率上升对其不利，下跌则有利；如果外汇净头寸为零，即头寸轧平，此时汇率无论怎样变动都不会产生外汇损益。汇率变动对外汇损益的影响如表8-1所示。

表8-1　　　　　　　　　　　汇率变动对外汇损益的影响

最初外币头寸状况＼汇率变动方向	外汇汇率上升 本币汇率下跌	外汇汇率下跌 本币汇率上升
预期的外币收入大于外币支出或外币资产大于外币负债	有外汇收益	有外汇损失
预期的外币收入小于外币支出或外币资产小于外币负债	有外汇损失	有外汇收益
预期的外币收入等于外币支出或外币资产等于外币负债	既无外汇收益 也无外汇损失	既无外汇收益 也无外汇损失

由于外汇风险由外币、时间间隔、敞口头寸三个要素构成，且缺一不可，因此防范外汇风险的基本思路有三个：一是防范由外币因素所引起的风险，其方法或不以外币计价结算，彻底消除外汇风险；或通过选择计价结算的外币种类，以消除或减少外汇风险。二是防范由时间因素所引起的风险，或把将来外币与另一货币之间的兑换提前到现在进行，彻底消除外汇风险；或根据对汇率走势的预测，适当调整将来外币收付的时间，以减少外汇风险。三是防范由敞口头寸所引起的外汇风险，敞口头寸越多，风险就越大；头寸越少，风险就越小。其方法或使同一种外币所表示的流向相反的资金数额相等；或合理预测汇率变化，保持有利的风险敞口头寸。

3. 外汇风险的发生是由许多因素造成的

引发外汇风险发生的因素包括宏观经济形势的变化、投机资本的流动、个人的投资行为等。因此，外汇风险或者说汇率波动就是一种常见、自然的现象，涉及交往中的经济主体必须牢固树立外汇风险意识，进而采取有效手段规避风险。

二、外汇风险的种类

从不同的角度来看，外汇风险可以分为很多种类。

（一）短期风险和长期风险

从时间上看外汇风险可以分为短期风险和长期风险。前者指短期汇率波动给经济主体带来的能获得收益或遭受损失的可能性。在外汇市场上从事外汇投资交易的投资者可能较为关心汇率的短期波动，期望能低买高卖获取利润，从而必然承担短期外汇风险。后者指在一个相对比较长的时期内，汇率波动给经济主体带来的风险。对于跨国投资和经营的企业而言，一国汇率波动的长期趋势可能对其以外外币计价的资产与负债的未来预期收益产生影响。

（二）银行外汇风险、企业与个人外汇风险和国家外汇储备风险

从外汇风险承担主体上看，可以分为如下三类。

1. 外汇银行

外汇银行是指外汇市场的主要参与者,在其外汇业务的经营中必然要面对汇率波动而产生相应的风险。其主要包括以下几类风险。

(1) 外汇买卖风险。外汇买卖是银行的基本业务。一般有两种方式:一种是代客买卖,即银行按照客户的需要从外汇市场上买入客户需要的货币,同时出售客户愿意卖出的货币,银行从代客买卖中赚取差价;另一种是自营买卖,即银行自行买卖外汇。银行在进行外汇买卖时,把本币兑换成外币或是把外币兑换成另一种货币的过程中所产生的风险,就是外汇买卖风险。

银行买卖外汇经常会处于不平衡之中,如果买进某种货币与卖出该种货币的数量相等,称为"外汇头寸轧平",或者"无头寸";如果买进某种货币多于卖出该种货币的数量,称为"多头"或超买;如果某种外币卖出大于买进,称为"空头"或超卖。各种外汇和各种期限的头寸汇总计算的净余额,就是通常所说的外汇"总头寸"。

一般而言,头寸轧平不会产生外汇买卖风险,但多头或空头都会产生外汇买卖风险。若敞口头寸处于多头状态,则要承担汇率下跌的风险;反之,若为空头状态,则要承担汇率上涨的风险。例如,某商业银行按 1 美元兑 7.8 港元买进 100 万美元,美元头寸为多头状态。3 天后,若美元下跌为 1 美元兑 7.78 港元,该银行美元头寸就会遭受损失。当然,如果美元汇率上涨,银行就会获利。

(2) 外汇信用风险。外汇信用风险是指交易对手违约从而给银行以外币计价资产和负债带来损失的可能性。它主要表现在以下几个方面:①在外汇买卖中,交易双方都承担着到期卖出某种货币的责任,如果一方违约,到期没有把卖出的货币如数转入对方指定的银行,那么另一方可能遭受损失。在远期交易中,期限越长,信用风险越大。②在同业交易中,因对方到期无力偿付或破产造成的风险。③在外汇贷款中,客户不能如期还本付息给银行带来的风险。

(3) 流动性风险。流动性风险是银行业务中最基本的风险,也称为资金风险,是指由于资产和负债的最终到期日不匹配引起的风险。对于外汇的流动性风险,可以用期限不配称表来分析,将本币的资产和负债、各种外币的资产和负债按到期时间顺序来排列,通过计算各种不配称额,就可以了解银行面临的流动性风险。银行一般通过计算机来分析自己的资产和负债在期限上的不配称,并及时采取措施避免流动性风险。

2. 企业与个人外汇风险

企业与个人外汇风险是指企业与个人等微观经济主体在涉外经济交往中(如进出口贸易、跨国投资、国际资金借贷等)面临的外汇风险。虽然企业与个人等微观经济主体是外汇市场外汇的最终的供给者和需求者,但是由于其交易零散且金额较小,无法对汇率走势产生决定性的影响,因而其外汇风险的抵御与防范能力也相对较弱。

3. 国家外汇储备风险

国家外汇风险储备是指一国货币管理当局持有的外汇储备,由于储备货币汇率波动而面临的风险,包括国家外汇储备库存风险和国家外汇储备投资风险。在目前国际浮动汇率背景下,各国储备货币多元化,同时包括美元在内的储备货币汇率波动很大。这样就使各国的外汇储备面临着极大的风险。由于外汇储备是国际清偿能力的最主要构成部分,是一国国力大小的重要象征,因此,外汇储备风险受到各国的高度重视。若要减少外汇储备的风险,必须坚持"安全性、流动性、保值性、营利性"的营运安排原则,选择最佳储备货币,测出最佳或最适度的外汇储备量,并对外汇储备进行保值。国家外汇库存是国家对外的债权,主要用于支付国家进口商品所需外汇,对这部分储备资产最重要的是保值,而不是牟利。其余部分的外汇储备在储备货币汇率频繁波动的情况下,一方面应扩展国家外汇储备的投资渠道;另一方面应提高国家外汇储备的长期收益,还可以设立专门机构对外汇储备资产进行资产管理。

(三) 交易风险、经济风险和折算风险

从企业财务管理的角度出发,外汇风险通常可以分为交易风险、经济风险和折算风险。其中,经济风险又称经营风险;折算风险又称会计风险、转换风险,是指因汇率波动而导致资产负债表中某些以外汇计价的项目的价值发生变化的风险。

1. 交易风险

交易风险(Transaction Risk)即结算风险,这是发生在经营活动中的风险,是指在运用外币计价的交易中,由于外币与本币之间以及外币与外币之间汇率的变动,使交易者蒙受损失的可能性。

交易风险是一种流量风险,由于运用外汇的场合不同,交易风险可能出现以下几种情况:①在商品进口或出口的业务中,从合同的签订到货款的结算期间,外汇汇率变化所引起的外汇风险;②以外币计价的国际信贷活动中,债权债务未清偿之前所发生的风险;③等待履行远期外汇合约的一方,在合约到期时,由于汇率的变化,交易的一方需要拿出更多的货币去换取另一种货币的风险;④其他用外币计价的应收资产和应付债务的风险等等。

交易风险是进行国际业务的企业面临的主要外汇风险。例如,某年3月4日,澳洲某进口商杜易斯从美国进口一种机械设备,价值100万美元,双方约定按美元结算,60天信用期。交易达成当天的汇率为 AUD5.2615/US$1,60天后(即6月4日)汇率变为 AUD5.6415/US$1,按原来的汇率计算。杜易斯只需要5261500澳元在外汇市场上兑换为美元就能够支付货款,但60天后同样是100万美元,他却需要花费5641500澳元,对于他而言,多花费了380000澳元,进口成本升了7.2%,遭受了一定的外汇损失。

【举例8-1】假设波音公司卖给印度尼西亚格鲁达公司5架波音747飞机,以卢比计价。以卢比表示的价格是1 400亿卢比。为了减少这一交易对印度尼西亚国际收支的影响,波音公司同意从印度尼西亚公司购买550亿卢比的零部件。

(1) 如果即期汇率是$0.004/Rp,那么波音公司的净卢比交易风险是多少?

分析:波音公司的卢比净风险等于它预计卢比流入减去预计卢比流出,即1 400亿卢比减去550亿卢比 = 850亿卢比。将这一数值以即期汇率折算为美元,得到波音公司的交易风险为850亿 × 0.004 = 3.4亿美元。

(2) 如果卢比贬值为$0.0035/Rp,波音公司的交易损失是多少?

分析:波音公司损失数额等于它的卢比风险与汇率变化的乘积,即850亿 × (0.004 - 0.0035) = 4 250万美元。这一损失也可用波音公司以美元表示的风险与职能货币在汇率上的变化乘积来计算,即3.4亿 × [(0.004 - 0.0035)/0.004] = 4 250万美元。

【随堂练8-1】

1982年某公司在东京发行100亿日元债券,年利率8.7%,期限12年,到期一次性还

本付息。以此向国内企业发放 12 年期 14% 的美元固定利率贷款。当时规定，需以美元兑换日元偿还。

若发债日汇率：USD/JPY = 200，清偿日汇率：USD/JPY = 110，

请计算该笔外债的交易风险。

【参考答案随堂练 8 – 1】

2. 折算风险

折算风险（Translation Risk），又称会计风险（Accounting Risk），是指企业在会计处理和外币债权、债务决算时，由于使用的汇率与当初入账时的汇率不同而产生的账面上损益的可能性。

折算风险产生的原因：（1）功能货币和报告货币的不一致。同一般的企业相比，跨国公司的海外分公司或子公司所面临的折算风险更为复杂。一方面，当它们以东道国的货币入账和编制会计报表时，需要将所使用的外币转换成东道国的货币，面临折算风险；另一方面，当它们向总公司或母公司上报会计报表时，又要将东道国的货币折算成总公司或母公司所在国的货币，同样面临折算风险。（2）历史汇率与当前汇率的不一致。（3）国家财会制度的有关规定，包括以何种货币和汇率进行折算等。

外汇折算风险可以分为两类。

一是利润表风险。根据会计准则的规定，对于利润表的项目，除以历史成本核算的固定资产折旧、销货成本等以外，一般都采用会计期间的平均汇率或期末汇率来折算。这就有可能使母公司在合并报表以后，以本国货币核算的利润或亏损金额因汇率的变动而出现差异。

二是资产负债表风险。根据会计准则的规定，企业以外币核算的资产、负债项目在合并资产负债表时，按现行汇率或期末汇率来折算成本币后将因汇率变动而改变，从而可能导致账面产生损益差额。

【举例 8 – 2】美国石油公司与在英国的子公司往来账户余额为 1 000 万英镑，年初 GBP 1 = USD 1.6000，则美国石油公司在英国的子公司账户余额是 1 600 万美元。年末美元升值，英镑贬值，GBP 1 = USD 1.5000，那么年末时，英国子公司账户余额折算只有 1 500 万美元，降低了 100 万美元。根据美国的会计制度规定，这笔损失可以记在母公司收益的损失上，或通过一个备抵账户来冲销股东收益。

从上面的例子可以看出，折算风险是站在母公司的角度来考虑的，而不是子公司本身。海外子公司的资产负债表在合并到母公司账上时产生了变化。虽然当折算为母国货币时，海外子公司的资产负债发生了变化，但在东道国，该公司的实际经营没有因此而变化。

3. 经营风险

经营风险（Operation Risk），又称经济风险（Economic Risk），是指由于意料之外的汇率变动，使企业在将来特定时期的收益发生变化的可能性。经济风险是由于汇率的变动产生的，而汇率的变动又通过影响企业的生产成本、销售价格进而引起产销数量的变化，并由此最终带来获利状况的变化。当本币贬值时，某企业一方面由于出口货物的外币价格下降，有

可能刺激出口额增加；另一方面因该企业在生产中所使用的主要是进口原材料，本币贬值后又会提高以本币所表示的进口原材料的价格，出口货物的生产成本因而增加，结果该企业将来的纯收入可能增加，也可能减少，这就是经济风险。例如，1997年亚洲金融危机过后，亚洲各国汇率大幅度下滑，导致我国出口企业出口困难，给出口企业带来了一定的损失，就属于经济风险。因此经济风险基本上属于企业经营管理的内容。

值得注意的是，经济风险中所说的汇率变动，仅指意料之外的汇率变动，不包括意料之中的汇率变动。因为企业在预测未来的获利状况而进行经营决策时，已经将意料到的汇率变动对未来产品成本和获利状况的影响考虑进去了，因而排除在风险之外。对于企业来说，经济风险的影响比交易风险和折算风险更大，因为折算风险和交易风险的影响是一次性的，而经济风险的影响则是长期的，它不仅影响企业在国内的经济行力和效益，而且还直接影响企业在海外的经营效果和投资收益。经济风险可分为真实资产风险、金融资产风险和营业收入风险三方面。

三、外汇风险的经济影响

这里我们仅讨论外汇风险对涉外企业经济活动的影响。

（一）对涉外企业经营效益的影响

在汇率频繁波动的今天，企业预期的本币现金流量和以外币计价的各种资产、负债的价值常因汇率变动而发生变化，可能使企业遭受损失，也可能给企业带来收益。事实上，收益与损失是并存的、互为消长的矛盾，避免损失便意味着收益，而放弃或丧失了可能获取的收益，便是一种损失。涉外企业只有了解和预测外汇风险，提高对外汇风险的管理水平，才有可能承受巨大的外汇风险所带来的收益或损失。

（二）对涉外企业长远经营战略的影响

企业经营战略是指企业人力、物力和财力的合理配置及产供销活动的总体安排。如果汇率变动有利于涉外企业的资金营运，企业就会采取大胆的、开拓性的、冒险的经营战略，如扩张海外投资，扩大生产规模，开辟新产品、新市场。相反，如果汇率变动不利于涉外企业的资金营运，企业就会采取保守的、稳妥的、谨慎的经营策略，尽量避免使用多种外汇，把海外市场、海外融资缩小在一定范围。因此，这一影响在某种程度上关系到企业的兴衰成败。

（三）对涉外企业税收的影响

一般来说，对涉外企业已经发生的外汇损失可享受所得税减免，已经实现的外汇盈利才能构成应纳税收入。因交易风险造成的外汇亏损，往往会降低当年的应纳税收入；会计风险由于不是实际的亏损，因此不能减免税收，但会影响股东及社会公众对企业经营成果和财务状况的分析。涉外企业应设法将外汇风险所造成的税后结果降到最低，使税后收益达到最大。由于税收政策是由企业所在国决定的，作为一个跨国经营企业，应从全局着眼制定其外汇风险管理战略。

【延伸阅读8-1】 我国的外汇管理体制

第二节　企业外汇风险管理

在外汇风险管理上，由于企业的经营方式多种多样，加上它们对外汇市场和其他市场不甚了解，往往处于被动地位。因此，企业为管理外汇风险所采取的措施及相应的操作办法形式较多，并且比较复杂。

在实际操作过程中，企业对本身持有的或可能要持有的受险部分，应根据其具体的业务特点和企业本身的资力状况及外汇银行的态度等方面情况来综合考虑应采取的风险管理措施。企业不仅要对未来的汇率变动趋势进行预测，还应根据具体的实际情况，选用相应的避险措施。

一、交易风险管理

（一）贸易策略法

贸易策略法是指企业在进出口贸易中，通过和贸易对手的协商与合作所采取的防范外汇风险的方法。此方法具体分为以下几种。

1. 币种选择法

币种选择法是指企业通过选择进出口贸易中的计价结算货币来防范外汇风险的方法。

（1）本币计价法。选择本币计价可使经济主体避开货币兑换问题，从而完全避免外汇风险。但是我方的本币对外国人来说是外币，这意味着该方法的前提是对方能够接受从而不至于使企业丧失贸易机会。

（2）出口时选用硬币计价结算，进口时选用软币计价结算。所谓硬币（Hard Money）是指汇率稳定具有升直起势的货币；软币（Soft Money）是指汇率不稳定且具有贬值趋势的货币。出口商以硬币计价，可以使自己得到因汇率变动带来的利益；进口商以软币计价，可使自己避免因汇率波动可能带来的损失。但是硬币和软币是相对的，因此，此法要求对汇率走势有比较准确的预测，它并不能完全避免外汇风险。

（3）选用"一篮子"货币计价结算。所谓"一篮子"货币是指由多种货币分别按一定的比重所构成的一组货币。由于"一篮子"货币中既有硬币也有软币，硬币升值所带来的收益或损失，与软币贬所带来的损失或收益大致相抵，因此"一篮子"货币的币值比较稳定。交易双方都可借此减少外汇风险，但"一篮子"货币的组成及货款的结算较为复杂。

2. 货币保值法

货币保值法是指企业在进出口贸易合同中通过订立适当的保值条款，以防范外汇风险的方法。

（1）黄金保值条款，即在贸易合同中，规定黄金为保值货币，签订合同时，按当时计价结算货币的含金量，将货款折算成一定数量的黄金，到货款结算时，再按此时的含金量，将黄金折回成计价结算货币进行结算。

（2）硬币保值条款，即在合同中，如果不得已用某种软币为计价结算货币时，规定某种硬币作为保值货币。签订合同时,按当时软币和硬币的汇率,将贷款折算成一定数量的硬币,到贷款结算时,再按此时的汇率将硬币折回成软币来结算。此方法一般同时规定软币与硬币之间汇率变动的幅度,在规定的波动范围内,货款不作调整;超过规定的波动幅度范围,货款则要作调整。

(3) "一篮子"货币保值条款。即在贸易合同中,规定某种货币为计价结算货币,并以"一篮子"货币为保值货币。具体做法是在签订合同时,按当时的汇率将货款分别折算成各保值货币,到货款支付日,再按此时的汇率将各保值货币折回成计价结算货币来结算。用"一篮子货币"保值的原理是多种货币组合,可以利用多种货币之间的负相关效应来综合抵消和降低风险。目前"一篮子货币"中使用较多的是特别提款权(SDR),目前它是一种以美元、欧元、人民币、日元和英镑等五种主要货币加权平均值的货币篮子,币值较为稳定,是较为理想的保值工具。

【举例 8-3】我国某外贸公司 R 出口价值 100 万美元的货物,一年后收汇,以特别提款权作为保值货币。当时签约日 USD1 = SDR0.7288,则 100 万美元的贷款折合 72.88 万 SDR;收汇日假定美元贬值为 USD1 = SDR0.6288,则我方外贸公司 R 应收货款为 72.88 ÷ 0.6288 = 115.90 万美元。如不加列 SDR "一篮子"货币保值条款,我方外贸公司 R 则会因美元贬值白白损失 115.9 - 100 = 15.9 万美元。

实践证明,使用"一篮子"货币保值实用且有效,已经广泛用于进出口业务及国际金融机构的贷款等业务中,收到了良好的效果。

3. 价格调整法

价格调整法是指当出口用软币计价结算、进口用硬币计价结算时,企业通过调整商品的价格来防范外汇风险的方法。它可分为以下两种情况。

(1) 加价保值法主要用于出口贸易中,是指出口企业接受以软币计价成交时,将汇价变动所造成的损失摊入出口商品的价格中以转嫁汇率风险。加价的幅度相当于软币的预期贬值率,这又分为即期交易与远期交易两种情况,其公式为:

即期交易情况下:加价后的商品单价 = 原单价 × (1 + 计价货币贬值率)

远期交易情况下:加价后的商品单价 = 原单价 × $(1 + 计价货币贬值率 + 计价货币利率)^{期数}$

两种情况下的计价货币贬值率主要是根据该货币在近期或未来一定时期内的变动情况来推算的。远期交易情况下的加价方法较为复杂,不仅考虑计价货币预期贬值情况,还要考虑计价货币的资金时间价值变化(即因延期收汇而造成的利息损失)。

【举例 8-4】我国某家电出口商 Q 出口空调到非洲,一直以来以人民币计价结算。现成交一笔贸易合约,销售 1 000 台空调,每台单价为 5 000 元人民币,1 年后结汇。

人民币现在为软货币,假定年贬值率预计为 6.67%(根据 2016 年人民币兑美元中间价预测而得),每台空调的原价格 5 000 元人民币,这样 Q 家电出口商加价后的商品单价应调整为:5 000 × (1 + 6.67%) = 5 333.50 元人民币

再如,上例中其他条件不变,只是改为 2 年后结汇,人民币现在年利率水平为 1.5%,则加价后的商品单价应调整为:$5\,000 \times (1 + 6.67\% + 1.5\%)^2 = 5\,850.37$(元)

这样,通过加价调整法,Q 家电出口商将未来收汇时因使用软币人民币计价而带来的汇率贬值风险以及货币资金时间价值的损失均摊在出口价格中,一定程度上降低了收汇少收的风险。

此外，加价保值法还可以通过其他方法来实现，如加大支付条款中的预收定金比例；增加每次付款的比例；增加其他费用开支等。

（2）压价保值法主要用于进口贸易中，是指进口商不得不接受硬货币计价购买商品时，将预计的汇价损失从商品价格中剔除，以转嫁外汇风险。压价的幅度相当于硬币的预期升值率，这又分为即期交易与远期交易两种情况，其公式为：

即期交易情况下：压价后的商品单价 = 原单价 × （1 - 计价货币升值率）

远期交易情况下：压价后的商品单价 = 原单价 × （1 - 计价货币升值率）^{期数}

计价货币升值率主要是根据该货币在近期或未来一定时期内的变动情况来推算的。

【举例 8 - 5】我某家电进口商 W 从国外进口压缩机用于空调生产。2017 年 2 月成交一笔贸易合约，进口压缩机 1 000 台，每台单价为 300 美元，1 年后付汇。

美元现在为硬币，假定年升值率预计为 6.67%（根据 2016 年人民币兑美元中间价预测而得）。每台空调的原单价为 300 美元，压价后的商品单格应调整为：300 × （1 - 6.67%）= 279.99（美元）。

再如，上例中其他条件不变，只是改为 2 年后付汇，则压价后的商品价格应调整为：$300 \times (1 - 6.67\%)^2 = 261.31$（美元）。

此外，压价保值法还可以通过其他方法来实现，如缩小支付条款中的预付定金比例；减少每次付款的比例；减少其他费用开支等。

加价或压价保值法在一定程度上减轻了汇率波动的风险，但一方收益往往以另一方的受损为代价，因而在实际运用中往往受到许多条件的制约，所以运用这种方法往往要与商品的购销意图、商品质量、市场需求等因素结合起来考虑。例如，如果我方出口商品为滞销商品，用软货币报价时，加价往往不利于成交，我方出口商就应该放弃加价或少加价，反之，如果我方出口商品为畅销商品，国际市场价格趋涨，用硬货币报价，即使不降价对方也容易接受；如果进口商品为我方急需且是畅销商品，用硬货币报价，我方进口商则不应过分强调压价或少压价，反之，如果进口商品为滞销品，国际市场价格趋跌，用软货币报价，即使压价对方也可能接受。

4. 利用货币平价条款均摊汇率风险

在进出口实务中，一般情况下，从签订合同起到完成货币结算都需要间隔一段时间，为防止汇率变动带来的损失，双方可事先经过协商，在合同中加列货币平价条款即在确定商品价格和基本汇率的基础上，在合同中加列某种公式，支付时将由于汇率变动导致结算货币价值的增减额由双方按约定比例分摊因汇率波动造成的收益或损失，进而化解外汇风险对贸易双方预期利润造成的影响。由于该条款体现了贸易的公平性，一般由贸易地位较平等的双方签订并实施。虽然此条款只能减少一部分风险或损失，但其在现实中操作的可行性较高，可以用双方认同的两种货币计价调整后的结果选择结汇。货币平价条款可以将外汇风险大致平摊给买卖双方，所以这种条款易被双方所接受，在进出口贸易中被广泛采用。

5. 期限调整法

期限调整法是指进出口商根据对计价结算货币汇率走势的预测，将贸易合同中所规定的货款收付日期提前或延期，以防范外汇风险，获取汇率变动的收益的方法，按照"出口用硬币计价结算，进口用软币计价结算"的原则，当预测计价结算货币将升值时，出口商应争取对方的同意，延期收进外汇，以获得所收进的外汇能够兑换更多的本币的好处；而进口商则应争取对方的同意,提前支付外汇,以避免日后需要用更多的本币才能够兑换到同样数量的外汇。当预测计价结算货币将贬值时,做法则与上述过程相反。

严格地说,期限调整法中只有提前结清外汇才能彻底消除外汇风险,延期结清外汇具有投机性质。一旦企业汇率预测失误,采用延期结清外汇会蒙受更大的损失。

6. 对销贸易法

对销贸易法是指进出口商利用易货贸易、配对、签订清算协定和转手贸易等进出口相结合的方式,来防范外汇风险的方法。

(1) 易货贸易即贸易双方直接、同步地进行等值货物的交换。这种交易双方均无须收付外汇,故不存在外汇风险。

(2) 配对即进出口商在一笔交易发生时或发生之后,再进行一笔与该笔交易在币种、金额、货款收付日期完全相同,但资金流向正好相反的交易,使两笔交易所面临的外汇风险相互抵销的方法。

(3) 签订清算协定即双方约定在一定时期内,所有的经济往来都用同一种货币计价,每笔交易的金额先在指定银行的清算账户上记载,到规定的期限再清算贸易净差额的方法。这种交易方式中,交易额的大部分都可以相互轧抵,只有差额部分才用现汇支付,外汇风险很小。

7. 国内转嫁法

进出口商向国内交易对象转嫁外汇风险的方法即为国内转嫁法。外贸企业进口原材料卖给国内制造商,以及向国内制造商购买出口商品时,以外币计价,可将外汇风险转嫁给国内制造商;进口商也可通过提高国内售价的方式,将外汇风险转嫁给国内的用户和消费者。

(二) 金融市场交易法

金融市场交易法是指进出口商利用金融市场,尤其是利用外汇市场和货币市场的交易,来防范外汇风险的方法。

1. 即期外汇交易法

即期外汇交易法是指进出口商通过与外汇银行之间签订即期外汇交易合同的方式来防范外汇风险的方法。由于即期外汇交易只是将第三天交割的汇率提前固定下来,它的避险作用十分有限。

2. 远期外汇交易法

远期外汇交易法是指进出口商通过与外汇银行之间签订远期外汇交易合同的方式来防范外汇风险的方法。此法可把未来任何一天的汇率提前固定下来,比即期外汇交易法更广泛地用于防范外汇风险。但是,择期外汇交易的交易成本较高;固定日期的远期外汇交易缺乏灵活性,而且对客户信誉有较高要求。

3. 掉期交易法

掉期交易法是指进出口商通过与外汇银行之间签订掉期交易合同的方式来防范外汇风险的方法。它要求进出口商同时进行两笔金额相同、方向相反的不同交割期限的外汇交易,它是国际信贷业务中典型的套期保值手段。

4. 外汇期货和期权交易法

外汇期货交易法是指进出口商通过签订外汇期货交易合同的方式来防范外汇风险的方法。由于期货价格和现货价格之间存在平行变动趋势,外汇期货交易可用作套期保值性质的避免外汇风险的手段。外汇期权交易提前将协议价格固定下来,也可用作外汇风险管理手段。由于存在保证金制度,它们对客户的信誉要求较低,使进出口商较易使用其作为避险手段。但是,它们的交易成本一般高于远期外汇交易。

5. 国际信贷法

国际信贷法是指在中长期国际收付中,企业利用国际信贷形式,在获得资金融通的同时,转嫁或抵消外汇风险。主要有如下三种形式。

(1) 出口信贷,是指一国为了支持和扩大本国大型设备的出口,以对本国的出口给予利息补贴并提供信贷担保的方法,由本国银行向本国的出口商或外国的进口商(或其往来的银行)提供低利率贷款的融资方法,包括买方信贷和卖方信贷。

(2) 福费廷(Forfaiting),又称包买票据或买单信贷,是指出口商将经过进口商承兑,并由进口商的往来银行担保,期限在半年以上的远期票据,无追索权地向进口商所在地的包买商(通常为银行或银行的附属机构)进行贴现,提前取得现款的融资方式。由于"福费廷"对出票人无追索权,出口商在办理此业务后,就把外汇风险和进口商拒付的风险转嫁给了银行或贴现公司。

(3) 保付代理(Fortoring),简称保理,是指出口商以延期付款的形式出售商品,在货物装运后立即将发票、汇票、提单等有关单据,卖断给保理机构,收进全部或一部分货款,从而取得资金融通。由于出口商提前拿到大部分货款,可以减轻外汇风险。

6. 投资法(BSI法)

投资法是指进口商在签订贸易合同后,按合同中所规定的币种、金额,将本币资金在即期外汇市场上兑换成外汇,再将这笔外汇在货币市场上进行投资(如银行定期存款、国库券、银行承兑汇票、商业票据等),投资到期日安排在货款支付日,然后以投资到期的外汇款项支付贸易货款。

投资法将本应在将来支付货款时才进行的本币兑换成外币的交易,提前到现在就进行,剔除外汇风险构成中的时间要素,使外汇风险得以消除。

7. 货币互换(Currency Swap)法

货币互换是指交易双方通过互相交换币种不同,但期限相同、金额相当的两种货币,以降低筹资成本和防范外汇风险的创新金融业务。货币互换业务实际上是以两种货币之间的交换和换回取代外汇交易中的两种货币之间的买进和卖出,从而达到防范外汇风险的目的。

8. 投保汇率变动险法

汇率变动险是一国官方保险机构开办的,为本国企业防范外汇风险提供服务的一种险种。具体做法是,企业作为投保人,定期向承保机构缴纳规定的保险费,承保机构则承担全部或部分的外汇风险,即企业在投保期间所出现的外汇风险损失由承保机构给予合理的赔偿,但若有外汇风险收益,也由承保机构享有。目前,美国、日本、法国、英国等国为鼓励本国产品的出口,都开办了外汇风险的保险业务。

二、折算风险的管理

(一) 资产负债保值法

资产负债表保值法是通过调整企业的资产负债表以实现对受险部分的调控从而达到减少

或避免外汇风险的方法,即可以通过调整债券债务币种、期限和金额,使同一外币的债权债务在期限、金额上均衡,从而达到防范风险的目的。

实行资产负债表保值,一般要做到以下几点:

其一,弄清资产负债表中各账户、各科目上各种外币的规模,并明确综合折算风险头寸的大小。

其二,根据风险头寸的性质确定受险资产与受险负债的调整方向。如果以某种外币标识的受险资产大于受险负债,就需要减少受险资产,增加受险负债,或者双管齐下。反之,如果以某种外币标识的受险资产小于受险负债,就需要增加受险资产,减少受险负债。

其三,在明确调整方向和规模后,要进一步确定对哪些账户、哪些科目进行调整。这正是实施资产负债表保值的困难所在,因为有些账户或科目的调整可能带来相对于其他账户、科目调整更大的收益性、流动性损失,或造成其他性质的风险(如信用风险、市场风险等)。在这一意义上说,通过资产负债表保值获得折算风险的消除或减轻,是以经济效益的牺牲为代价的。因此,需要认真对具体情况进行分析和权衡,决定科目调整的种类和数额,才能使调整的综合成本最小。

采用资产负债表保值法的基本原则是:增加强势货币资产,减少弱势货币资产;增加弱势货币负债,减少强势货币负债。这种方法通过交易活动调节企业各资产负债账户,使外汇的资产与负债一致,以规避外汇风险。也就是在外汇汇率上升或下跌造成风险资产的升值或贬值时,能够与等量的风险负债的增加或减少相互抵销,使得风险资产和风险负债的总量达到平衡,最终将会计风险化解为零。

(二) 远期交易法

远期交易法的目的在于创造一笔与原持有的风险资产或风险负债具有抵消效应的资产或负债,来化解预计的折算风险。本方法是以预期的折算风险为基础的,并只有在对期末即期汇率准确预测的前提下,方能通过该项套期保值抵消潜在的折算风险。

(三) 风险冲销法

当企业拥有两种及以上的外币头寸或者同一种货币相反头寸时,可以灵活运用风险冲销的办法。具体操作时,有双边冲销和多边冲销两种形式。双边冲销是具有相互往来结算关系的两家子公司以某种固定的汇率,把彼此到期的往来结算账务相互抵销。多边冲销参与的子公司在两家以上,操作更为复杂,一般需母公司扮演清算中心的角色以协调各子公司的当地货币头寸的冲销,最终达到降低企业总折算风险的目的。

在外汇风险的管理中,交易风险的防范要求与交易头寸的防范要求可能发生冲突。从而加深风险管理的难度。譬如,对于跨国公司来说,最容易防范折算风险的办法是要求所有在国外的分支机构使用母国货币进行日常核算,使其受险资产与受险负债额都保持为零,以避免编制综合财务报表时的折算风险。但各分支机构便一定会面临更多的交易风险,因为分支机构日常使用最多的通常是东道国货币,当用母国货币作为核算货币时,便不可避免时时承受交易风险。同样地,假定分支机构要避免交易风险,则又会面临折算风险。

三、经济风险的管理

经济风险涉及生产、销售、原料供应以及区位等经营管理的各方面。经济风险的管理,是预测意料之外的汇率变动对未来现金流的影响,并采取必要的措施。如果企业在国际使其经营活动和财务活动多样化,就有可能避免风险,减少损失。

(一) 经营多样化

经营多样化是指在国际范围内分散其销售、生产地址以及原料来源地。这种经营方针对减轻经济风险的作用体现在两方面。第一,企业所面临的风险损失基本上能被风险收益弥补,使经济风险得以自动防范。第二,企业还可主动采取措施,迅速调整其经营策略。如根据汇率的实际变动情况,增加或减少某地或某行业等的原材料采购量、产品生产量或销售量,将经济风险带来的损失降到最低。

1. 营销策略

企业可以采取调整售价、市场分布以及改变促销政策和产品政策等措施来减少经济风险的影响。

第一,企业应全面分析调整售价对自身的影响,根据不同国家或地区的市场状况,实行多样化的定价策略,稳定现金流。第二,企业应该尽量分散产品的销售国别或地区分布,以减少目标市场和结算币种过于单一带来的较高的经济风险,即采用多币种结算,可以使汇率在不同币种之间的变化在不同目标市场之间部分或全部中和,不至于因为市场集中,汇率总朝一个方向变化,而承担汇率单向变动风险,以达到分散化解风险,稳定企业现金流的最终目的。第三,企业在制定促销策略时应充分考虑汇率变动的影响,一般来说,生产国货币贬值时,向第三国出口的子公司,应增加广告和培训等促销支出,因为此时可以用低价策略占领市场。反之,生产国货币升值时,促销支出应减少。第四,企业也可以通过产品策略来抵消外汇风险,尤其是应该不断开发新产品,因为无论汇率如何波动,企业对新产品都掌握有定价权,新产品价格对汇率波动不敏感。对原有产品,当本币贬值时,企业应利用价格优势,增加销量,扩大产品系列,满足消费者更多的需求,当本币升值时,企业应重新定位其产品品种,把目标市场定位在那些收入高、重质量、对价格不太敏感的消费群体。

2. 生产策略

首先,企业应该根据汇率变动对成本的影响以及本企业的全球战略安排,在不同国家安排生产,当本币升值期间,企业可以选择在贬值国的子公司增加生产,减少升值国的生产,达到防范汇率波动风险的目的。其次,企业应尽可能多地在多个国家和地区进行原材料采购,使用多种货币结算。原材料来源地的选择,一是考虑原材料出口国的资源禀赋状况,合理配置生产能力;二是考虑汇率变动趋势,从贬值国进口原材料非常有利于降低成本。此外原材料来源地多元化,意味着以不同的货币购买原材料投入,可以减轻汇率冲击对成本的影响。

(二) 财务多样化

财务多样化是指在多个金融市场,以多种货币寻求资金来源和资金去向,即实施筹资多样化和投资多样化。这样在有的外币贬值、有的外币升值的情况下,公司可以使大部分外汇风险相互抵消。另外,由于资金来源和去向的多渠道,公司具备有利的条件在某种外币的资产与负债之间进行对抵配合。

首先,企业可以利用融资策略来分散外汇经济风险。企业可以通过不同渠道、不同币种的投资融资,达到分散汇率风险的目的。企业筹资时,要尽量以多种货币从多个渠道筹资,如企业可发行股票、债券，还可利用银行信贷，既可以利用固定利率的信贷，也可利用浮动利率的信贷；投资时，要尽可能以不同的形式、不同的币种，向不同的对象投资，如企业可办理外币存款、购买外币债券、投资 B 股等。其次，企业应调整自身的资产负债结构，要使不同币种、不同期限的外币资产与负债数额基本相等，尽量减少受险头寸的暴露。如果外币升值，应使外币负债尽快减少到外币资产的水平，使风险抵消。如果外币贬值，应使外币资产尽快减少到外币负债的水平。

第三节　银行外汇风险管理

一、外汇银行的外汇头寸管理

（一）外汇头寸的概念

外汇头寸（Foreign Exchange Position）是指银行持有某种外汇的状态，它是银行的受险部分，包括多头、空头两种情况，当银行处于某种货币的多头地位时，面临该种货币汇率下跌的风险，而当银行处于某种货币空头地位时，则面临该种货币汇率上升的风险；只有当银行处于平衡头寸地位，才没有外汇风险。银行为了防范外汇风险，就要主动轧平各种外汇的头寸，即抛出多头，补进空头，使敞口头寸重新平衡，或者增加硬币的净持有额（硬币处于多头），减少软币的净持有额。

（二）外汇买卖的额度管理

1. 头寸限定法

头寸限定法即银行通过制定外汇交易头寸的限额来防范外汇风险的方法。银行制定交易头寸的限额时，应考虑以下因素：第一，本银行在外汇市场中所处的地位，即本银行在外汇市场中是市场领导者，还是市场活跃者，或者是一般参与者；第二，本银行的最高领导层对外汇业务收益的期望值，以及对外汇风险的容忍程度；第三，本银行外汇交易人员的整体素质；第四，交易货币的种类。一般来说，银行在外汇市场中的地位越重要、最高领导层对外汇业务收益的期望值越大、对外汇风险的容忍程度越高、外汇交易人员的整体素质越好，货币的交易频繁度则越高、货币的交易币种则越多，制定的限额就可能越大。交易头寸的限额可按以下几方面来制定：

（1）按外汇交易的种类制定。针对不同的外汇交易种类分别制定不同的交易限额，一般应制定：即期外汇交易头寸限额、远期外汇交易头寸限额，掉期外汇交易头寸限额等。

（2）按外汇交易的币种制定。根据交易的币种分别制定各种外汇的敞口头寸，同时还可按照货币的软硬程度调整限额。

（3）按外汇交易人员的等级和素质制定。外汇交易人员一级可分为资金部经理、首席交易员、高级交易员、交易员、助理交易员和见习交易员等。外汇交易人员的等级越高、在外汇交易中的表现越好,头寸的限额就越多,敞口头寸平仓补仓的时间也越长。

在外汇市场,外汇交易头寸限额一般由外汇交易人员拿捏,以美元来表示。例如,首席交易员的头寸限额为1 000万美元,这就意味着首席交易员在不断从事外汇的买进卖出时,只要在规定的时间范围之内敞口头寸不超过1 000万美元,他就没有超越规定的权限。否则,他就违反了头寸限额规定,应该受到处罚。

2. 亏损控制法

亏损控制法即银行通过对外汇交易制定止损点限额(Cut loss Limit)来防范外汇风险的方法。止损点限额是银行对由于外汇风险所造成的损失的最大容忍程度。当市场汇率向不利的方向变动时,一旦亏损达到止损点,限额交易人员就应不问情由,一律斩仓,以避免发生更大的亏损。

止损点限额可分为两部分:一是外汇资金的止损点。这适合于即期外汇交易、远期外汇交易和掉期外汇交易等业务。止损点限额既可以按敞口头寸的百分比计算,也可以按每天或每笔外汇交易的损失不超过一定金额来确定;二是外汇交易人员的止损点限额。通常按亏损额占交易额的百分比计算,例如规定每笔交易的亏损额不超过该笔交易额1%等。显然,百分比越大、表示容忍亏损的额度越大。当然,不同的外汇交易人员,止损点的限额也不同。

(三) 外汇头寸的调整方法

银行防范外汇风险的重要措施就是调整外汇的敞口头寸,尽量缩小敞口头寸,或者使敞口头寸的情形与外汇汇率的走势相一致。银行调整外汇头寸一般是通过银行同业间的外汇交易来实现的。银行在同业交易中报送价格的原则是,当本银行需要买进某种外汇时,就应该提高这种货币的买入价,使其略高于外汇市场的平均水平;当本银行需要卖出某种外汇时,就应该降低这种货币的卖出价,使其略低于外汇市场的平均水平。这样才能促成其他银行尽快与本银行成交,以达到本银行调整外汇头寸的目的。

1. 单一货币头寸的调整

单一货币头寸的调整即银行只存在某一种货币的敞口头寸,防范外汇风险时只需对这一种货币的头寸进行调整。

(1) 即期头寸的调整。例如,某银行某日的买卖情况为买进美元1 000万,价格为$1 = RMB8.25,付出8 250万元人民币,卖出美元800万,价格为$1 = RMB8.27,收进6 616万元人民币,结果是该银行持有美元多头200万。为防范外汇风险,银行就要设法抛出这200万美元,使其美元的头寸平衡,从而获得利润。

(2) 即期头寸与远期头寸的综合调整。在上例中,银行的美元买卖和头寸的调整都是即期的,操作起来比较简单,实际上,银行在进行大量的即期外汇买卖的同时,也有大量的远期外汇交易。这样,银行不仅在即期交易中会出现敞口头寸,在远期交易中也会出现敞口头寸,这就要求银行将即期头寸和远期头寸结合起来进行调整。

【举例8-6】某银行某日的外汇交易情况为:即期交易买进1 000万美元、卖出800万美元,多头200万美元;远期交易买进100万美元,卖出400万美元,空头300万美元。该银行的综合头寸为空头100万美元。

对上述头寸综合调整的方法有两种:

第一,将即期头寸和远期头寸同时进行抛补,使两者的头寸都为零,即卖出即期外汇

200万美元，同时买进远期外汇300万美元。该方法虽然可使外汇风险完全得以消除，但在实际的外汇业务中，如此严密的操作既无必要，也难以实现，因为远期交易中外汇的买进、卖出，以及远期空头的补进这三项交易要做到交割日期完全一致，几乎不可能。

第二，只抛补综合头寸，使综合头寸为零。此方法又有两种具体措施：一是买进即期外汇100万美元，使即期交易的多头增加为300万美元，与远期交易的空头300万美元相匹配，综合头寸为零；二是卖出远期外汇100万美元，使远期交易的空头减少为200万美元，与即期交易的头寸200万美元相匹配，综合头寸为零。由于综合头寸为零，该银行的外汇风险大大降低。

不同交割日的远期头寸的综合调整。由于各个远期交易的交割日不尽相同，因此银行在实际的外汇交易中，也必然会产生不同交割日的远期头寸。为防范外汇风险，银行对不同交割日的远期头寸也应结合起来调整。

【举例8-7】某银行某年1月1日的外汇交易情况为：第一笔远期交易买进100万美元，该年的3月31日交割，第二笔远期交易卖出100万美元，该年的5月31日交割。

此例中虽然银行的综合头寸为零，但由于两笔远期交易的交割日不同，银行依然面临外汇风险，即3月31日交割的美元面临美元贬值的风险。为此，银行可通过掉期交易来防范外汇风险，即1月1日银行卖出100万美元，交割日定为该年的3月31日，同时又买进100万美元，交割日定为该年的5月31日。通过该笔远期对远期的掉期交易，银行实际上将3月31日买进的100万美元，推迟到5月31日才持有，而此时这100万美元又正好与该银行所卖出的100万美元相抵，外汇风险得以完全避免。

当然，此例带有某种特性，即银行在1月1日所进行的远期外汇交易中，买进的美元与卖出的美元在金额上刚好相等，只是交割日不同，事实上可能并非如此巧合。如果银行在不同交割日的远期外汇交易中，买进的某种货币的金额与卖出该种货币的金额不相等，为了防范外汇风险，银行既可以通过掉期交易防范部分风险，也可以通过以后的外汇交易来加以平衡，或两种方法同时并用。

【举例8-8】某银行1月1日买进远期美元300万，该年的3月31日交割，卖出远期美元400万，该年的5月31日交割。

此例中银行可在1月1日先进行一笔远期对远期的掉期交易，卖出远期美元300万，3月31日交割，同时买进远期美元300万，5月1日交割；到1月2日或以后合适的时间，再补进远期美元100万，5月31日交割。

【随堂练8-2】

假定A银行2016年1月1日当天分别与客户承做4笔外汇交易（假定这也是当天的所有外汇交易）：

（1）卖出即期英镑300万
（2）买入6个月远期英镑200万
（3）买入即期英镑150万
（4）卖出6个月远期英镑50万

问：该银行在当天营业终了时，应如何进行头寸的调整，使当日外币资金头寸在金额、时间上完全匹配？

【参考答案随堂练 8-2】

2. 多种货币头寸的调整

多种货币头寸的调整即银行同时存在多种货币的敞口头寸，防范外汇风险时需要对这些头寸结合起来进行调整。

由于银行在每天所进行的外汇交易中所使用的货币是多种多样的，因此，敞口头寸也就会出现在各种币种上。银行对多种货币头寸的调整可通过下面方法来进行。

分别调整各种货币的头寸。一般通过具有敞口头寸的货币与美元之间的交易来转换。例如，某银行同时存在英镑的多头和欧元的空头，在调整头寸时，该银行首先要将英镑的多头转换为美元，同时以美元补进欧元的空头，也就是将英镑和欧元的敞口头寸转换为美元的敞口头寸，然后，再通过美元与本币之间的交易最终消除美元的敞口头寸。

在应用此方法时，非美元货币的敞口头寸一般不宜相互之间直接抛补。如英镑多头、瑞士法郎空头时，不宜直接将英镑转换为瑞士法郎，也不宜将英镑直接转换为本银行所在国货币，同时又以本银行所在国的货币补进瑞士法郎。这是因为外汇市场上非美元之间的交易较为稀少，通过非美元货币之间的交易来防范外汇风险，既降低了速度，又增加了成本。如果现实汇率的变化与预测的结果相反，则银行不仅没有防范外汇风险，还会遭受双重损失。只有当具有敞口头寸的货币的种类越多时，此方法防范外汇风险的效果越好。采用此方法防范外汇风险，往往也是银行资金结构安排的需要。

3. 预防性头寸的调整

所谓预防性头寸是指银行在预测汇率的变动趋势之后，积极制造出来的用以预防外汇风险的头寸。

银行防范外汇风险时，除了尽量缩小敞口头寸直至为零外，还可采取相反的做法，即积极地制造敞口头寸。当预测某种货币将升值时，就大量买进该种货币，以增加该种货币的长余头寸；当预测某种货币将贬值时，就大量卖出该种货币，以增加该种货币的短缺头寸。通过调整预防性头寸来防范外汇风险的方法，带有明显的投机性。

二、外汇银行的外汇资产负债管理

外汇银行的外汇风险，一方面来源于银行的自营外汇交易和代客外汇交易，另一方面来源于银行经营的外汇存贷款业务和投资业务，对于前一种外汇风险，可以通过对外汇头寸进行管理来防范，对于后一种外汇风险，则需通过对外汇的资产负债进行管理来防范。外汇资产负债管理，就是通过对外汇资产负债在币种、期限、利率、金额等方面进行调整，以防范外汇风险。外汇资产负债管理的内容主要如下：

（一）调整资产负债的币种

实行分散筹资和投资，筹得何种货币，就贷出何种货币；贷款到期收回什么货币，筹资到期就付出什么货币，尽量保证在借款和收付货币时，不需通过外汇交易来调换币种。

（二）调整资产负债的期限

在同一种货币的资产负债中，力争将来任一时点上到期的资产，都能抵付到期的负债。而且尽量做到吸收多长期限的存款，就发放多长期限的贷款。不出现超借、超贷的现象。当出现将短期负债长期运用时，就要适当增加长期负债，减少长期资产；当出现长期负债短期运用时，一般不能盲目增加长期资产，而应适当调整负债的结构，有意识地增加短期负债。

（三）调整存款贷款的利率

由于利率的高低影响利息的高低，而以外币收付的利息又是外汇风险的受险部分，因此调整存贷款的利率，也与外汇风险的防范相关联。调整利率的方法主要是压低以硬币所吸收的外汇存款利率，提高以软币所发放的外汇贷款的利率。

（四）调整存款贷款的金额

调整存款贷款的金额包括：①在同一种货币中，利率相匹配且期限一致的存款和贷款，在金额上要使之相等；②在市场利率上升时，要争取使浮动利率的贷款额大于浮动利率的存款额，或者使固定利率的贷款额小于固定利率的存款额；而在市场利率下降时，则要争取使浮动利率的贷款额小于浮动利率的存款额，或者使固定利率的贷款额大于固定利率的存款额。

本章小结

外汇风险是指经济主体在涉外业务中因汇率波动而蒙受损失或获得收益的可能性，其构成包含三个要素：涉及两种以上货币的兑换、时间间隔和敞口头寸。

从企业财务管理的角度出发，外汇风险通常可以分为交易风险，经济风险和折算风险。识别外汇风险是对外汇风险进行管理的第一步，还需要掌握外汇风险的计量，以便于企业更精确地控制外汇风险。

针对交易风险，经济风险和折算风险，企业有多种风险管理措施；外汇银行外汇风险管理则主要有外汇头寸管理和外汇资产负债管理。

思考题

1. 什么是外汇风险？其有哪些种类？
2. 简述外汇风险的构成和防范外汇风险的基本思路。
3. 为防止外汇交易风险，企业可以采取的主要措施有哪些？
4. 银行外汇风险管理的主要方法有哪些？

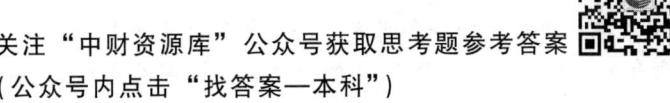

关注"中财资源库"公众号获取思考题参考答案
（公众号内点击"找答案—本科"）

第九章 国际金融危机

【知识目标】

掌握国际货币体系的含义、类型、内容；
掌握金融危机的传导机制。

【能力目标】

具备分析金融危机传导的基本框架。

【价值引领目标】

体会金融危机的破坏性；
理解我国政府防范国际金融危机政策的必要性与科学性。

【导入材料】

1929年10月28日，这个不祥的日子在美国以及世界金融史上一直被人们牢记。在这一天，纽约证券市场股票价格猛跌，正式揭开了美国金融危机和世界经济危机的序幕。这次危机来势迅猛，爆发后迅速从证券市场蔓延到整个金融体系，从金融危机发展成经济危机，从美国发展到整个资本主义体系。危机给美国经济和世界经济以极其沉重的打击，以致整个20世纪30年代的美国经济都没有完全恢复过来。1929年的危机，就其深度和广度，在当时是空前的，时至今日也是绝后的。

你认为金融危机是什么？其产生原因是什么？为什么此次美国金融危机的爆发会席卷整个世界？经济危机和金融危机是一样的吗？

第一节 金融危机概述

一、金融危机的含义

(一) 金融危机的定义

金融危机(Financial Crisis),又称金融风暴,是指一个国家或几个国家或地区的所有或绝大部分金融指标的一次急剧的、短暂的、超周期的恶化,这些指标包括短期利率、资产(债券、房地产)价格、厂商的偿债能力以及金融机构的破产等。由于金融资产的流动性非常强,因此,金融危机的国际性极强。金融危机的导火索可以是任何国家的金融产品、市场和机构等。

(二) 金融危机的基本形式

金融危机普遍会呈现三种形式,分别是财政危机、汇兑危机和银行业危机。财政危机是指政府突然丧失延续外债和吸引外国贷款的能力,这可能迫使该国政府重新安排或者干脆不再履行相关义务(例如拉美债务危机)。汇兑危机是指市场参与者突然将需求从本币资产向外币资产转换,如果该国采用钉住汇率制度则可能使其耗尽外汇储备。银行危机是指一些商业银行突然丧失延续其市场工具的能力或遭遇突发的存款挤兑,从而导致这些银行的流动性下降并最终破产。

(三) 金融危机与经济危机的区别与联系

金融危机和经济危机很容易被人混淆,但二者实际上是两个不相同的概念,它们的定义、特征、产生的原因、后果以及解决的办法等均有所差异。

1. 金融危机与经济危机的区别

(1) 从定义上而言,经济危机指的是一个或多个国民经济或整个世界经济在一段比较长的时间内不断收缩(负的经济增长率),是资本主义经济发展中周期爆发的生产过剩的危机,是经济周期中的决定性阶段。而金融危机主要指一个国家或几个国家与地区的全部或大部分金融指标(如短期利率、货币资产、证券、房地产、土地价格、商业破产数和金融机构倒闭数)的急剧、短暂和超周期的恶化。

"金融"是以货币和资本为核心的系列活动总称,与它相对应的主要概念有"消费"和"生产",后两者则主要是围绕商品和服务展开。所谓金融危机,就是指与货币、资本相关的活动运行出现了某种持续性的矛盾,比如,票据兑现中出现的信用危机、买卖脱节造成的货币危机等。就美国次贷危机而言,其根本原因在于资本市场的货币信用通过金融衍生工具被无限放大,在较长的时期内带来了货币信用供给与支付能力间的巨大缺口,最后严重偏离了现实产品市场对信用的有限需求。当这种偏离普遍地存在于金融市场的各个领域时,次贷危机,也就是局部金融矛盾,向金融危机的演化就不可避免了。

"经济"的内涵显然比"金融"更广泛,它包括上述的"消费"、"生产"和"金融"等一切与人们的需求和供给相关的活动,它的核心在于通过资源的整合,创造价值、获得福利。就此而言,"经济"是带有价值取向的一个结果,"金融"则是实现这个结果的某个过程。因此,经济危机,是指在一段时间里价值和福利的增加无法满足人们的需要,比如供需脱节带来的大量生产过剩(传统意义上的经济萧条),比如信用扩张带来的过度需求(最近世界范围内发生的经济危机)。通过比较可以发现,经济危机与金融危机最大的区别在于,它们对社会福利造成的影响程度和范围不同。金融危机某种意义上只是一种过程危机,而经济危机则是一种结果危机。

(2)从特征上而言,经济危机是资本主义经济危机,是生产过剩的危机。但是,资本主义经济危机所表现出来的生产过剩不是生产的绝对过剩,而是一种相对的过剩,即相对于劳动群众有支付能力的需求而言表现为过剩的经济危机。其次,在资本主义经济危机爆发时,一方面资本家的货物堆积如山,卖不出去;另一方面,广大劳动群众却处于失业或半失业状态,因购买力下降而得不到必需的生活资料。资本主义生产相对过剩的经济危机,最显著地表现了资本主义制度的历史局限性。

而金融危机是人们基于经济未来将更加悲观的预期,整个区域内货币值出现幅度较大的贬值,经济总量与经济规模出现较大的缩减,经济增长受到打击。金融危机往往伴随着企业大量倒闭,失业率提高,社会普遍经济萧条,甚至有些时候伴随着社会动荡或国家政治层面的动荡。

(3)从产生原因上而言,经济危机普遍是由于经济政策错误、原材料紧张,尤其是原油危机、自然灾害、全球化的后果和金融政策错误引起的。而金融危机主要是由于金融业中有制度漏洞,或者有垄断现象出现;或是制造业由于过分生产、原料紧缺、市场收缩等等原因造成崩盘;抑或是行政措施不力,投机或者恐慌情绪蔓延等原因导致的。

(4)从产生后果上而言,经济危机导致国民经济整体下滑,亟待恢复,在这个过程中,如果国家处理不慎可能会引起政变、政党和政策的巨变,从而对整个国家带来深远影响。有的学者把经济危机分为被动型危机与主动型危机两种类型。如果危机的性质属于被动型,很难认为这种货币在危机之后还会回升,危机过程实际上是对该国货币价值重新寻求和确认的过程。主动型危机是指宏观经济管理当局为了达到某种目的采取的政策行为的结果;危机的产生完全在管理当局的预料之中,危机或经济衰退可以视作为改革的机会成本。金融危机可以分为货币危机、债务危机、银行危机等类型。近年来的金融危机越来越呈现出某种混合形式的危机。

2. 金融危机与经济危机的联系

从历史上发生的几次大规模金融危机和经济危机来看,大部分经济危机与金融危机都是相伴随的。也就是说,在发生经济危机之前,往往会先出现一波金融危机,最近的一次全球性经济危机也不例外。这表明两者间存在着内在联系。其主要缘由在于,随着货币和资本被引入消费和生产过程,消费、生产与货币、资本的结合越来越紧密。以生产过程为例,资本在生产过程的第一个阶段——投资阶段,便开始介入,货币资本由此转化为生产资本;在第二个阶段,也就是加工阶段,资本的形态由投资转化为商品;而在第三个阶段,也就是销售阶段,资本的形态又由商品恢复为货币。正是货币资本经历的这些转换过程,使得货币资本的投入与取得在时空上相互分离,任何一个阶段出现的不确定性和矛盾都足以导致货币资本运动的中断,资本投资无法收回,从而出现直接的货币信用危机,也就是金融危机。当这种不确定性和矛盾在较多的生产领域中出现时,生产过程便会因投入不足而无法继续,从而造成产出的严重下降,引致更大范围的经济危机。这便是为何金融危机总是与经济危机相伴随,并总是先于经济危机而发生的原因所在。

但是,在某些情况下,也不能排除金融危机独立于经济危机发生的可能性,尤其是当政府在金融危机之初便采取强有力的应对政策措施,比如,通过大规模的"输血"政策,有效阻断货币信用危机与生产过程的联系,就有可能避免经济危机的发生或深入。

二、金融危机的分类

金融危机根据不同的标准可以划分成不同的类型,总体来说可以根据其影响地域或者性质和内容进行划分,但无论是何种分类方式,金融危机的本质特征都是一样的。

(一) 按照金融危机的影响地域划分

按照金融危机的影响地域划分,金融危机可分为国内金融危机、区域性金融危机和全球性金融危机。国内金融危机是指起因于国内的经济、金融等因素,受到的影响局限于一国国内,一般政府通过整顿所在国的经济金融秩序或金融当局出面采取某种形式给予适当救助就可以得到化解。国内金融危机的波及面比较小,通常只在本国范围内有较大影响。区域性金融危机是指先爆发于某一体化组织内部的一个成员国,而后波及其他成员国,对一体化组织外的国家没有或者较少有影响。主要依靠一体化组织内部成员国经济金融当局在政策协调方面的共同努力来解决。区域性金融危机的波及面要广于国内金融危机,如果控制不当也会对一体化组织外的国家造成不利影响,例如2012年的欧债危机。而全球性金融危机影响深远,此类危机的爆发必然会波及全球金融市场,进一步有可能引发世界性经济危机,比如2008年由美国次债危机引发的全球性金融危机。化解全球性金融危机需要各国的政策协调以及有关国际金融机构的努力。

(二) 按照金融危机的性质、内容划分

按照金融危机的性质和内容进行划分,可以分为货币市场危机、资本市场危机、银行业危机和综合金融危机。

1. 货币市场危机

货币市场危机,亦称为货币危机,从概念上来说有广义和狭义之分。从广义上来讲,货币危机是指一国货币的汇率变动幅度短期内超出了一国可承受的范围(一般为15%—20%)这一现象。而从狭义上来讲,货币危机与特定的汇率制度(通常是固定货币危机汇率制)相对应,其含义是,实行固定汇率制度或者带有固定汇率制度色彩的钉住汇率制的国家,在非常被动的情况下(如在经济基本面恶化的情况下,或者在遭遇强大的投机攻击情况下),当市场参与者对一国的固定汇率失去信心时,通过外汇市场抛售等操作导致该国固定汇率制度崩溃、外汇市场持续动荡的事件。

在全球化时代,由于国民经济与国际经济的联系越来越密切,而汇率是这一联系的"纽带",因此,如何选择合适的汇率制度,实施相配套的经济政策,已成为经济开放条件

下,决策者必须考虑的重要课题。

随着市场经济的发展与全球化的加速,经济增长的停滞已不再是导致货币危机的主要原因。经济学家的大量研究表明:定值过高的汇率、经常项目巨额赤字、出口下降和经济活动放缓等都是发生货币危机的先兆。就实际运行来看,货币危机通常由泡沫经济破灭、银行呆坏账增多、国际收支严重失衡、外债过于庞大、财政危机、政治动荡、对政府的不信任等引发。

按照货币危机在狭义上的定义,货币危机可以按照原因分为以下三种类型。第一种是由政府扩张性政策导致经济基础恶化,从而引发国际投机资金冲击所导致的货币危机。第二种是在经济基础比较健康时,主要由心理预期作用带来的国际投机资金冲击所引起的货币危机。第三种是蔓延型货币危机,是指因其他国家爆发的货币危机的传播而发生的。

2. 资本市场危机

资本市场危机是指某国的资本市场(主要是股票市场)由于各种的原因,表现为资本二级市场上金融资产价格剧烈波动,如股票市场、债券市场、基金市场以及与之相关的衍生金融产品市场的价格发生急剧、短暂的暴跌。资本市场危机和货币市场危机往往具有较强的联动性,因为资本市场危机会带来证券市场的严重不均衡现象,从而引发金融泡沫破灭。这种严重非均衡将通过溢出效应传递到其他市场,如银行信贷市场、汇率市场等,导致这些市场也同样出现非均衡,最终引发其他危机。

3. 银行业危机

银行业危机是指某些商业银行或非商业银行金融机构由于内部或外部原因,出现大量不良债权或巨额亏损,不能如期偿付债务,或迫使政府出面提供大规模援助以避免违约现象的发生,最终导致破产倒闭或支付困难,进而引发整个行业系统性危机。西方学者普遍认为银行业危机是指由于一组金融机构的负债超过了其资产的市场价值,从而引起了挤兑、资产组合转换和政府干预的情况。因而危机过程中会出现不良资产比重增加,损失扩大,从而导致清算、合并或重组事件增加。国际货币基金组织于1998年对银行业危机下了如此定义:实际的或潜在的银行挤兑与银行失败引致银行停业偿还负债,或为防止这一情况的出现,政府被迫提供大规模的援助。近几年来,一些国内学者也对银行业危机进行了相关研究。我国学者认为,银行业危机作为金融危机的一种表现形式,包括系统性和非系统性两层面上的含义,前者是指大批银行相继倒闭而导致整个金融体系的崩溃,后者是指个别银行的破产。

4. 综合金融危机

综合金融危机表现为几种危机的混合体,最终极易升级为经济危机或政治危机。这类危机在现实中常常是一种危机的爆发带动其他危机的爆发,危机迅速波及有关国家的整个金融市场和金融体系,形成综合金融危机。

(三) 按照金融危机的影响程度来划分

按照金融危机的影响程度来划分,可以分为系统性金融危机和非系统性金融危机。系统性金融危机源于系统性金融风险,其影响深远且带有明显的全局性特征,如果处理不当将危及一国金融体系乃至世界金融体系的安全与稳定,前面提到的综合金融危机就属于系统性金融危机。而非系统性金融危机源于非系统性金融风险,其影响往往局限于某一特定金融机构、金融市场或金融领域,一般不会对他国的金融体系产生直接的威胁,但是也并不排除非系统性金融危机由于处理不当在一定条件下转化为系统性金融危机的可能性。

【随堂练 9–1】

（1）狭义的金融危机是指（　　）。

A. 系统性金融危机

B. 货币危机

C. 股市危机

D. 外债危机

（2）导致金融危机的外部因素有（　　）。（多选）

A. 国际游资的冲击

B. 国际市场的变化

C. 预期因素

D. 他国危机的传染

（3）构建金融安全网，是金融危机管理的重要制度性措施，金融安全网包括（　　）。（多选）

A. 存款保险制度

B. 危机预警制度

C. 最后贷款人制度

D. 对金融机构的市场准入管制

【参考答案随堂练 9–1】

三、金融危机产生的背景

随着世界经济全球化和国际金融自由化高潮的到来，引发危机的主要原因已经出现变化，开放经济下内外目标的冲突和政策手段的不协调往往成为危机爆发的根源。金融危机产生的背景也源于此。首先是经济全球化，经济全球化趋势愈演愈烈，从根本上改变了世界经济、金融、政治、外交乃至文化的传统格局，也带来了一系列前所未有的问题，各国之间的经济联系越加紧密，带来了机遇的同时也加大了宏观监管的难度，为危机爆发埋下伏笔。第二是由于经济金融化达到了一个空前的水平。经济金融化有着广泛而深刻的影响：首先是经济关系日益金融关系化，经济和金融之间越来越不分界限，经济危机有可能引发金融危机，反之亦然；其次是社会资产日益金融资产化；最后是融资非中介化、证券化的出现。第三是金融的泡沫化，即随着越来越多新的金融产品、金融工具和金融交易方式的出现，金融运行与实物经济出现了脱节，以"高杠杆率"为特征的金融衍生产品层出不穷，往往会形成一种虚假的繁荣。最后是金融主权的弱化，各国作为独立经济体金融主权的弱化，又产生了如何保持一体化趋势、维护一体化利益从而弱化金融主权同尊重民族国家主权独立完整之间的平衡问题。与此相关的另一个问题是各国金融决策的外部化，即各国的经济和金融决策日益受到外部因素的牵扯和制约。

四、金融危机的危害及防范

(一) 金融危机的危害

由于金融危机具有传染性、潜伏性、内源性和频繁性,所以金融危机产生的危害是非常严重的。第一,在全球金融风暴中,处在风口浪尖上的进出口行业所受的冲击是最直接、最严重的,危机从金融层面转移到了经济层面,影响了出口,最终影响一国经济。

第二,金融危机对世界经济的影响非常深远。国际性金融危机会带来经济大幅度衰退等现象,影响世界范围内的各国经济发展,而且极易产生连锁效应。

第三,金融危机会冲击人们的生活,通货膨胀、经济困境等降低了人们的支付能力,同时也降低了人们的生活质量。就业率也会大幅下降,引起社会动荡。

(二) 金融危机预警系统的构建

考察20世纪90年代以来的几次金融危机,可以发现引发金融危机的主要因素有五个方面:国际资金的流动;金融机构放款和货币供给过快,并且资金投向失衡;国内外总体经济的剧烈变动;不切实际的金融自由化进程和外债规模超过实体经济的承受能力;外债结构畸形。此外,还包括实行不合理的汇率制度以及政府对经济活动的过度干预从而扭曲了市场机制等。因此预计指标体系的建立应该包含至少四部分,一是反映宏观经济运行状况的指标;二是反映金融机构资产质量和稳健与否的指标;三是反映外债、偿债能力和汇率等方面的指标;四是反映其他因素的指标,主要是邻近国家的经济金融状况及一些政治性、制度性因素。具体指标包括:M2相对GDP的比例、相对通货膨胀率、国际国内利率差、资本充足率、不良资产比重、经常项目逆差与GDP的比率、外汇储备与短期债务的比例、短期外债与外债总额之比、对外负债率、汇率实际升值幅度、周边地区是否发生金融危机、政局的稳定性及政府对市场的干预程度。

【知识链接9-1】广义货币

(三) 金融危机的防范

第一,要审慎对待资本账户自由化。在决定放松或解除资本管制,全面推行资本账户的自由化时,政府必须认真审视是否已经具备一系列重要的前提条件。这些前提条件既涉及宏观经济层面,也涉及微观经济层面。第二,要健全国内金融体系,包括健全金融体系的运行环境和运行机制。第三,要抑制金融资产泡沫的膨胀,必须执行严格的以控制通货膨胀为目标的独立的货币政策,从而有效引导游资活动,防范和制止过度投机行为。同时还要加强金融资产市场的监管,规范市场行为,保护市场的公开、公平与公正,打击欺诈和操纵市场的行为。第四,要消除信息不对称,防止逆向选择、道德风险和"羊群效应"的出现。

【知识链接9-2】羊群效应

(四) 金融危机的治理原则与方式

1. 金融危机的治理原则
(1) 属性原则，即要考虑某种反危机政策适用的内外部条件。
(2) 成本—收益原则，即选择任何一种政策必须权衡其成本与收益。
(3) 综合评判原则，即全面考虑多种反危机对策同时使用时的综合效应。
2. 金融危机治理方式
(1) 对货币危机的治理，治理的重点应放在控制货币供给量、稳定物价、维护公众对货币的信心等方面。
(2) 对银行危机的治理，治理的重点应放在救助金融机构、维护债权债务关系、保障金融秩序等方面。

第二节 金融危机基本理论与机制

20世纪80年代以来，在债务危机发生后，货币危机也是频频出现，这些都是典型的金融危机，从而使金融危机理论成为国际金融研究的焦点之一，在短短的20年左右的时间里，已经出现了所谓的"四代金融危机模型"。第一代金融危机模型：金融危机主要源于经济基本面的恶化，如80年代的拉美金融危机。第二代金融危机模型：金融危机与投机者预期的突然变化有关，与经济基本面关系不大，如90年代欧洲货币危机。第三代金融危机模型：道德风险和流动性问题，如1997年亚洲金融危机。第四代金融危机模型：强调货币贬值对资产负债表的影响，认为如果本国企业部门的外债水平很高，出现危机的可能性就越大。

一、"财政赤字"货币危机理论

第一代金融危机模型的产生源于墨西哥（1973—1982年）和阿根廷（1978—1981年）等国家所发生的货币危机。该模型强调外汇市场上的投机攻击与宏观经济基础变量之间的联系，该模型认为货币危机是否爆发主要取决于一个国家的经济基本面，特别是财政赤字的货币化，假定政府为解决财政赤字问题而大量发行纸币，引起资本流出，央行为维持汇率稳定而无限制地抛出外汇储备，当外汇储备达到临界点时，会引致投机攻击，如果政府没有足够的外汇储备支持，就不得不放弃稳定的汇率制度。这一理论的提出是在20世纪70年代末，有代表性的是麻省理工学院的保罗·克鲁格曼教授所写的《国际危机模型》一文。

在克鲁格曼教授提出的完全预见能力模型中，货币危机的根源在于政府的宏观经济政策（主要是过度扩张的货币政策与财政政策）与稳定汇率政策（如固定汇率制）之间的不协调。当政府所追求的宏观经济政策与稳定汇率政策不协调时，理性的投机攻击就会发生。在政府存在大量财政赤字的情况下，中央银行必然增发货币为财政赤字融资。随着货币供应量的增加，外币的影子价格会逐步上升（本币贬值），由于本外币的收益率出现差异，公众会调整资产结构，增加对外币的购买。随着政府持续地为财政赤字融资，在理性的投机攻击之下，不管初始的外汇储备有多大，终有一天会耗竭外汇储备，固定汇率迟早要崩溃。

而国际货币基金组织的经济学家罗伯特（Robert P. Flood）教授和布朗大学的彼得（Peter M. Garber）教授也提出了相似的观点，他们放弃了克鲁格曼教授提出的完全预见能力假设，认为国内信贷过程是随机的，投机攻击的时间是不确定的，并在此基础上构建了简单的线性模型。

总之，第一代危机模型强调经济的基本面决定货币的对外价值稳定与否。这一模型可以用来解释20世纪80年代初的危机、1998年的俄罗斯危机、巴西危机，以及阿根廷危机。

（一）模型的两个假定前提

（1）政府采用扩张性财政政策；

（2）中央银行允许国内资本（信贷）的增加，央行为维持固定汇率制度会无限制地抛出外汇直至消耗殆尽。

（二）模型的基本思路

第一代金融危机模型着重强调的是宏观经济政策与固定汇率相矛盾的情况下，固定汇率遭遇投机攻击的必然性，强调一国的经济基本面决定对外价值的稳定与否，决定金融危机是否爆发、何时爆发。

（三）第一代金融危机模型的特点

第一代金融危机模型认为金融危机是固有的，因为政府不合理的宏观经济政策，即政府过度扩张的财政货币政策会导致经济基础恶化，它是引发对固定汇率制度的投机攻击并最终引爆危机的根本原因。外汇储备随着国内信贷的增长而持续流失，流失速度与信贷扩张速度保持一定的比例，当储备急剧下降为零时，金融危机就会发生。想要防范此类金融危机，紧缩型财政货币政策是关键。投机冲击和汇率崩溃是微观投资者在经济基本面和汇率制度间存在矛盾下的理性选择的结果，并非所谓的非道德行为，因而这类模型也被称为理性冲击模型。

（四）第一代金融危机模型的政策主张

（1）通过监测一国宏观经济的运行状况可以对货币危机进行预测，并在此基础上及时调整经济运行，避免金融危机的爆发或减轻其冲击强度。

（2）避免货币危机的有效方法是实施恰当的财政、货币政策，保持经济基本面健康运行，从而维持民众对固定汇率制的信心。

【随堂练9-2】如何评价第一代金融危机模型？

【参考答案随堂练9-2】

二、"自我完成"货币危机理论

1992—1993年爆发的欧洲货币体系危机中诸多现象无法由第一代金融危机模型给予满

意的解释。当金融危机发生时,部分国家拥有大量外汇储备,宏观经济政策并没有表现出与稳定的汇率政策之间的不协调。第二代危机模型的代表人物是加利福尼亚大学伯克利分校的 Maurice. Obstfeld、哈佛大学的 Gerardo. Esquivel 和 Felipe. Larrain,他们为了解释 20 世纪 90 年代发生的欧洲货币体系危机,提出了第二代金融危机模型。第二代金融危机模型仍注重经济基本面,但提出一定条件下公众的主观预期能成为主导因素,投机者的行为导致公众信心丧失从而使政府对固定汇率制的保卫失败,危机将提前到来。

(一) 模型的假定条件

(1) 本币已经进入国际资本市场成为国际储备货币,不存在外汇储备是否充足的问题,货币发行取决于经济政策,而不是政策预算。

(2) 政府是主动的行为主体,要最大化其目标函数,放弃固定汇率制度是政府在"维持"和"放弃"之间权衡之后做出的选择,不一定是储备耗尽之后的结果。政府出于一定的原因需要保卫固定汇率制度,也会因某种原因弃守固定汇率制。当公众预期或怀疑政府将弃守固定汇率制时,保卫固定汇率制的成本将会大大增加。

(3) 引入博弈,在动态博弈过程中,央行和市场投资者的收益函数相互包合,双方均根据对方的行为或信息不断修正自己的行为选择,而这种修正又将影响对方的行为,因此经济可能存在一个循环过程,出现"多重均衡"。经济中共存在两重均衡,分别对应公众对固定汇率制能否维持的不同预期,而且这两种预期都是自我实现的。其中,"好的预期"是公众的贬值预期为零,从而使汇率保持稳定;另外一种均衡则是贬值预期,当这种预期达到一定程度时,政府将不断提高利率来维持平价直至最终放弃,导致危机的发生。

(二) 第二代金融危机模型的基本思想

第二代金融危机模型认为,投机者之所以对货币发起攻击,并不是由于经济基础的恶化,而是由贬值预期的自我实现所导致的,认为政府维护汇率的过程是一个复杂的政策选择过程,维护汇率稳定是一个政策目标抉择的成本收益权衡过程。政府维护汇率的收益体现在三个方面:一是政府相信维护汇率稳定有助于促进贸易和投资;二是该国可能有严重的通货膨胀历史,因而把固定汇率看作是控制国内信用的一个手段;二是汇率的稳定也可能被看成是维护该国荣誉的象征或者是存在着国际经济合作的承诺。政府最终放弃固定汇率的原因在于某些因素使得维护固定汇率成本的代价十分高昂:一种可能是政府存在严重的财政赤字,希望通过通货膨胀税来减轻这一负担;另一种可能是国内存在严重的需求不足,经济萧条要求政府采取扩张性政策,而扩张性政策和固定汇率制度相抵触。政府是否捍卫固定汇率取决于政府对维护汇率所产生的成本收益的权衡,当市场预期汇率贬值时,捍卫固定汇率的成本将大大增加,最终将促使政府放弃固定汇率制度。

第二代金融危机模型强调危机的自促成性质。当政府内外政策不协调时,投机者预期汇率最终会贬值,就会提前抢购外汇,结果是国内的经济状况提前恶化,政府维护汇率的成本增加,货币危机提前到来,因而预期的作用使货币危机具有自促成的性质。

(三) 第一代金融危机模型与第二代金融危机模型的比较

(1) 不再将金融危机归咎于不负责任的政府。货币危机的大部分后果与政府行为无关,货币危机的发生并非一定要出现经济基本面的变化。

(2) 改变了金融危机的确定性。金融危机是自身信心危机的自我实现，即使不存在爆发危机的环境，也会突发货币危机，而且危机发生的时间是随机的。

(3) 与第一代金融危机模型相比，第二代模型更为完善，特别是更为合理地解释了固定汇率政策的不可维持性，其理论框架涵盖了前者：首先，第二代金融危机模型的政策含义在一定程度上解释了1992年和1993年欧洲汇率机制危机。其次，多重均衡区间的存在，实际上暴露了国际金融体系的内在不稳定性。再者，从第二代金融危机模型结论推导，在特定的区间内，投机者的行为是不公正的。

三、道德风险危机模型

1997年下半年亚洲金融危机爆发，其在传染的广度、深度等方面都有别于以往的货币危机，原有的第一、二代货币危机解释力度有限，许多学者提出了第三代金融危机模型。亚洲金融危机表明，金融自由化、大规模的外资流入与波动、金融中介信用过度扩张、过度风险投资与资产泡沫化、金融中介资本充足率低与缺乏谨慎监管等，是与金融危机相伴发生的经济现象，由此可见，金融中介尤其是银行在金融危机的形成过程中起着重要作用。第三代金融危机理论开始跳出汇率机制、货币政策、财政政策、公共政策等宏观经济分析范围，着眼于金融中介、资产价格变化等微观方面，强调金融中介在金融危机发生过程中的作用。对于道德风险危机模型，保罗·克鲁格曼教授在这方面做出了贡献，他认为一个国家货币的实际贬值或经常账户的逆差和国际资本流动的逆转将引发货币危机。在分析和推导时，引入了金融过度（Financial Excess）的概念：当一国的金融机构可以自由进入国际资本市场时，金融机构会容易冒险，将资金投向证券市场和房地产市场，引发金融泡沫，加剧一国金融体系的脆弱性，引发银行体系的系统性风险。

（一）道德风险危机模型形成的背景

在亚洲金融危机爆发前，东南亚各国的财政状况良好，国内的通货膨胀也较为温和，虽然有些国家的经常账户存在较大逆差，但是资本账户仍然保持顺差，金融危机被认为无法用财政赤字货币化与钉住汇率制度不相容的原因来解释。另外，亚洲金融危机前，东南亚各国的经济持续高速增长，也很难说不是投资者的预期发生了突变而引发了金融危机。

（二）模型假设前提

道德风险危机模型着眼于微观层次，主要假设道德风险导致外债过度增长，最后是经济崩溃，而在这其中，金融中介机构（主要指银行）道德风险导致过度投资。在该模型中，政府对银行、企业提供各种隐性担保，减轻风险承担的水平，使投资者倾向于高风险、高利润的投资项目，而金融中介机构无法进入国际市场时，过度的投资需求并不导致大规模的过度投资，而是市场利率的提高。当资本项目开放时，国内外金融机构在资本市场自由融资，那么由政府保险引发的道德风险就可能导致经济的过度投资、过度金融积累。由于政府对银行、企业的隐性担保，金融机构和企业的不良资产反映出的是政府的隐性财政赤字。在经济条件恶化的情况下，会导致泡沫破裂、价格下跌，金融机构缺少资金进而陷入困境。

银行作为一种金融中介机构，其基本功能就是将不具有流动性的资产转化为具有流动性的资产，正是这种功能本身使得银行更容易遭受挤兑，为金融危机的爆发埋下伏笔。当投资者恐慌所导致的挤兑现象出现，流动性危机便开始大面积爆发。由于恐慌性的资本流出，大量长期投资项目被迫中途变现，从而使企业陷入资不抵债的境地。

（三）模型基本思想

该模型认为，政府对国内银行负债的隐形担保会导致国内银行借贷政策中的道德风险问题。道德风险使得国内银行的不良贷款增加，因而会引发金融危机。由于有政府的隐形担保，国外投资者以较低的利率借款给国内银行，资本充足率低且缺乏谨慎监管的国内银行由于有政府的担保而投资于高风险领域，导致资产泡沫化。当资产泡沫化破灭时，由于国内银行资产过多地暴露于资产市场而使其资产负债急剧恶化，陷入困境，不良贷款急剧增加。国内银行所持有的巨额不良贷款是政府将来的消费支出，银行和政府之间的紧密关系使得存款者认为政府会对陷入困境的国内银行进行救助。因此，从本质上来看，国内银行的不良贷款与财政支出是等价的。国外投资者认为政府会对由不良贷款所引起的财政赤字进行融资。他们认为，即使没有严重的财政赤字问题，亚洲金融危机也会发生。

【延伸阅读】第三代金融危机模型

四、克鲁格曼模型

2000年初，保罗·克鲁格曼和哈佛大学的Aghion先后在第三代危机模型的基础上又提出了一些新的解释，认为如果本国的企业部门外债的水平很高，外币的风险头寸越大，"资产负债表效应"越大，经济出现危机的可能性就越大。理论逻辑是：在亚洲国家存在严重的信息不对称和信用风险偏大现象，银行要求企业提供足额担保才发放贷款。这样，从总量来讲，一个国家的总投资水平就取决于国内企业的财富水平（因为抵押才能获得银行资金），如果企业持有大量外债，国外的债权人会悲观地看待这个国家的经济，会减少对这个国家的企业的贷款，其本币会贬值，企业的财富下降，从而能申请到的货款下降，导致全社会投资规模下降，经济陷入萧条，这一过程是自我实现的。第四代危机模型尚有待完善，比如没有解决在一个动态模型中企业的外债累积问题，以及在多大程度上银行的低效率会影响到危机的程度。

克鲁格曼的理论模型分析所蕴含的政策含义主要有四个方面：第一，控制短期债务和所有外币债务，因为这些债务都会在本币贬值时使企业的净值减少；第二，为了应对危机，存在两种可能性：一是实施紧急贷款，其额度必须足够大以加强投资者的信心；二是实施紧急资本管制，因为这样可以有效地、最大限度地避免资本外逃；第三，从企业角度出发，在危机后重建经济的关键在于恢复企业和企业家的投资能力；第四，多重均衡模型实际上揭示了政府可能面临的在财政政策、货币政策和结构改革方面更为艰难的政策选择。

【人物专栏】保罗·克鲁格罗

【随堂练 9-3】 如何比较几代金融危机模型？

【参考答案随堂练 9-3】

五、金融危机传导机制

(一) 金融脆弱性

金融脆弱性有广义和狭义之分。狭义的金融脆弱性是指金融业高负债经营的行业特点决定的更易失败的本性，有时也称之为"金融内在脆弱性"。广义的金融脆弱性简称为"金融脆弱"，是指一种趋于高风险的金融状态，泛指一切融资领域中的风险积聚，包括信贷融资和金融市场融资。现在通用的是广义金融脆弱性概念。

(二) 金融脆弱演化为金融危机的机制

金融脆弱仅表明金融已经具有不稳定性，还不等于金融危机。由金融脆弱到金融危机有个演化过程，金融危机的爆发以金融脆弱积累到一定程度为条件，但最终在何时发生，还需要某一或某些触发点。某些突发的金融事件，如特大企业的倒闭、欺诈丑闻被揭露等造成公众信心的动摇，往往会形成触发点。

以最古老的金融危机——支付危机为例：金融机构的资产负债表恶化，引起挤兑；为满足支付，金融机构急于获得现金，不得不出售资产；金融机构急于出售资产，导致资产价格暴跌，进一步恶化私人部门的资产负债表。金融危机必然引发信贷紧缩并损害实体经济，导致经济滑坡。经济滑坡、破产增加、信心失落，互为因果，恶性循环。在封闭经济中，中央银行可以通过其"最后贷款人"的功能来消除"自我实现"的恐慌，但货币供应量的大幅扩张又会引发、加重通货膨胀。这一"自我实现"过程，正是以金融脆弱乃是客观存在为前提的。假设历史验证的是金融机构本身的稳健经营无可动摇，而不是有风吹草动就会或多或少地陷入破产、清理；假设历史验证的是资本市场上虽有价格波动但并不比商品、服务价格的这波动幅度大，而不是飙升、崩盘屡有发生；简言之，假设没有金融脆弱性，那么储户就不会去挤兑、股民就不会恐慌抛售等。问题是不存在这样的假设。历史的实践证实了金融的脆弱性。所以，金融体系越脆弱，人们对它的警惕性就越高，金融危机发生的可能性也就越大。

(三) 金融全球化与金融危机的国际传播

金融全球化是当今时代金融发展的总趋势。对于金融全球化的概念，目前还没有一个可以为人们所普遍接受的定义。粗略地说，金融全球化是指全球金融活动和风险发生机制的联系日益紧密的过程。

金融全球化的具体表现有：①金融活动"游戏规则"的全球一体化。无论是国内金融活动，还是跨国金融活动，通用的是基本相同的"游戏规则"。②市场参与者的全球一体化。这是指资金需求者可以广泛地面向全球来筹集资金，而资金的供应者也可以在全球范围内选择其投资、贷款的对象。③金融工具的全球一体化。金融交易的工具，从原生产品到它们的衍生品，其民族和国家的色彩均已淡化。新的金融工具一经创造出来，很快就会成为各国金融交易的对象。④金融市场的全球一体化。这不仅是指投资者和筹资者可以比较自由地在世界各国的金融市场上从事金融活动，而且是指建筑在互联网基础上的全球24小时不间断交易体系已经形成，为金融交易最终摆脱各民族、国家疆界的樊篱和实体市场的约束提供了基础。⑤交易币种多样化。随着越来越多的国家放松金融管制，越来越多的民族、国家的货币进入了全球金融交易。⑥利率的趋同化。随着各国相继放松管制，各国利率水平已经趋于同步变动；全球利率的国别结构，在考虑了各种风险因素之后已经基本稳定。⑦金融风险的全球化。

由于金融活动和风险发生机制的联系日益紧密，所以在全球化时代，国与国之间金融脆弱以至于金融危机的联系也愈加紧密。这表现为金融危机具有极强的传播效应。在1992年秋的欧洲货币体系危机期间，英镑与里拉被迫贬值，并退出欧洲汇率机制。随后，仍留在欧洲汇率机制内的爱尔兰镑和法国法郎等也遭到冲击，汇率发生了急剧的波动。在1994年的墨西哥金融危机期间，墨西哥比索的贬值引起了阿根廷、巴西等周边国家汇率的大幅波动。在亚洲金融危机期间，货币贬值首先起于泰国，迅速蔓延到印度尼西亚、菲律宾、马来西亚，并随即波及新加坡、中国台湾和中国香港，后又扩展到东北亚的韩国和日本。在这场货币危机横扫了除中国外的东南亚和全部东亚地区之后，俄罗斯和巴西也经历了金融危机的冲击。很多研究表明，在经济稳定时期，国家之间的汇率、股票价格和主权债利率的每日变动互不相关；而在危机时期，各国汇率的波动、主权债利率的波动都具有相关性，大部分股市的波动也具有相关性。

一国的金融危机扩散到另一国的渠道主要是两个：贸易联系和金融联系。当某个或某些国家是危机国家的重要贸易伙伴，即存在直接贸易联系时，一国爆发金融危机所伴随的货币大幅贬值和国内需求急剧下降，都会导致与之有直接贸易联系的国家出口下降、国际收支恶化，成为危机扩散的牺牲品。与之同时存在的还有另种情况，即某些国家相互之间直接贸易联系的规模虽然不大，但往往在很大程度上依赖一个共同的出口市场。例如，发展中国家相互之间的贸易往来大多不占主要地位，而它们的主要出口市场往往是彼此共同的，如美国、日本或西欧。在这种情况下，直接贸易联系通常不是危机扩散的主要途径，而间接贸易联系的影响却很大。危机间接扩散的可能途径，一是危机国家因货币大幅贬值而增强出口竞争力，抢占出口市场，使对手国的出口下降、国际收支恶化；二是危机国家的对外汇率失守，市场就会预期与之有间接贸易联系的国家也很有可能会让本币贬值，因而导致大量抛售这些国家的货币，从而加速货币危机的扩散等。

金融联系同样有直接金融联系和间接金融联系。直接金融联系是指某个或某些国家与危机国家有直接的投资和借贷联系。在这种情况下，显而易见，将导致危机的直接扩散。而当某个或某些国家与危机国家都是跨国银行和国际机构投资者开展大量业务的地区时，则形成间接联系。从近几次金融危机可以看出，跨国银行和国际机构投资者在一国遭到损失后，为了达到资本充足率和保证金要求，或出于调整资产负债的需要，往往大幅收缩对其他国家的贷款或投资。例如，1996年净流入29个新兴市场经济体的信贷资金为1 200亿美元，经过1997年的东南亚金融危机，到1998年，信贷资金反而从新兴市场净流出291亿美元。再如，当危机首先在泰国爆发时，日本银行首当其冲遭到巨大损失，并立即普遍收紧银根，关闭分支机构,遂成为促使这些国家相继陷入危机的重要因素。那时,日本银行从东南亚的撤资也影响到我国的香港,并给我国的海外融资间接造成一定的困难。

即使不存在贸易、金融联系,危机也有可能扩散。这是由于市场预期发生变化,或投资者的信心不稳,会由于种种导火线而导致资本市场上的热钱大量从某个或某些国家流出。例如,1997年东南亚许多国家的货币相继贬值之后,越来越多的公众认为中国香港的联系汇率制度也将难以维持,从而为投机者攻击港元创造了机会。

第三节 中国资本流动与危机传导机制

一、金融危机下国际资本流动新特点

从国际资本流动的结构上看,2002年以来,世界范围内的资本流动出现了大幅度增加,尤其是新兴市场经济体资本流入的增长更为突出。2002年以来资本流入总量的规模增加了5倍。新兴市场经济体资本流入总量占GDP的比重从2002年的2.7%提升到2007年的7.5%,其中发达经济体的资本流入主要是通过证券投资和其他投资的渠道,FDI(直接投资)的增长缓慢。而新兴市场的资本流入最大的渠道仍然是FDI(直接投资),但另外两个渠道的增长很快。从国际资本流动的数量上看,自2002年以来,国际资本流动一直保持增长态势。2008年全球资本流动规模达到16 773亿美元。全球经济在经历了若干年强劲增长后,面临重大下滑。2008年,发达国家金融市场出现流动性短缺和信贷紧缩,导致其金融机构不得不从海外抽回资金,短期资本从发展中国家回流至发达国家。从国际资本流动变化的影响因素来看,美元汇率每次重大的变化都对应着国际资本流动的大幅变化。一般来说,美元升值带动国际资本流入股权投资项目的现象比较明显,并且资本的流入会提前于汇率升值做出反应。新兴市场国家的FDI流入与股权资本流入都与美元汇率呈现反向波动的关系。在美元汇率处于低位时,新兴市场国家资本大量流入,一旦美元走强,进入新兴市场的资本就明显减少。因此,美国的全球国际金融问题可能对新兴市场国家带来较大的冲击。目前,金融危机已从虚拟经济向实体经济传播。全球主要经济体的经济数据出现不同程度的恶化,新兴市场国家的出口增速下降,并且随着全球经济放缓,原油、天然气等能源价格及国际大宗商品价格显著回落。这使以资源为主国家国际收支经常项目盈余锐减,同时促使资金逃离并集中注入发达地区。

二、国际资本流动危害中国金融安全的传导机制

国际资本流动危害金融安全传递途径并不是贸易,而是在与贸易联系所带来的金融市场相关性上,主要是通过金融市场上的投资行为和预期的国际间资本往来传递的,主要以跨国投资为载体,以银行体系以及债务体系为媒介,加速其传染。首先,证券投资市场和产业投资市场上的各种跨国投资行为为风险在国际间的传递打开方便之门。为了减少风险,投资者

倾向于将资金分散投资于不同的证券组合上，从而可以使各种风险和收益相互抵消，获得稳定收益。由于中国新兴市场的金融资产属于风险和收益基本相近的一类资产，所以他们的收益和风险的相关性很高。只要其他国家的有价证券价格发生变化，跨国机构投资者就会对我国证券市场证券，或我国的其他资产进行处置。因此，当一国市场发生了危机，投资者就会抛售出他们认为风险相似的相邻国家的跨国投资资产，从而导致危机从一国传染到我国。

其次，在全球金融市场上，银行间一般相互持有对方存款，这使银行间的关系非常紧密。当一些银行经营不善时，这些银行将面临流动性风险，若同时一些银行存在超额流动性供给，则可以通过银行间同业拆借市场调配头寸，消除挤兑风险。当银行提出在其他银行的同业存款或者进行同业拆借来应付挤兑危机时，如果整个市场的超额流动性供给小于超额流动性需求，通过"外溢效应"将可能引发整个市场的危机。最后是债务体系的传导机制。当债务国发生债务危机后，债权国受到债务危机的冲击，开始调整金融政策和贷款政策，纷纷从那些与债务国经济发展相似的国家抽逃资金，规避风险。发达国家金融机构的这种撤资和减少贷款的行为，将引发新一轮的金融危机，并把更多的国家牵连进来。

三、国际资本流动危害中国金融安全的表现

受全球金融危机的影响，一方面全球国际资本流动总量减少，国际资本流入中国的份额会减少；另一方面，有一定的资金流出中国，其中一部分资金非法流出，如2007年青岛的一部分韩资非法撤离。这都会对中国金融安全带来挑战。

（一）国际资本流动导致中国银行体系脆弱性上升

由于金融危机，造成全球性流动紧缩，特别是发达国家的经济衰退，导致我国出口下降，经常项目顺差减少，贸易企业生存困难，制造业举步维艰。为应对金融危机对我国实体经济的影响，我国政府制定的相应的刺激经济的方案，对经济进行反周期调节。这一政策为实现我国GDP的增长起到了很大的作用。但同时，大量的信贷投放也给我国刚刚脱离不良资产泥潭的商业银行体系带来了大量风险，导致我国银行体系脆弱性上升。

（二）国际资本流动导致我国金融市场波动性增加

因为我国的金融市场规模狭小、流动性比较低，外国资本的大量流入和外国投资者的广泛参与，增加了市场的波动性，尤其是我国引入QFII和QDII，国内金融市场的不稳定性表现得更为显著；外国投资者对我国市场参与活跃时更会引起外国市场的波动性向我国市场溢出，使我国市场对外部影响的免疫力下降，增大了市场风险。受金融危机的影响，一方面，大规模的国际资本退出可能造成或加剧我国资本市场价格波动的风险；另一方面，大规模的国际资本退出加速了泡沫经济的产生和破灭。与实业投资相比，这些金融资产的投资回报率较高，投资周期灵活。在虚假的高回报率的诱惑下，大量资金在符号经济中无效空转，带来的是泡沫经济，而不是实质经济的增长。

总的来说，在国际资本流动的冲击性和破坏性越来越强的今天，我国的金融安全问题面临着各种风险，但同时也应看到，我国金融系统的脆弱性和金融市场发育不完善也是重要的风险因素。因此，我国一方面要采取措施合理地引导资金的投向与流量；另一方面无论是应对国际资本流入还是国际资本流出，面对新的国际资本流动格局，中国的外资政策以及相关的金融经济政策应做好进一步的调整。而从国际经验看，应特别关注建立一个稳健的金融体系，稳步推进金融开放，着手设计一个符合本国国情、灵活的汇率制度，特别是银行体系。这将是抓住机遇，迎接挑战的战略之举。从实体经济来看，优化经济结构、贸易结构和对外经济增长方式是应付资本流动巨变的根本策略。政府应加强宏观调控能力，提高金融监管和监测水平，特别是对国际资本流动的监测，制定相应的外汇管理政策，在外汇的收支和汇兑环节加强适当管理，防止资金迅速变现外逃。

本章小结

金融危机（Financial Crisis），又称金融风暴，是指一个国家或几个国家或地区的所有或绝大部分金融指标的一次急剧的、短暂的、超周期的恶化，这些指标包括短期利率、资产（债券、房地产）价格、厂商的偿债能力以及金融机构的破产等。金融危机的特征是人们基于对经济未来将更加悲观的预期，整个区域内货币币值出现较大幅度的贬值，经济总量与经济规模出现较大幅度的缩减，经济增长受到打击，往往伴随着企业大量倒闭、失业率提高、社会普遍经济萧条的现象，有时候甚至伴随着社会动荡或国家政治层面的动荡。按照金融危机的性质和内容进行划分，可以分为货币市场危机、资本市场危机、银行业危机和综合金融危机。

随着金融危机的发展，出现了不同的模型，主要有四代金融危机模型。第一代金融危机模型：金融危机主要源于经济基本面的恶化，如20世纪80年代的拉美金融危机。第二代金融危机模型：金融危机与投机者预期的突然变化有关，与经济基本面关系不大，如90年代欧洲货币危机。第三代金融危机模型：道德风险和流动性问题，如1997年亚洲金融危机。第四代金融危机模型：强调货币贬值对资产负债表的影响，认为如果本国企业部门的外债水平很高，出现危机的可能性就越大。

金融危机的历史由来已久，最早可追溯到17世纪的荷兰。每一次金融危机的爆发表现都不尽相同，类别也不一样，但都是影响力巨大的，会对一个国家乃至整个世界的金融经济造成巨大破坏。郁金香泡沫的发生为市场上的投资者敲响了警钟，博傻理论更给了投资者深刻的启示。近代的美国次贷危机影响也颇为深远，波及面较大。之后的欧债危机也为国家主权债问题敲响了警钟。因此对金融危机的警惕与防范，依然是各国政府需要注意的问题。

思考题
1. 简述美国金融危机、欧债危机的成因。
2. 试比较四代金融危机模型的异同。
3. 试论述政府是如何应对金融危机的，可举例说明。
4. 从历史上重大的金融危机中我们可以得到什么启示？

关注"中财资源库"公众号获取思考题参考答案
（公众号内点击"找答案—本科"）